新型工业化教育
New Industrialization

省级一流课程、课程思政示范课配套教材

新型工业化·新计算·计算机应用与技术类系列

COMPUTER APPLICATION

Python程序设计

与人工智能项目教程

梁婷婷　梁肇敏　蒋正锋/主编

刘昊　梁爽　余悦/副主编

扫一扫书中二维码
观看本书配套资源

電子工業出版社
Publishing House of Electronics Industry
北京·BEIJING

内 容 简 介

本书旨在为读者提供全面的Python程序设计知识，并紧密结合人工智能领域的实际应用，帮助读者掌握Python核心技能及其在人工智能项目中的实践方法。本书围绕Python程序设计与人工智能项目开发展开，共14章，内容涵盖从基本语法到高级应用的完整知识体系。

第1章介绍了Python基础知识，包括Python的特点、应用领域、发展历史、开发环境配置、基本语法及输入/输出操作等内容。第2章介绍了数字类型与运算，包括数字类型、运算符与表达式、数学运算函数、math模块等内容。第3章和第4章深入剖析了流程控制与函数编程，通过丰富的实例，帮助读者理解Python编程的核心逻辑。第5～8章详细讲解了高级数据类型（字符串、元组、列表、集合与字典）及其操作等内容，结合实例提升读者的数据处理能力。第9～12章详细讲解了文件操作、面向对象程序设计、Matplotlib数据可视化，以及Python生态应用等内容，这是开发人工智能项目十分重要的内容。第13章和第14章提供了综合实战项目，分别介绍了智慧校园中的用户画像系统构建和基于知识图谱的学习资源推荐系统构建。本书每章都设置了项目实训，引导读者将知识迁移至实际场景中，提升解决复杂问题的能力。

本书配套提供了丰富的在线学习资源，包括微课视频、项目案例、教学课件、习题库及详解、源代码等，支持教师开展线上线下混合式教学，同时便于读者的自主学习。

本书适合作为高等院校各专业的程序设计课程教材，也可供开发者和编程爱好者自学参考。

图书在版编目（CIP）数据

Python程序设计与人工智能项目教程 / 梁婷婷, 梁肇敏, 蒋正锋主编. -- 北京 : 电子工业出版社, 2025. 7. -- ISBN 978-7-121-50667-3

Ⅰ. TP312.8；TP18

中国国家版本馆CIP数据核字第2025U8V855号

责任编辑：刘　瑀
印　　刷：大厂回族自治县聚鑫印刷有限责任公司
装　　订：大厂回族自治县聚鑫印刷有限责任公司
出版发行：电子工业出版社
　　　　　北京市海淀区万寿路173信箱　　邮编：100036
开　　本：787×1092　1/16　印张：16.25　字数：416千字
版　　次：2025年7月第1版
印　　次：2025年7月第1次印刷
定　　价：59.90元

凡所购买电子工业出版社图书有缺损问题，请向购买书店调换。若书店售缺，请与本社发行部联系，联系及邮购电话：（010）88254888，88258888。

质量投诉请发邮件至zlts@phei.com.cn，盗版侵权举报请发邮件至dbqq@phei.com.cn。

本书咨询联系方式：liuy01@phei.com.cn。

前　　言

在当下数字化与智能化交织的新时代，Python 凭借简洁优雅的语法、丰富强大的生态库和活跃的开发者社区，已成为数据科学与人工智能领域的核心工具和探索科技前沿、实现创新想法的利器。掌握 Python 编程及其在人工智能领域的应用，正逐渐成为科技人才的核心竞争力。

为了响应这一趋势，本书聚焦 Python 程序设计与人工智能项目的系统教学，面向高校学生、Python 编程爱好者，以及人工智能领域初学者，提供从基础到实践的全栈式学习路径。全书内容体系完整，涵盖 Python 基础知识、数字类型与运算、流程控制、函数、高级数据类型及常见操作、字符串、元组和列表、集合与字典、文件操作、面向对象程序设计、Matplotlib 数据可视化，以及 Python 生态应用等核心内容，并通过阶梯式实例设计，帮助读者实现“学用结合”。

本书具有五大特色：

1. 思政教育与技术培养有机融合

创新性地将社会主义核心价值观、民族自豪感、工匠精神等思政元素自然嵌入人工智能项目实例，实现“价值塑造-能力培养-知识传授”三位一体的教学目标。

2. 前沿技术驱动教学内容

紧密跟踪人工智能领域最新发展，系统讲解 Python 在大数据分析、机器学习、智能感知等领域的应用，涵盖数据集构建、模型设计、参数调优、分类预测等关键环节，旨在培养读者解决真实场景问题的能力。

3. 多层次实践体系

构建“基础示例-章节项目-综合实训”三级实践体系，200+精选实例由浅入深，辅以完整代码解析，确保知识可迁移、可落地。

4. 立体化教学资源

为了使读者高效地学习，本书配套提供了丰富的在线学习资源，包括微课视频、项目案例、教学课件、习题库及详解、源代码等，全面支持线上线下混合式教学，同时为广大读者的自主学习提供了极大的便利。

5. 经过验证的教学成效

本书所依托的 Python 程序设计课程自开课以来，已荣获多项省级及以上教育奖项，包括被评为省级线上线下混合式一流本科课程、省级课程思政示范课程等。本书中的部分实例获全国课程思政教学大赛一等奖等 14 项省级以上奖项，教学效果获广泛认可。

本书由南宁学院牵头组织编写，编写分工为：第 1、2、4 章由梁婷婷、刘昊编写；第 3、9 章由梁婷婷编写；第 5、6、7 章由梁婷婷、梁爽编写；第 8、11、14 章由梁肇敏、梁婷婷编写；第 10、12、13 章由蒋正锋（广西民族师范学院）、梁婷婷编写。本书配套提供的在线学习资源由梁婷婷、余悦、梁肇敏开发与制作。另外，本书得到全国高等院校计算机基础教育研究会专项课题（课题编号：2025-AFCEC-121）、广西教育科学“十四五”

规划专项重点课题（课题编号：2023ZJY510）、南宁学院“十四五”发展规划教材资助出版课题（课题编号：2023XJJC02）的支持，在此表示感谢。

我们期待本书能成为读者探索 Python 与人工智能世界的可靠指南，实现个人价值与社会贡献的双重飞跃。

因编者学识水平和能力有限，本书中难免存在疏漏、不妥甚至错误之处，敬请广大读者批评指正。

编　者

2025 年 6 月

目　录

第 1 章　Python 基础知识

1.1　Python 概述

Python 是一种高级、解释型、通用的程序设计语言。其设计理念强调代码的可读性和简洁性，这使得 Python 成为初学者和专业开发者的理想选择。Python 的语法采用缩进式的层次结构，这使得其代码结构清晰，易于维护。此外，Python 支持多种编程范式，包括面向对象程序设计、面向过程程序设计，这为开发者提供了灵活的编程方式。

Python 拥有丰富的标准库和第三方库，这些库涵盖了从文件处理、网络通信到数据分析、机器学习等各个领域，极大地扩展了 Python 的应用范围，使 Python 能够胜任 Web 开发、数据科学、人工智能（Artificial Intelligence，AI）、自动化测试等多种任务。

Python 的跨平台特性也是其受欢迎的原因之一。Python 可以在多种操作系统上运行，包括 Windows、macOS 和 Linux，且使用 Python 编写的代码在不同平台之间的移植性极强。此外，Python 的解释器是开源的，开发者可以自由地使用、修改和分发代码，这进一步推动了 Python 社区的繁荣发展。

Python 社区活跃且充满活力，全球范围内的开发者不断贡献新的库、工具和框架。此外，Python 社区还提供丰富的文档和教程，以帮助初学者快速入门，并为专业开发者提供深入的技术支持。

总之，无论是学术研究、工业应用还是个人项目，Python 都能提供高效、灵活的解决方案，是值得广大程序员掌握的语言。

1.1.1　Python 的现状

自 2004 年以来，Python 的使用率持续呈线性增长，展现出强劲的发展势头。2019 年 9 月，IEEE Spectrum 发布的研究报告证实，Python 的影响力和应用范围不断扩大。这一趋势在 2020 年达到新的高度，Python 在 TIOBE 编程语言排行榜中首次超过 Java，跃居第 2 位，仅次于 C 语言。这一变化充分体现了 Python 在数据科学、人工智能、Web 开发等领域的广泛应用，以及 Python 简洁易学的特性对开发者的强大吸引力。

Python 的崛起并未止步于此。2021 年 10 月，Python 在 TIOBE 编程语言排行榜中首次超越 C 语言，登顶。这是 Python 自 2001 年以来在 TIOBE 编程语言排行榜中首次成为全球最受欢迎的程序设计语言，标志着 Python 在开发者社区中处于主导地位。自此之后，Python 的排名一直稳居前列，持续引领程序设计语言的发展潮流。

1.1.2　Python 的应用领域

Python 作为一种功能强大且易于学习的程序设计语言，近年来在多个领域展现了良好的应用前景。在数据分析领域，Python 凭借 Pandas、NumPy 等库，以及 Matplotlib、Seaborn 等可视化工具，成为数据科学家处理、分析和可视化数据的首选。在 Web 开发领域，Django 和 Flask 等框架为开发者提供了高效构建稳定、可扩展应用的能力。在人工智能和机器学习领域，Python 凭借简洁的语法和丰富的库（TensorFlow、PyTorch 等）支持成为模型训练与部署的核心工具。此外，Python 广泛应用于科学计算、自动化测试、网络爬虫，以及游戏开发等领域。随着技术发展，Python 的独特价值将在更多领域展现。

1.1.3 Python 的发展历史

Python 由 Guido van Rossum 于 1989 年创立，以简洁、优雅的设计理念迅速受到了广泛关注。自 1991 年发布首个版本后，Python 的版本不断迭代更新，1994 年的 Python 1.0 的出现展示了稳定的框架，2000 年的 Python 2.0 引入了列表推导式等关键特性，而 2008 年的 Python 3.0 的出现虽带来了不兼容的挑战，却为未来发展铺平了道路。

1.1.4 Python 快速发展带来的启示

Python 的快速发展不仅是程序设计语言史上的奇迹，更是对学习、创新与适应性的深刻启示。第一，持续学习是应对变化的关键。Python 凭借简洁的语法和丰富的库支持成为初学者与专业人士的共同选择，这展现了在技术领域不断更新知识的重要性。第二，开放与共享是创新的驱动力。Python 的成功得益于其开源社区的繁荣，开发者构建了一个充满活力的生态系统，这体现了开放与共享对技术进步的推动作用。第三，跨领域融合是未来趋势。Python 在数据分析、人工智能、Web 开发等领域的广泛应用，反映了技术融合与学科交叉的必然性，这表明培养跨学科人才成为适应未来需求的关键。

总之，Python 的快速发展不仅是技术进步的象征，更是时代精神的体现。只有持续学习、开放共享、跨领域融合，以及保持适应性，才能更好地迎接未来的机遇与挑战。

1.1.5 Python 官方文档入口

当前，Python 的开发和维护由 Python 软件基金会（Python Software Foundation）负责。可以从 Python 官网获取 Python 的相关信息。在 Python 官网首页，先单击“Documentation”按钮再单击“Python Docs”按钮进入文档列表，在语言菜单中选择中文，即可查看中文版的 Python 入门教程、标准库参考、语言参考和常见问题等文档。此外，若要关注中文版的 Python 的相关信息，也可以访问 Python 中国社区网。

1.2 Python 开发环境配置

1.2.1 解释器的安装和使用

在使用 Python 之前，需要在计算机的操作系统上安装 Python。下面以 Windows 10 为例讲解安装 Python 的步骤。

访问 Python 官网下载 Python 安装文件。在图 1-1 中，先将鼠标指针停留到菜单栏中的“Downloads”按钮上，会自动弹出下拉菜单，然后将鼠标指针停留到“Windows”选项上，右侧会切换为适合本地计算机操作系统安装的 Python 版本，单击“Python 3.13.1”按钮，开始下载 64 位版本的 Python 安装文件。

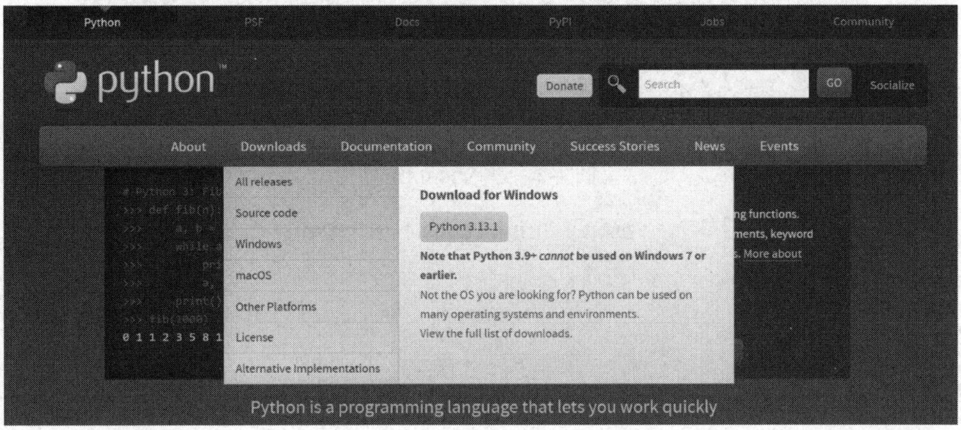

图 1-1　下载 Python 安装文件

下载 Python 安装文件后，以管理员身份运行，显示如图 1-2 所示的“Python 3.13.1（64 bit）Setup”窗口。

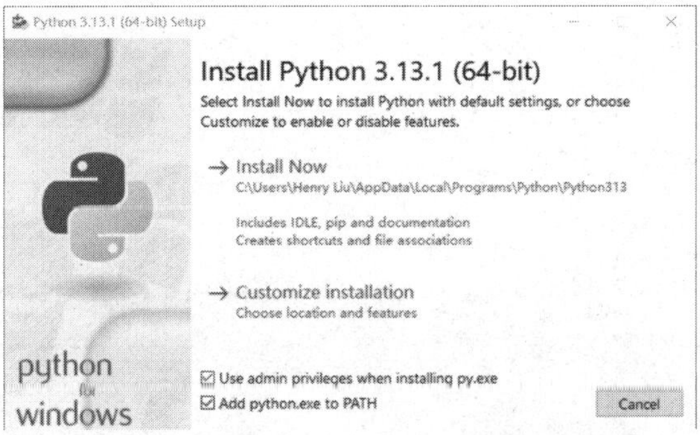

图 1-2　“Python 3.13.1（64 bit）Setup”窗口

默认勾选“Use admin privileges when installing py.exe”复选框，如果想从 PowerShell 中直接执行 Python 命令，那么需要勾选“Add python.exe to PATH”复选框，将 Python 安装目录添加到环境变量 PATH 中。如果想修改 Python 安装目录或自定义安装功能，那么选择“Customize installation”选项，否则选择“Install Now”选项，此时会将 Python 直接安装到“C:\Users\Henry Liu\AppData\Local\Programs\Python\Python313”目录中。成功安装 Python 后，下面通过编程来测试 Python 的开发环境。编程主要有两种：交互式编程与文件式编程。

实例 1-1　交互式编程

按快捷键 Win+R 打开“运行”对话框，输入“cmd”，单击“确定”按钮，即可进入控制台。输入“python”，提示符变成“>>>”，证明已成功进入交互模式，如图 1-3 所示。

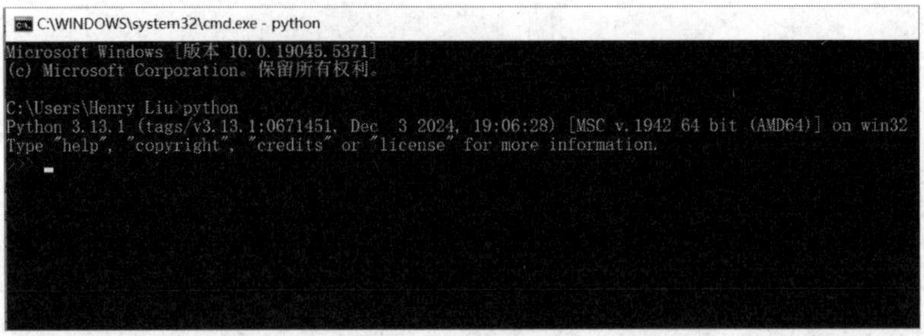

图 1-3 进入交互模式

在提示符“>>>”后输入“print ("This is my first lesson.")”，按 Enter 键，即可输出该字符串。

实例 1-2 文件式编程

按快捷键 Win+R 打开“运行”对话框，输入“notepad”，单击“确定”按钮，输入“print("This is my first lesson.")”，选择“文件”→“另存为”命令，打开如图 1-4 所示的“另存为”对话框，切换到“C:\Users\Henry Liu”目录中，将“文件名”改为“FirstLesson.py”，并设置“编码”为“UTF-8”。

图 1-4 “另存为”对话框

按快捷键 Win+R 打开“运行”对话框，输入“cmd”，单击“确定”按钮，输入“python FirstLesson.py”，按 Enter 键，即可输出与交互式编程同样的结果。

使用文本编辑工具只能编写代码，不能调试代码。要想既能编写代码又能调试代码，可以使用 IDE（Python 集成开发环境）工具。目前用来编写代码的主流 IDE 工具主要有 PyCharm 与 Jupyter Notebook。

1.2.2 IDE 工具——PyCharm

PyCharm 是一款由 JetBrains 开发的 IDE 工具，专为 Python 编程设计。它提供智能代码补全、语法高亮、代码分析与调试、版本控制集成等功能，支持多种框架（Django、Flask 等）和科学计算工具（NumPy、Matplotlib 等）。PyCharm 分为社区版（免费）和专业版

（付费），适合从初学者到专业开发者十分广泛的用户群体，是开发 Python 的高效工具。

实例 1-3　使用 PyCharm 的基本流程

通过浏览器访问 PyCharm 官网，下载与安装免费的 PyCharm Community Edition。首次启动 PyCharm 后，先单击左侧的“自定义”按钮，设置 IDE 语言和区域，主题由个人使用习惯或喜好而定。返回主窗口后，先单击左侧的“项目”，然后单击“新建项目”按钮，若已经安装 Python，则解释器会自动识别检测出 Python 的版本，设置好项目的目录位置，单击“创建”按钮，即创建项目的虚拟环境。进入项目的虚拟环境后，选择“文件”→“新建”命令，设置“文件名”为“myfirstlesson”，单击“确定”按钮，在文件编辑区中输入“print("This is my first lesson")”，单击▷按钮，即可输出结果。

1.2.3　IDE 工具——Jupyter Notebook

Jupyter Notebook 是基于网页的交互式 IDE 工具，专为数据科学和机器学习设计。Jupyter Notebook 支持多种程序设计语言（Python、R、Julia 等），允许用户创建和共享包含代码、文本和公式等的笔记本。此外，Jupyter Notebook 提供灵活的界面，支持多文档布局、终端集成和丰富的插件扩展，是数据分析和科学计算的强大工具。

实例 1-4　使用 Jupyter Notebook 的基本流程

通过浏览器访问 Anaconda 官网，下载与安装免费的版本。安装成功后，即可看到“开始”菜单中出现“Anaconda”文件夹。打开该文件夹后，即可看到 Jupyter Notebook 快捷方式图标。启动 Jupyter Notebook 后，会自动打开默认浏览器，进入 Jupyter Notebook 界面，如图 1-5 所示。单击“New”按钮，新建文件后，即可在该文件中运行代码。

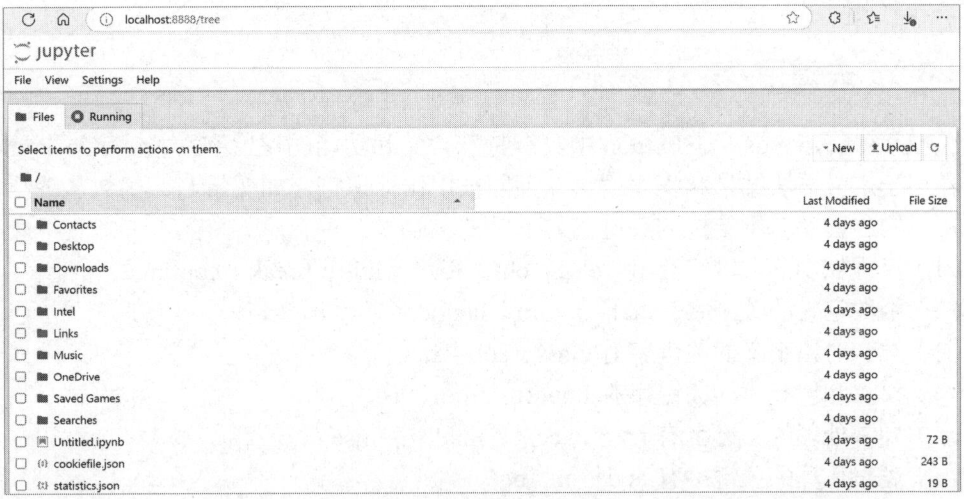

图 1-5　Jupyter Notebook 界面

1.3 Python 基本语法

1.3.1 标识符

在 Python 中，标识符用于为变量、函数、类、模块等元素命名。它为代码中的各元素进行唯一标识，以便引用和操作。

1. 标识符的命名规则

在 Python 中标识符需要遵循的命名规则如下。

（1）组成字符：只能包含字母（a ~ z、A ~ Z）、数字（0 ~ 9）和下划线（_）。

（2）首字符：必须以字母或下划线开头，不能以数字开头。

（3）区分大小写：如 myVar 和 myvar 是两个不同的标识符。

（4）关键字：不能使用 Python 的关键字（if、else、for、while 等）。

（5）长度：理论上没有长度限制，但建议遵循简洁、易懂的规则。

2. 标识符的命名规范

为了提高代码的可读性和可维护性，在 Python 中标识符需要遵循的命名规范如下。

（1）变量名：使用小写字母，单词之间用下划线分隔，如 student_name。

（2）函数名：使用小写字母，单词之间用下划线分隔，如 calculate_average。

（3）类名：使用单词首字母大写的驼峰命名法，如 StudentInfo。

（4）常量名：使用大写字母，单词之间用下划线分隔，如 MAX_VALUE。

标识符是 Python 编程的基础。良好的标识符命名习惯不仅能够提升代码的可读性，还能够增强代码的可理解性和可维护性。因此，在进行 Python 编程时，应严格遵守标识符的命名规则与命令规范，以确保代码结构清晰、逻辑明确，从而编写出高质量、易于协作和维护的 Python 程序。

1.3.2 关键字

关键字（keywords）是 Python 中具有特殊含义和功能的保留字。关键字被 Python 的解释器用于定义语法结构和程序逻辑，不能被用作标识符，如变量名、函数名等。

用于构建程序基本结构的关键字如下。

（1）流程控制的关键字有 if、else、elif、for、while、break、continue、pass。

（2）函数定义的关键字有 def、return、lambda。

（3）类和对象定义的关键字有 class、self、init。

（4）模块和包导入的关键字有 import、from、as。

（5）异常处理的关键字有 try、except、finally、raise。

（6）逻辑运算的关键字有 and、or、not。

（7）变量作用域定义的关键字有 global、nonlocal。

（8）其他功能的关键字有 True、False、None、in、is、with、yield、del、assert。

关键字是 Python 的基础组成部分。理解并正确使用关键字是进行 Python 编程的前提条件。在编写代码时，应避免使用关键字作为标识符，以免引发语法错误。注意，关键字区分大小写，如 if 是关键字，但 IF 不是关键字。此外，关键字会随着版本的更新而发生变化，建议查阅官方文档获取最新信息。

1.3.3　变量

在 Python 中，变量是用来存储数据的容器。每个变量都有一个标识符，用于引用存储在内存中的数据。变量可以存储不同类型的数据，如数字、字符串、列表、字典等。

1. 变量的赋值

使用赋值运算符“=”可以将数据存储到变量中。赋值语句的基本语法是“变量名 = 值”。

```
a = 123                    # 将数字 123 赋给变量 a
b = "Hello, World!"        # 将字符串"Hello, World!"赋给变量 b
```

Python 除支持为单个变量赋值外，还支持同时为多个变量赋值。

```
x,y,z = 1,2,3              # 将数字 1 赋给变量 x，将数字 2 赋给变量 y，将数字 3 赋给变量 z
x,y = y,x                  # 交换两个变量的值
```

2. 变量的类型

Python 是一种动态语言，变量的类型由其所存储的数据决定，且可以在程序运行过程中改变。使用 type()函数可以查看变量的类型。

```
x,y = 1,'1'
print(type(x),type(y))     # 输出不同的类型
x,y = 2.888,[50,60,70]     # 在程序运行过程中改变变量的类型
print(type(x),type(y))     # 输出不同的类型
```

1.3.4　行和缩进

在 Python 中，行是代码的基本组成单位。在通常情况下，一行代码对应一条语句。

如果一条语句过长，那么可以使用换行符（\）将一条语句拆分成多行。

```
print("Hello, World!")     # 一行代码对应一条语句
allsum = item_1 + \        # 将一条语句拆分成两行
         item_2
```

缩进是 Python 语法的重要组成部分，用于定义代码的层次结构。Python 使用缩进表示代码的开始和结束。

```
if x > 0:
print("x is greater than zero")
```

对于多行语句，后续行需要与第 1 行保持相同的缩进量。

```
Allsum = item_1 + \        # 多行语句的缩进
         item_2 + \
         item_3
```

在 Python 中，缩进规则是定义代码层次结构的关键规则。一段代码中的所有语句必须保持相同的缩进量，以确保代码的逻辑结构清晰。虽然 Python 允许使用空格或制表符进行缩进，但为了代码的一致性和可读性，建议使用 4 个空格作为标准的缩进量。如果代码中的缩进量不一致，那么解释器会抛出 IndentationError 异常，导致程序无法正常运

行。因此，严格遵守缩进规则是实现 Python 编程的基本要求。

1.3.5 引号和转义字符

在 Python 中，引号用于定义字符串。字符串是 Python 中表示文本的基本数据类型，包含字母、数字、符号等字符。

Python 支持以下 3 种类型的引号。

（1）单引号（'）：如'Hello, World!'。

（2）双引号（"）：如"Hello, World!"。

（3）三引号（'''或"""）：如'''Hello, World!'''或"""Hello, World!"""。

在 Python 中，引号的使用应遵循以下规则：单引号和双引号在功能上是完全等价的，可以根据需要互换使用。如果字符串中包含单引号，那么可以使用双引号定义字符串，以免冲突发生；反之，如果字符串中包含双引号，那么可以使用单引号定义字符串。此外，三引号通常用于定义多行字符串，或在字符串中包含换行符的情况，它能够保留字符串中的换行和缩进格式，尤其适用于多行文本或文档字符串的定义。

```
a = 'Hello, World!'                        # 使用单引号定义字符串
b = "Hello, World!"                        # 使用双引号定义字符串
c = "It’s a beautiful day!"                # 字符串中包含单引号
d = 'He said, "Hello!"'                    # 字符串中包含双引号
e =    """This is a multi-line string.
It spans across multiple lines. """        # 使用三引号定义多行字符串
```

如果需要在字符串中使用特殊字符（引号、换行符等），那么可以使用“\”作为转义字符进行转义。

```
a = 'It\'s a beautiful day!'                       # 使用转义字符表示单引号
b = "He said, \"Hello!\"                           # 使用转义字符表示双引号
c = "This is a line. \nThis is another line."      # 使用转义字符表示换行符
```

理解并正确使用单引号、双引号和三引号，以及转义字符，是实现 Python 编程的基础。

1.3.6 注释

注释是 Python 中用于解释代码的文本。注释不会被解释器执行。其主要作用是提高代码的可读性和可维护性，帮助开发者理解代码的功能和逻辑。

Python 支持以下两种类型的注释。

（1）单行注释：以“#”开头，“#”后的内容会被视为注释，直到行尾。

（2）多行注释：使用三引号引用，可以跨越多行。

```
X = 100 # 这是单行注释
"""
这是一个多行注释，
可以跨越多行
"""
```

注释是 Python 中不可或缺的一部分，良好的注释习惯可以提高代码的可读性、可维护性和可协作性。在编写代码时，需遵循注释的规范，养成添加注释的习惯，不要过度注

释，只对必要的代码进行注释即可。

1.3.7　空行

在 Python 中，空行是不包含任何代码（包括注释）的行。空行不会影响程序的执行。其主要作用如下。

（1）在不同的函数或类之间添加空行，可以使代码结构更加清晰。

（2）在逻辑相关的语句块之间添加空行，可以提高代码的可读性。

（3）在导入语句和其他代码之间添加空行，可以使代码更加整洁。

空行是代码中用于分隔语句块、提高代码可读性的重要元素。合理使用空行，会使代码结构更加清晰，代码更易于理解和维护，而过度使用空行则会使代码显得松散。

1.3.8　编码规范

编码规范是编写代码时应遵循的一系列规则和约定，旨在提高代码的可读性、可维护性和一致性。Python 社区广泛采用 PEP 8，遵循 PEP 8 可以使代码更易于阅读和理解。

PEP 8 涵盖了代码多方面的规范，下面列举一些关键内容。

（1）缩进：使用 4 个空格作为缩进量，避免使用制表符。

（2）行长度：每行代码均不超过 79 个字符，当代码过长时使用换行符进行换行。

（3）空行：使用空行分隔函数、类等，提高代码的可读性。

（4）导入：将导入语句放在文件顶部，按标准库、第三方库、本地库的顺序分组，每两组之间用空行分隔。

（5）命名规范如下。

① 变量名、函数名使用小写字母，单词之间用下划线分隔，如 snake_case。

② 类名使用驼峰命名法，如 CamelCase。

③ 常量名使用大写字母，单词之间用下划线分隔，如 UPPER_CASE。

（6）使用注释解释代码的功能和逻辑，注释与代码同步更新。

（7）在运算符、逗号等符号周围添加空格，提高代码的可读性。

遵循 Python 的编码规范是编写高质量代码的重要保障。PEP 8 提供了详细的编码风格指南，建议读者在编写代码时严格遵守。此外，还可以使用 Flake8、Black 等工具检查和格式化代码，以更高效地保持代码风格的一致性。

1.3.9　Python 语法综合辨析

Python 作为一种简洁、易读、功能强大的程序设计语言，在语法设计上体现了“优雅”“明确”“简单”的理念。为了编写出高效、易维护的程序，需要深入理解并灵活运用 Python 语法的相关知识。下面以一个构建人工智能模型的实例对 Python 语法进行综合辨析。

实例 1-5　　基于文本的情感分析

情感分析是自然语言处理（Natural Language Processing，NLP）任务中的一个常见任务，用于判断一段文本的情感倾向（正向、负向或中性）。本实例通过 Python 的 TextBlob 对象实现一个简单的情感分析程序，适合初学者学习和理解 Python 的基本语法，以及初步应用人工智能。

```
# 导入必要的库
from textblob import TextBlob

# 定义情感分析函数，便于复用
def analyze_sentiment(text):                    # 使用 def 定义函数
    """
    分析文本的情感
    :param text: 输入的文本
    :return: 情感极性（-1 到 1，负数为负向，正数为正向）
    """
    blob = TextBlob(text)                       # 创建 TextBlob 对象
    sentiment = blob.sentiment.polarity         # 获取情感极性
    return sentiment

# 定义 main()函数
def main():
    # 输入文本
    text = "Python is an amazing language for beginners!"

    # 调用情感分析函数
    sentiment = analyze_sentiment(text)

    # 使用条件语句判断情感极性，注意缩进
    if sentiment > 0:
        print("这段文本的情感是正向的！")  # 输出结果
    elif sentiment < 0:
        print("这段文本的情感是负向的！")
    else:
        print("这段文本的情感是中性的。")

# 程序入口
if __name__ == "__main__":
    main()    # 确保程序在直接运行时执行 main()函数
```

1.4　人机交互（基本输入/输出）

1.4.1　程序设计的基本流程

微课视频

程序设计并非一蹴而就的，而是一个循序渐进、不断迭代的过程。为了编写出结构清晰、功能完善、易于维护的程序，需要遵循一定的程序设计流程。下面是程序设计的基本流程。

1. 问题分析与需求定义

在程序设计之初，首先需要明确目标，即需要解决的具体问题，以及实现的核心功能，如数据分析、网站构建、游戏开发等；其次需要对问题进行细致的分析，将其拆解为多个可管理的子部分，并明确程序的输入、输出及各项功能需求；最后需要综合考虑程序在性能、资源和时间等方面的约束条件，以确保程序设计的可行性和高效性。

2. 算法设计与流程规划

在明确需求后，需要设计算法，即规划解决问题的具体步骤和方法，可以通过自然语言、流程图、伪代码等形式清晰地描述算法的逻辑。同时，需要根据算法的需求选择合适的数据结构来高效地存储和操作数据，如列表、字典、集合等。此外，需要将算法转换为程序运行流程，合理划分模块并确定函数之间的调用关系，从而构建出结构清晰、逻辑严谨的程序框架。

3. 代码编写与调试

在设计好算法和规划好流程后，即可开始编写代码，利用 Python 的语法规则和丰富的库函数将逻辑转换为实际代码。在编写过程中，应严格遵循 PEP 8，确保代码风格一致、清晰易读，以便后续维护和协作。编写完成后，需通过调试工具或 print()函数对代码进行调试，定位并修复潜在的错误，以确保程序的正确性和稳定性。

4. 测试与优化

在编写与调试好代码后，需要通过单元测试对程序的各模块进行验证，编写有针对性的测试用例，以确保每个模块的功能都符合预期。同时，需要进行集成测试，将各模块组合起来，测试它们之间的交互是否正常，以确保整个系统的协调运行。此外，需要针对程序的性能瓶颈对程序进行优化，如采用更高效的算法或数据结构，以提升程序执行效率和资源利用率。

5. 文档编写与维护

为了提升代码的可读性和可维护性，需要在代码中添加必要的注释，清晰地解释代码的功能和逻辑，以便他人理解和后续修改。同时，需要编写详细的用户文档，说明程序的使用方法、功能特性及注意事项，以帮助用户快速上手并解决常见问题。此外，在发布程序后需要根据用户反馈和需求变化对程序进行持续的维护，修复潜在问题并优化功能，以确保程序长期稳定运行和用户体验的不断提升。

1.4.2 标准输出函数 print()

微课视频

在程序设计的基本流程中进行代码编写与调试时，需要将程序运行结果展示给用户，这就涉及数据的输出。Python 提供了多种输出方式，其中常用的是使用标准输出函数 print()。print()函数用于将指定的内容输出到控制台中，是程序与用户交互的重要桥梁。以下是 print()函数的语法。

```
print(*objects, sep=' ', end='\n', file=sys.stdout, flush=False)
```

（1）objects：接收任意多个参数，将其转换为字符串后输出。

（2）sep：指定多个输出对象之间的分隔符，默认值为空格。

（3）end：指定输出结尾的字符，默认值为换行符。

（4）file：指定输出流，默认值为 sys.stdout。

（5）flush：指定是否强制刷新输出缓冲区，默认值为 False。

```
print("Hello, world!")                # 输出单个对象。输出“Hello, world!”
print("The answer is",42)             # 以空格分隔多个对象。输出“The answer is 42”
print("2023","10","27",sep="-")       # 指定分隔符。输出“2023-10-27”
print("Loading",end="...")            # 指定结尾的字符，不用换行。输出“Loading…”
```

1.4.3 print()函数的格式控制

微课视频

为了提升输出结果的可读性和美观性，需要对格式进行控制，如对齐文本、设置小数点位数、填充字符等。Python 提供了多种方式来实现 print()函数的格式控制，包括使用 f-string(格式化字符串字面值)和使用 format()方法等。

1. f-string(格式化字符串字面值)

f-string(格式化字符串字面值)是 Python 3.6 引入的新特性，语法简洁，可读性强。通过在字符串前添加字母 f，并在字符串中使用花括号直接嵌入表达式，可以将表达式的值插入字符串。

```
print(f"我的名字是 {name}，今年 {age} 岁了。")
print(f"{age} 岁是法定成年的年龄")
```

2. format()方法

format()方法提供了更灵活、更强大的字符串格式化功能。通过在字符串中使用花括号作为占位符，并在 format()方法中传入参数，可以将参数的值插入字符串。

```
print("我的名字是 {}，今年 {} 岁了。".format(name, age))
print("我的名字是 {1}，今年 {0} 岁了。".format(age, name))
print("pi 的值是 {:.2f}".format(pi))
```

3. 字符串拼接的方法

用“+”可以将多个字符串拼接为一个字符串输出。参与拼接的可以是字符串，也可以是字符串变量。当参与拼接的变量为整数等其他数据类型时，需要先使用 str()函数将其转换为字符串再参与拼接。

```
print('我叫' + name + '，今年' + str(age) + '岁')  # 输出“我叫王伟，今年 18 岁”
```

4. 格式控制

格式控制在实际应用中非常广泛。

（1）对齐文本：可以通过“<”“>”“^”分别实现左对齐、右对齐和居中对齐。

（2）设置小数位数：可以通过“:.nf”控制浮点数的小数位数。

（3）填充字符：可以通过在“:”后添加填充字符填充文本。

```
print(f"{'Name':<10}|{'Age':>5}|")      # 输出“Name      |  Age|”
print(f"{'Alice':<10}|{25:>5}|")        # 输出“Alice     |   25|”
print(f"{'Bob':<10}|{30:>5}|")          # 输出“Bob       |   30|”
pi = 3.1415926
print(f"Pi 的值为: {pi:.2f}")            # 输出“Pi 的值为: 3.14”
print(f"{'Hello':*^10}")                # 输出“**Hello***”
```

实例 1-6　**格式化模型预测结果**

假设有一个机器学习模型，要求根据房屋特征预测房屋价格。本实例需要将模型预测结果格式化为易于理解的报告。

```
area = 120.5                        # 特征 1，房屋面积（平方米）
rooms = 3                           # 特征 2，房间数量
location = "市中心"                  # 特征 3，房屋位置
predicted_price = 1234567.89        # 假设模型预测结果，总价格（元）
predicted_price_wan = predicted_price / 10000  # 转换价格
print(f"特征：面积 {area:.1f} 平方米，{rooms} 个房间，位于 {location}。")
print(f"预测的房屋价格为: {predicted_price:,.2f} 元")
print(f"预测的房屋价格为: {predicted_price_wan:.2f} 万元")
```

程序运行结果如下。

```
特征：面积 120.5 平方米，3 个房间，位于市中心。
预测的房屋价格为: 1,234,567.89 元
预测的房屋价格为: 123.46 万元
```

通过 print()函数的格式控制可以将程序运行结果、提示信息等内容清晰地展示给用户。然而，许多程序需要根据用户的输入动态调整其行为，如计算用户的输入数据、根据用户的选择执行不同的操作等。为了实现这种交互，Python 提供了 input()函数，用于从用户处获取输入数据。

1.4.4　标准输入函数 input()

微课视频

一个功能完备的程序不仅需要向用户输出信息，还需要与用户进行交互，以获取用户的输入数据。input()函数通过标准输入流（stdin）读取用户输入的一行内容（默认关联键盘输入），并返回字符串。以下是 input()函数的语法。

```
input([prompt])              # 仅用于语法展示
```

prompt：可选参数，用于在输入前向用户显示提示信息。

```
name = input("Please enter your name:")        # 获取用户的输入数据，如获取“小李”
print(f"你好，{name}!")     # 输出用户的输入数据，如输出“你好，小李”
```

input()函数返回的是字符串，如果需要其他类型的数据，如整数、浮点数等，那么需要进行类型转换。此外，在实际应用中，常常需要将格式控制与输入/输出结合起来，以提升程序的交互性和可读性。

实例 1-7　**设计系统运行状态问卷调查程序**

设计一个系统运行状态问卷调查程序，收集并输出用户反馈。

```
print("系统运行状态问卷调查") # 输出问卷标题
print("=" * 30)
# 输出问题并收集用户对各项指标的评分
print("1. 您对系统整体运行速度的满意度如何？（1～5 分）")
speed_score = int(input("请输入您的评分: "))
```

```
print("2. 您对系统稳定性的满意度如何？（1～5 分）")
stability_score = int(input("请输入您的评分: "))
print("3. 您对系统界面设计的满意度如何？（1～5 分）")
ui_score = int(input("请输入您的评分: "))
print("感谢您参与问卷调查！您的反馈对我们来说非常重要。") # 输出感谢信息
# 输出用户反馈
print("=" * 30)
print(f"运行速度评分: {speed_score}")
print(f"稳定性评分: {stability_score}")
print(f"界面设计评分: {ui_score}")
```

上述实例先使用 print() 函数依次输出问卷标题、问题及感谢信息，引导用户完成问卷的填写，然后使用 input()函数实时收集用户对各项指标的评分，最后输出用户反馈。当然，也可以使用写文件的方式，将用户反馈以结构化形式保存，以便后续分析和处理。

实例 1-8　设计模拟简单的心情对话机器人的程序

设计一个模拟简单的心情对话机器人的程序，要求用户输入自己的心情，计算机会根据心情给出相应的回应。这个实例用到的 if 语句将在第 3 章中详细介绍。

```
print("您好！我是心情对话机器人。请告诉我您今天的心情吧！")
mood = input("您今天的心情如何？（开心/难过/生气/平静）: ")# 获取输入数据
# 心情对话机器人的回应逻辑
if mood == "开心":
    print("心情对话机器人: 太棒了！希望您一直保持好心情！")
elif mood == "难过":
    print("心情对话机器人: 别难过，一切都会好起来的！")
elif mood == "生气":
    print("心情对话机器人: 深呼吸，冷静一下，事情会解决的。")
elif mood == "平静":
    print("心情对话机器人: 平静是一种智慧，享受当下的宁静吧。")
else:
    print("心情对话机器人: 我不太明白您的心情，但无论如何，我都在这里陪您。")
```

如果用户输入了“开心”，那么程序运行结果如下。

```
您好！我是心情对话机器人。请告诉我您今天的心情吧！
您今天的心情如何？（开心/难过/生气/平静）: 开心
心情对话机器人: 太棒了！希望您一直保持好心情！
```

1.5　项目实训：个人名片设计——美好愿景

1.5.1　项目背景

在当今社会，个人名片是展示个人形象、传递联系方式的重要工具。一个设计精美、信息清晰的个人名片，不仅能够给人留下深刻的印象，还能够有效地提升个人品牌价值。

1.5.2 项目任务

本项目实训旨在通过 Python 编程，设计一个交互式的个人名片生成程序，用户可以根据提示输入个人信息，并选择自己喜欢样式，程序将自动生成美观的个人名片。

1.5.3 项目分析

（1）使用 input()函数获取用户的个人信息，如姓名、职位、电话、邮箱等。
（2）使用 print()函数和格式控制，设计名片样式。
（3）将生成的名片输出到控制台或保存到文件中。

1.5.4 项目实现

（1）信息输入模块。

```
name = input("请输入您的姓名: ")
title = input("请输入您的职位: ")
phone = input("请输入您的电话: ")
email = input("请输入您的邮箱: ")
```

（2）名片输出模块。

```
print("=" * 30)
print(f"{'姓名:':<10}{user_info['name']}")
print(f"{'职位:':<10}{user_info['title']}")
print(f"{'电话:':<10}{user_info['phone']}")
print(f"{'邮箱:':<10}{user_info['email']}")
print("=" * 30)
```

1.5.5 项目优化

为了进一步提升个人名片生成程序的功能和用户体验，可以从以下方面进行优化。首先，丰富名片模板库，设计多种样式的名片模板，以满足用户多样化的需求；其次，引入 GUI，使用 Tkinter 等开发直观的操作界面，以提升程序的交互性和易用性；再次，增加名片预览功能，允许用户在生成名片前实时查看效果，并支持对名片样式进行调整；最后，扩展批量生成功能，支持同时为多个用户生成名片，以应对团队或公司等需要批量处理的场景，从而提升程序的实用性和效率。

1.5.6 总结和启示

本项目实训介绍了如何使用 Python 的标准输入/输出函数和格式控制，设计并实现一个交互式的个人名片生成程序。读者通过学习本项目实训，不仅可以加深对 Python 基础知识的理解，还可以锻炼 Python 编程实践能力。在实际开发中，应根据需求不断优化和扩展程序功能，以提升用户体验和程序的实用性。本项目实训通过合理的项目分析和项目实现，将复杂的问题分解为简单的模块。掌握这种思维方式对 Python 编程的学习和实践都具有重要的指导意义。

1.6 巩固练习

（1）编写一个 Python 程序，要求使用 input()函数输入姓名、年龄和职业，并使用 print()函数和格式控制输出以下结果。

```
姓名: [姓名]
年龄: [年龄]
职业: [职业]
```

（2）编写一个 Python 程序，要求使用 input()函数输入圆的半径，并使用 print()函数和格式控制输出以下结果。

```
圆的面积为: [面积] # 保留两位小数
```

（3）编写一个 Python 程序，要求使用 input()函数输入一个整数，判断该整数是奇数还是偶数，并使用 print()函数输出以下结果。

```
[数字] 是奇数/偶数
```

（4）编写一个 Python 程序，要求使用 input()函数输入摄氏温度，将其转换为华氏温度，转换公式为“华氏温度 = 摄氏温度 × 9/5 + 32”，并使用 print()函数输出以下结果。

```
摄氏温度: [摄氏温度] → 华氏温度: [华氏温度] # 保留一位小数
```

（5）编写一个 Python 程序，要求使用 input()函数输入两个数字和一个运算符（“+”“–”“*”“/”），并使用 print()函数输出以下结果。

```
[数字 1] [运算符] [数字 2] = [结果]
```

（6）编写一个 Python 程序，要求使用 input()函数输入身高（米）和体重（千克），公式为“BMI = 体重 / (身高 × 身高)”，使用 print()函数输出以下结果。

```
BMI: [BMI] # 保留两位小数
```

（7）编写一个 Python 程序，要求使用 input()函数输入一个字符串，将其反转，并使用 print()函数输出以下结果。

```
反转后的字符串为: [反转后的字符串]
```

（8）编写一个 Python 程序，要求使用 input()函数输入一个整数，判断该整数是否为回文数，并使用 print()函数输出以下结果。

```
[数字] 是回文数/不是回文数
```

（9）编写一个 Python 程序，要求使用 input()函数输入用户名和密码，判断输入的用户名和密码是否正确（假设用户名为 admin、密码为 123456），并使用 print()函数输出以下结果。

```
登录成功！/登录失败！
```

第 2 章　数字类型与运算

2.1　数字类型

在 Python 编程中，数字类型是构建程序的基础之一。无论是进行简单的数学计算，还是进行复杂的科学计算，数字类型都扮演着至关重要的角色。Python 提供了丰富的数字类型和强大的运算功能，使开发者能够轻松处理各种数据计算任务。

2.1.1　常见的数字类型

微课视频

数字类型是进行数学计算和科学计算的基础。Python 提供了丰富的数字类型，包括整数类型、浮点数类型、复数类型、布尔类型等，每种数字类型都有其特定用途和特性。

1. 整数类型

整数类型（int）用于表示整数，包括正整数、负整数和 0，如 10、−5、0 等。Python 的整数类型不受大小的限制，可以处理非常大的整数。

整数类型用于表示不带小数部分的数据，其取值范围不受固定位数的限制，仅受计算机内存大小的约束。整数类型因精确性和高效性而非常适合用于计数、索引及需要精确计算数据的场景。

2. 浮点数类型

浮点数类型（float）用于表示带小数部分的数据。如 9.8、3.14159 等。Python 使用双精度浮点数表示法，能够表示非常大或非常小的数据。

浮点数类型用于表示带小数部分的数据，能够处理极大或极小的数据。然而，浮点数因采用二进制浮点数表示法，精度有限，故在某些情况下可能会出现微小的精度误差。例如，输入 0.1+0.2，输出 0.30000000000000004。由于 Python 使用 53bit 的精度来表示十进制浮点数，因此结果多出了 0.00000000000000004。尽管如此，浮点数类型在科学计算、工程模拟，以及金融计算等需要处理高精度数据的场景中仍然具有广泛的应用价值。

3. 复数类型

复数类型（complex）用于表示复数，即包含实部和虚部的数据。复数类型在科学计算和工程模拟等场景中有着十分广泛的应用。

```
c1 = 1 + 2j
c2 = -3 - 4j
```

在由复数类型表示的包含实部和虚部的数据中，虚部以 j 或 J 结尾。复数类型支持完整的复数运算，包括加法、减法、乘法和除法等操作。因为能够精确描述包含实部和虚部的数学概念，所以复数类型在信号处理、量子力学、电气工程等需要复杂数学建模的场景中具有重要的应用价值。

4. 布尔类型

布尔类型（bool）用于表示布尔值，只有两个取值，即 True 和 False。布尔类型实际上是整数类型的子类，True 对应 1，False 对应 0。布尔类型主要用于条件判断和逻辑运算，是控制程序流程的重要工具。此外，布尔类型可以与其他数字类型进行混合运算，其中 True 等价于 1，False 等价于 0，这使得在数据计算和逻辑表达等场景中可以灵活应用布尔类型。

```
x = 1 and 1         # 逻辑运算
y = 2 % 1 == 0      # 条件运算
print(is_valid,is_empty)
```

2.1.2 数字类型的判断

微课视频

在 Python 编程中，数字类型的判断是数据处理和分析的重要环节。了解如何判断数字类型，不仅有助于编写健壮的程序，还能有效避免因类型错误而导致程序异常。Python 提供了多种方法来判断变量的数字类型，常用的方法包括使用 type()函数和使用 isinstance()函数。

1. 使用 type()函数

type()函数用于返回对象的类型。通过将某变量当作参数传递给 type()函数，可以获取该变量的类型。

```
print(type(10))          # 输出 "<class 'int'>"
print(type( 3.14 ))      # 输出 "<class 'float'>"
print(type( 1 + 2j ))    # 输出 "<class 'complex'>"
```

2. 使用 isinstance()函数

isinstance()函数用于检查对象是否属于指定类型。与 type()函数相比，isinstance()函数更灵活，支持检查对象是否属于多个类型之一。

```
a = 10
b = 3.14
c = 1 + 2j
print(isinstance(10, int))              # 输出 "True"
print(isinstance(3.14, float))          # 输出 "True"
print(isinstance(1+2j, complex))        # 输出 "True"
print(isinstance(10, (int, float)))     # 输出 "True"
```

在实际的 Python 编程中，数字类型的判断常用于以下场景中。

（1）数据验证：确保输入数据的类型符合预期，避免因类型错误而导致程序异常。

（2）类型转换：根据数据的实际类型进行相应的转换操作，从而保证数据的一致性和可用性。

（3）条件判断：根据类型的不同执行相应的逻辑分支，从而实现更灵活的程序设计。

2.1.3 数字类型的转换

微课视频

数字类型的转换是将一种数字类型转换为另一种数字类型的过程。数字类型的转换在数据处理、计算和存储中十分常见，能够确保数据的正确性和一致性。Python 提供了多种内置函数，用于实现数字类型的转换，如 int()函数、float()

函数和 complex()函数。

（1）int()函数：将浮点数类型或整数类型的字符串转换为整数。

（2）float()函数：将整数类型或浮点数类型的字符串转换为浮点数。

（3）complex()函数：将复数类型的字符串转换为复数。

```
a = int(3.14)          # 转换为整数，结果为 3
b = int("10")          # 转换为整数，结果为 10
c = float(5)           # 转换为浮点数，结果为 5.0
d = float("3.14")      # 转换为浮点数，结果为 3.14
e = complex(2)         # 转换为复数，结果为（2+0j）
f = complex("1+2j")    # 转换为复数，结果为（1+2j）
```

在进行数字类型的转换时，需要注意以下几点。

（1）精度降低是在将浮点数转换为整数时的常见问题，在转换过程中小数部分会被直接截断，从而导致数据的精度降低。

（2）无效转换可能发生在将字符串转换为其他数字类型时，如果字符串无法被解析为有效的数据，那么程序将抛出 ValueError 异常。

（3）类型兼容性限制了复数类型的转换，复数类型不能被直接转换为整数类型或浮点数类型，这是因为其实部和虚部的特性无法通过简单的截断或舍入处理。

实例 2-1　**计算产品优惠价**

在电商平台中，产品价格通常以浮点数类型存储。为了计算产品优惠价，需要对产品打折。

```
original_price = float(input("请输入产品价格: "))                # 定义产品价格（元），如 69.99
discount_rate = float(input("请输入产品折扣率，如 0.8: "))        # 定义产品折扣率，如 0.8
discounted_price = original_price * discount_rate               # 计算产品优惠价
print(f"产品价格: {original_price:.2f} 元")                      # 输出“产品价格: 69.99 元”
print(f"产品折扣率: {discount_rate}")                            # 输出“产品折扣率: 0.8”
print(f"产品优惠价: {discounted_price:.2f} 元")                  # 输出“产品优惠价: 55.99 元”
print(f"产品优惠价: {int(discounted_price * 100)}分")            # 输出“产品优惠价: 5599 分”
```

2.2　运算符与表达式

Python 提供了丰富的运算符和内置函数，支持各种数据（整数、浮点数、复数等）的运算。掌握数据运算的基本规则和方法，是编写高效、准确程序的关键。

2.2.1　常见的运算符与表达式

微课视频

1. 算术运算符

算术运算符用于执行基本的数学运算。算术运算符如表 2-1 所示。

表 2-1　算术运算符

符号名称	算术运算符	实　例	解释（假设变量 a=10，b=3）
加	+	a + b	两个数字相加，结果为 13

续表

符号名称	算术运算符	实　例	解释（假设变量 a=10，b=3）
减	-	a - b	两个数字相减，结果为 7
乘	*	a * b	两个数字相乘，结果为 30
除	/	a / b	两个数字相除，结果为 3.33（保留两位小数）
整除	//	a // b	两个数字整除，结果为 3
取模	%	a % b	模运算，结果为 1
取正/取负	+/-	+a、-b	符号运算，结果为 10 和-3
幂	**	a ** b	幂运算，结果为 1000

模运算在数论和程序设计中都有着十分广泛的应用，主要用于具有周期性规律的场景中。模运算的应用如表 2-2 所示。

表 2-2　模运算的应用

应用场景	实　例	解　释
判断奇偶	a % 2	若余数为 0，则表示 a 是偶数
判断是否被整除	year % 100	若余数为 0，则表示 year 被 100 整除
使结果落在某个区间	a % 7	结果只能是 0 ~ 6 范围内的数字

实例 2-2　字母变身

输入一个大写字母，将其变成其后第 4 个大写字母，并输出。

```
letter = input()
new_letter = chr((ord(letter) - 65 + 4) % 26 + 65)
print(f'{letter}后第 4 个大写字母是{new_letter}')
```

2. 比较运算符

比较运算符用于比较两个数字的大小，值为 True 或 False。比较运算符如表 2-3 所示。

表 2-3　比较运算符

符号名称	比较运算符	实　例	解释（假设变量 a=8，b=5）
等于	==	a==b	a 和 b 是否相等，结果为 False
不等于	!=	a!=b	a 和 b 是否不相等，结果为 True
大于	>	a>b	a 是否大于 b，结果为 True
小于	<	a<b	a 是否小于 b，结果为 False
大于或等于	>=	a>=b	a 是否大于或等于 b，结果为 True
小于或等于	<=	a<=b	a 是否小于或等于 b，结果为 False

比较运算符可用于各种类型数据的运算。

```
print(1e18 == 1e18 + 10)     # 结果为 True
print('Python' < 'c#')       # 结果为 True
score=59
print(0 <= score <= 100 )    # 比较运算符可以连续使用，结果为 True
```

需要注意，不同类型的数据通常不能直接比较。在比较浮点数时，因精度问题，可能会得到错误的结果，在这种情况下，建议使用 math.isclose()函数比较浮点数。

3. 位运算符

位运算符用于对整数的二进制位进行操作，适用于底层 Python 编程和性能优化。位运算符如表 2-4 所示。

表 2-4　位运算符

符号名称	位运算符	实　例	解释（假设变量 a=0b1010，b=0b1100）
按位与	&	a & b	a 和 b 进行与操作，结果为 0b1000
按位或	|	a | b	a 和 b 进行或操作，结果为 0b1110
按位异或	^	a ^ b	a 和 b 进行异或操作，结果为 0b0110
按位取反	~	a ~ b	a 取反，结果为–0b1011
左移	<<	a << b	a 左移 2 位，结果为 0b101000
右移	>>	a >> b	b 右移 1 位，结果为 0b0110

4. 逻辑运算符

逻辑运算符用于组合多个条件，并根据这些条件的真假返回一个布尔值（True 或 False）。逻辑运算符是编写复杂条件语句的重要工具，能够实现比较灵活的逻辑判断。逻辑运算符如表 2-5 所示。

表 2-5　逻辑运算符

符号名称	逻辑运算符	实　例	解释（假设变量 a=True，b=False）
逻辑与	and	a and b	只有当 a 和 b 都为 True 时，结果才为 True，否则结果为 False。此实例的结果为 False
逻辑或	or	a or b	只要 a 或 b 中有一个为 True，结果就为 True，否则结果为 False。此实例的结果为 True
逻辑非	not	not a	若 a 为 True，则结果为 False；若 a 为 False，则结果为 True。此实例的结果为 False

在复杂的逻辑表达式中，逻辑运算符的优先级决定了逻辑表达式的计算顺序。在 Python 中逻辑运算符的优先级从高到低依次为 not > and > or。如果需要改变计算顺序，那么可以使用圆括号明确优先级。

此外，Python 中的逻辑运算符具有短路特性，即在某些情况下，不需要计算所有条件就能确定整个逻辑表达式的值。这种特性可以提高代码的运行效率，尤其是在后续条件计算成本较高的情况下。

（1）and 的短路特性：若第 1 个条件为 False，则整个逻辑表达式的值必定为 False，不再计算后续条件。

（2）or 的短路特性：若第 1 个条件为 True，则整个逻辑表达式的值必定为 True，不再计算后续条件。

5. 条件运算符

条件运算符也称三元运算符，用于根据条件的真假选择两个值中的一个。条件运算符通常用于简化 if...else 语句，使代码更加紧凑和易读。

以下是条件运算符的语法。

```
value_if_true if condition else value_if_false
```

（1）condition：一个条件表达式，值为 True 或 False。

（2）value_if_true：若 condition 的值为 True，则返回该值。

（3）value_if_false：若 condition 的值为 False，则返回该值。

条件运算符的工作原理为，计算 condition 的值；如果 condition 的值为 True，则计算并返回 value_if_true；如果 condition 的值为 False，则计算并返回 value_if_false。

```
x,y = 10,20
max_value = x if x > y else y # 结果为 20
```

6. 身份运算符

身份运算符用于比较两个变量的内存地址，即判断两个变量是否指向同一个对象。身份运算符在处理变量（列表、字典等）时尤为重要，因为使用它可以确定两个变量是否指向同一个内存地址，而不只比较这两个变量的值。身份运算符的工作原理为，Python 中的每个变量都有唯一的内存地址，可以通过 id()函数来查看，Python 提供了两个身份运算符，即 is 和 is not，使用 is 和 is not 实际上比较的是 id(x)和 id(y)的值。

（1）is：若两个变量指向同一个对象（内存地址相同），则结果为 True，否则结果为 False。

（2）is not：若两个变量指向不同的对象（内存地址不同），则结果为 True，否则结果为 False。

```
print(10 is 10)                # 结果为 True
print("hello" is "hello")      # 结果为 True（相同的字符串会指向同一个对象）
list1,list2 = [1,2,3],[1,2,3]  # list1 和 list2 的值相同
print(list1 is list2)          # 结果为 False（list1 和 list2 是两个不同的对象）
print(id(list1), id(list2))    # 结果为 id 的值，如 140425578421696 140425578421728
```

注意，身份运算符与比较运算符的区别。==用于比较两个变量的值是否相等，而 is 用于比较两个变量的内存地址是否相同。

7. 赋值运算符

赋值运算符用于将结果赋给变量。Python 提供了多种复合赋值运算符，用于简化代码。赋值运算符如表 2-6 所示。

表 2-6 赋值运算符

符号名称	赋值运算符	实 例	等 价 于	解释（假设变量 x=5）
加等于	+=	x+=2	x=x+2	加后赋值，最后 x 等于 7
减等于	–=	x–=2	x=x–2	减后赋值，最后 x 等于 3
乘等于	*=	x*=2	x=x*2	乘后赋值，最后 x 等于 10
除等于	/=	x/=2	x=x/2	除后赋值，最后 x 等于 2.5
整除等于	//=	x//=2	x=x//2	整除后赋值，最后 x 等于 2
按位与等于	&=	x&=2	x=x&2	按位与后赋值，最后 x 等于 0
按位异或等于	^=	x^=2	x=x^2	按位异或后赋值，最后 x 等于 7
按位或等于	|=	x|=2	x=x|2	按位或后赋值，最后 x 等于 7
左移等于	<<=	x<<=2	x=x<<2	左移后赋值，最后 x 等于 20
右移等于	>>=	x>>=2	x=x>>2	右移后赋值，最后 x 等于 1

2.2.2 运算符的优先级

微课视频

当表达式中包含多个运算符时，运算执行的先后顺序由运算符的优先级决定。优先级高的运算符会先于优先级低的运算符计算。如果表达式中存在多个相同优先级的运算符，那么按结合性（从左到右或从右到左）依次计算。运算符的优先级如表 2-7 所示。

表 2-7　运算符的优先级

优先级		运算符	说明
高	1	()	圆括号（用于分组）
↓	2	**	数字的幂运算
	3	+x、−x、~x	数字取正、取负、按位取反
	4	*、/、//、%	数字的乘、除、整除、取模
	5	+、−	数字的加、减
	6	<<、>>	整数的左移、右移
	7	&	整数的按位与
	8	^	整数的按位异或
	9	|	整数的按位或
	10	==、!=、>、<、>=、<=	数字的比较运算
	11	is、is not	对象身份运算
	12	not	逻辑非
	13	and	逻辑与
低	14	or	逻辑或
	15	=、+=、−= 等	赋值运算

运算符的优先级是 Python 中求表达式结果的基础规则，掌握运算符的优先级能够编写出逻辑清晰、计算准确的程序。

实例 2-3　计算线性插值

线性插值是一种常用的数字估计方法，用于根据已知点估计未知点的值。假设有两个已知点 (x_0, y_0) 和 (x_1, y_1)，需要估计点 y 的值。线性插值的计算公式如下。

$$y = y_0 + \frac{(x - x_0)\times(y_1 - y_0)}{x_1 - x_0}$$

```
x0, y0 = 1, 2
x1, y1 = 3, 4
x = 2   # x 的值
y = y0 + (x - x0) * (y1 - y0) / (x1 - x0) # 线性插值计算
print(f"在 x = {x} 处的估计值 y = {y}") # 当 x=2 时，y=3.0
```

在上述代码中，先计算圆括号内的表达式 (x − x0) 和 (y1 − y0)，再计算(x − x0) * (y1 − y0) 和 (x1 − x0)，最后进行加法运算，得到最终结果。

实例 2-4　计算贷款额度

在助农贷款场景中，计算贷款额度通常基于农户的年收入、信用评分和贷款期限等因素。贷款额度的计算公式如下。

贷款额度=(年收入×信用评分)÷100+(贷款期限×1000)

```
annual_income = 50000     # 年收入
credit_score = 80         # 信用评分
loan_term = 5             # 贷款期限（年）
# 计算贷款额度
loan_amount = (annual_income * credit_score) / 100 + (loan_term * 1000)
```

```
print(f"贷款额度为: {loan_amount} 元") # 输出"贷款额度为: 45000.0 元"
```

在上述代码中，先计算小括号内的表达式(annual_income * credit_score)和(loan_term * 1000)，再计算(annual_income * credit_score) / 100，最后进行加法运算，得到最终结果。

2.3 数学运算函数

Python 内置了一系列与数字运算相关的函数，可以直接使用，包括绝对值函数、四舍五入函数、幂和模幂函数、最大值和最小值函数、字符串和表达式转换函数等，每种函数都有其特定的用途。

2.3.1 绝对值函数

绝对值是数学中的一个基本概念，绝对值总是非负的。在 Python 中，绝对值运算可以通过 abs()函数来实现。以下是 abs()函数的语法。

```
abs(x)
```

x：需要计算绝对值的数字，可以是整数、浮点数或复数。

```
print(abs(-10))        # 结果为 10
print(abs(-3.14))      # 结果为 3.14
print(abs(3 + 4j))     # 若参数是复数，则返回它的模
```

绝对值运算在实际的 Python 编程中具有广泛的应用场景。绝对值运算可以用于距离计算，如计算两个点的距离，从而衡量数字之间的差异。在误差分析中，绝对值运算还能够帮助计算预测结果与实际结果的误差，为模型评估提供重要依据。此外，在数据处理中，绝对值运算常用于忽略数字的符号，仅关注其大小，从而简化数据分析和处理过程。

2.3.2 四舍五入函数

round()函数是 Python 中一个内置的四舍五入函数，用于对数字进行四舍五入。使用 round()函数可以对浮点数或整数进行四舍五入，并返回一个四舍五入后的结果。以下是 round()函数的语法。

```
round(number, ndigits)
```

number（必需）：需要进行四舍五入的数字，可以是整数或浮点数。

ndigits（可选）：指定保留的小数位数，默认值为 0。

```
result = round(3.14159)       # 四舍五入为整数，结果为 3
result = round(3.14159, 2)    # 四舍五入为两位小数，结果为 3.14
```

基于浮点数在计算机中的表示方式，round()函数在处理某些数字时可能会出现意外。

```
result = round(2.675, 2)      # 结果为 2.67 而不是预期的 2.68
```

为了避免出现此类问题，可以使用 decimal 模块进行高精度的十进制运算。此外，可以结合格式化进行输出。

2.3.3 幂和模幂函数

pow()函数用于计算数字的幂或模幂，比 ** 的功能更强大。

```
print(pow(2, 3))        # 计算2的3次幂，结果为8
print(pow(2, 3, 5))     # 当存在第3个参数时，返回2的3次幂对5取余，结果为3
```

2.3.4　最大值和最小值函数

max()函数和 min()函数分别用于找出一组数据中的最大值和最小值。它们可以处理多种数据类型，包括数字、字符串、列表、元组等。

```
print(max(3, 1, 4, 1, 5, 9))    # 从多个参数中找出最大值，结果为 9
print(min([3, 1, 4, 1, 5, 9]))  # 从多个参数中找出最小值，结果为 1
numbers = [3, 1, 4, 1, 5, 9]
print(max(numbers ))            # 从列表中找出最大值，结果为 9
print(min(numbers ))            # 从列表中找出最小值，结果为 1
```

2.3.5　字符串和表达式转换函数

字符串和表达式的求值与转换是 Python 编程中常见的操作，尤其在处理动态生成的数据或用户的输入数据时。Python 提供了多种工具来实现这些功能，包括内置的字符串和表达式转换函数、标准库模块。其中，字符串和表达式转换函数有 eval()函数和 exec()函数。

1. eval()函数

eval()函数用于将字符串作为表达式来执行，并返回表达式的值。使用 eval()函数可以动态地执行代码。eval()函数应尽量避免在不可信输入的情况下使用，以确保代码的安全性。

```
m, n = eval(input("输入的用英文逗号分隔的2个数字"))  # 如输入 3,5.5
print(f'm={m}, n={n}')                  # 结果为 m=2, n=8
result = eval("3 * 5 + 2")              # 执行表达式
print(result)                           # 结果为 17
result = eval("[i for i in range(5)]")  # 执行表达式
print(result)                           # 结果为 [0, 1, 2, 3, 4]
```

2. exec()函数

与 eval()函数不同，exec()函数用于执行复杂的代码，而不仅仅是表达式。

```
code = """
for i in range(5):
    print(i)
"""
exec(code)  # 结果为 0 1 2 3 4
```

实例 2-5　　**计算本息和**

假设某人在银行存入一笔钱（本金），银行提供一定的年利率，存款时间为若干年。编写一个 Python 程序，计算存款到期后的本息和（本金加利息）。本息和的计算公式如下。

$$本息和=本金\times(1+年利率)^{存款时间}$$

```
deposit = int(input("请输入本金: "))                       # 本金
interest_rates = float(input("请输入年利率 (%): ")) / 100   # 年利率
years = int(input("请输入存款时间 (年): "))                 # 存款时间
total = deposit * pow( (1 + interest_rates), years)
```

```
interest = round(total - deposit,2)
print(f"本息和={interest}")
```

实例 2-6 分析股票价格

分析股票价格是投资者在决定购买、持有或卖出股票之前，对股票进行深入研究的过程。其主要目的是帮助投资者理解股票的价值，预测股票未来的价格走势，并做出明智的投资决策。

假设有一个包含近日股票价格的列表。编写一个 Python 程序，对股票价格进行分析，计算最高价、最低价、五日均价、价格变动范围。

```
stock_prices =  [10.5, 12.3, 9.8, 13.2, 11.7]              # 包含近日股票价格的列表
highest_price =   max(stock_prices)                         # 计算最高价
lowest_price =  min(stock_prices)                           # 计算最低价
average_price = sum(stock_prices)/len(stock_prices)         # 计算五日均价
price_range = highest_price-lowest_price                    # 计算价格变动范围
print(f"最高价: { highest_price }")
print(f"最低价: { lowest_price }")
print(f"五日均价: { average_price }")
print(f"价格变动范围: { price_range }")
```

2.4　math 模块

2.4.1　math 模块导入的两种方法

微课视频

在 Python 中，模块是组织代码的基本单元。例如，math 模块封装了常用的数学函数，如三角函数等。通过模块可以高效地复用这些函数。为了使用模块中的函数，需要先将其导入当前程序。Python 提供了模块导入的两种方法，下面以 math 模块为例进行说明。

1. 使用 import 语句

import 语句用于导入整个模块。在导入后，可以通过模块名前缀访问其中的函数、类或变量。

```
import math
result = math.sqrt(16) # 使用 math 模块中的函数，计算数字 16 的平方根
print(f"平方根: {result}")
```

在使用 import 语句导入模块时，会将整个模块的内容加载到当前程序中，并通过模块名前缀访问其中的函数、类或变量。这种方式能够有效避免命名冲突，这是因为所有功能都需要通过模块名前缀调用，从而确保代码的清晰性和可维护性。此外，import 语句特别适合在需要频繁使用模块的多个功能的场景中使用，这是因为使用 import 语句能够一次性导入所有相关功能，减少重复导入的麻烦。

2. 使用 from ... import 语句

from...import 语句用于导入特定函数、类或变量。在导入后，可以直接使用这些内容，而无须通过模块名前缀访问。

```
from math import sqrt
result = sqrt(25)  # 直接使用 sqrt()函数，计算数字 25 的平方根
print(f"平方根: {result}")
```

在使用 from...import 语句时，仅导入模块中的特定功能，从而减少内存占用并提高代码的运行效率。由于可以直接使用功能名而无须使用模块名前缀，因此代码更加简洁、明了。然而，这种方式可能导致命名冲突，尤其是在导入多个模块时，不同模块中的同名功能可能会相互覆盖。因此，该语句更适合在仅需使用模块中少数功能的场景中使用，以免发生潜在冲突。

2.4.2 math 模块中常量和函数的主要功能及应用

微课视频

Python 的 math 模块是标准库中用于数学计算的核心模块之一。它提供了丰富的常量和函数，涵盖了从基本运算到高级数学计算的多种功能。math 模块是科学计算、数据分析、工程建模等领域中不可或缺的工具。math 模块中常量和函数的主要功能如下。

1. 数学常量

（1）math.pi：圆周率 π，约为 3.141592653589793。

（2）math.e：自然常数 e，约为 2.718281828459045。

2. 数字运算函数

（1）math.sqrt(x)：计算 x 的平方根。

（2）math.pow(x, y)：计算 x 的 y 次幂。

（3）math.exp(x)：计算 e 的 x 次幂。

（4）math.log(x, base)：计算以 base 为底的 x 的对数（默认以 e 为底）。

（5）math.fabs(x)：计算 x 的绝对值。

3. 三角函数

（1）math.sin(x)：计算 x 弧度的正弦值。

（2）math.cos(x)：计算 x 弧度的余弦值。

（3）math.tan(x)：计算 x 弧度的正切值。

（4）math.degrees(x)：将弧度转换为角度。

（5）math.radians(x)：将角度转换为弧度。

4. 数论函数

（1）math.gcd(a, b)：计算 a 和 b 的最大公约数。

（2）math.factorial(x)：计算 x 的阶乘。

math 模块除提供丰富的数学函数和常量之外，还为科学计算、工程建模和数据分析等提供强大的支持。

实例 2-7　计算圆的周长

给定圆的半径 r，计算圆的周长 C。圆的周长的计算公式如下。

$$C = 2\pi r$$

其中，π是圆周率，可以使用 math 模块的常量 pi 替代，约为 3.141592653589793。

```
import math
radius = float(input("请输入圆的半径: ")) # 输入圆的半径
circumference = 2 * math.pi * radius # 通过表达式计算圆的周长
```

实例 2-8 计算炮弹发射位移

假设炮弹基于 v_0 和 θ 发射，忽略空气阻力，计算其在 t 后的水平位移和垂直位移。水平位移的计算公式如下。

$$x = v_0 t\cos(\theta)$$

垂直位移的计算公式如下。

$$y = v_0 t\sin(\theta) - \frac{1}{2}gt^2$$

其中，v_0 是初始速度（单位为米/秒），θ 是发射角度（单位为度），t 是时间（单位为秒），g 是重力加速度（约为 9.81 米/秒 ^{2}）。

```
import math
g = 9.81                                                  # 输入重力加速度
v0 = float(input("请输入初始速度 (米/秒): "))              #  输入初始速度
theta = float(input("请输入发射角度 (度): "))              # 输入发射角度
t = float(input("请输入时间 (秒): "))                      # 输入时间
theta_rad = math.radians(theta)                           # 将角度转换为弧度
x = v0 * t * math.cos(theta_rad)                          # 计算水平位移
y = v0 * t * math.sin(theta_rad) - 0.5 * g * t ** 2       # 计算垂直位移
# 输入初始速度为 50 米/秒、发射角度为 45 度、时间为 5 秒
print(f"在时间 {t} 秒后，炮弹的位移为:")                   # 输出"在时间 5 秒后，炮弹的位移为:"
print(f"水平位移: {x:.2f} 米")                             # 输出"水平位移: 176.78 米"
print(f"垂直位移: {y:.2f} 米")                             # 输出"垂直位移: 52.38 米"
```

实例 2-9 使用三角函数进行图像的感知与识别的预处理

假设有一个图像，需要将其旋转一定角度 θ 以进行后续的感知与识别。对于旋转操作，可以通过三角函数计算新的像素位置，从而实现图像的几何变换。假设图像中的像素点的坐标为 (x, y)，旋转后的新坐标为 (x', y')，旋转公式如下。

$$x' = x\cos(\theta) - y\sin(\theta)$$

$$y' = x\sin(\theta) + y\cos(\theta)$$

```
import math
import numpy as np
from PIL import Image
image = Image.open("example.jpg")                         # 加载图像
theta = float(input("请输入旋转角度 (度): "))              # 输入旋转角度
theta_rad = math.radians(theta)                           # 将角度转换为弧度
width, height = image.size # 获取图像尺寸
```

```
# 计算旋转后的图像尺寸
new_width = int(abs(width * math.cos(theta_rad)) + abs(height * math.sin(theta_rad)))
new_height = int(abs(height * math.cos(theta_rad)) + abs(width * math.sin(theta_rad)))
rotated_image = Image.new("RGB", (new_width, new_height)) # 创建新图像
# 计算旋转中心
center_x = width / 2
center_y = height / 2
# 遍历新图像的像素点
for x in range(new_width):
    for y in range(new_height):
    # 计算原图像中像素点的坐标
        x_orig = (x - new_width / 2) * math.cos(theta_rad) + (y - new_height / 2) * math.sin(theta_rad) +
center_x
        y_orig = -(x - new_width / 2) * math.sin(theta_rad) + (y - new_height / 2) * math.cos(theta_rad) +
center_y
        # 当反向映射的原始坐标落在原图像的有效像素范围内时，执行像素值的拷贝
        if 0 <= x_orig < width and 0 <= y_orig < height:
            pixel = image.getpixel((int(x_orig), int(y_orig)))
            rotated_image.putpixel((x, y), pixel)
# 保存旋转后的图像
rotated_image.save("rotated_example.jpg")
```

2.5 项目实训：竞赛积分分析及预测——创新争先

2.5.1 项目背景

在各类竞赛中，竞赛积分是评估参赛者表现的重要指标。通过对历史积分进行分析，可以了解参赛者的表现情况，并预测其未来的积分变化趋势。本项目实训旨在通过 Python 编程，对竞赛积分进行分析及预测，帮助参赛者制定有效的竞赛策略。

2.5.2 项目任务

本项目实训主要包括 4 个核心环节。第一，通过数据输入获取参赛者的历史积分，为后续分析提供基础。第二，进行数据分析，计算平均积分、最高积分、最低积分等统计指标，以全面评估参赛者的表现。第三，利用趋势预测中的线性回归模型，基于历史数据预测积分变化趋势。第四，通过结果输出将分析结果和预测结果清晰地展示出来，为参赛者提供有价值的参考信息。

2.5.3 项目分析

1. 数据分析

使用 sum()函数和 len()函数计算平均积分、使用 max()函数计算最高积分、使用 min()函数计算最低积分等了解参赛者的表现。

2. 趋势预测

利用线性回归模型预测积分变化趋势。线性回归模型的公式如下。

$$y = mx + b$$

其中，y 是预测的积分；x 是时间，如第几场比赛；m 是斜率；b 是截距。使用 NumPy 中的 polyfit()函数可以拟合线性回归模型。

2.5.4 项目实现

1. 数据输入

```
scores = [85, 90, 78, 92, 88, 95, 80, 85, 91, 89] # 参赛者的历史积分
```

2. 数据分析

```
average_score = sum(scores) / len(scores)      # 计算平均积分
max_score = max(scores)                        # 计算最高积分
min_score = min(scores)                        # 计算最低积分
print(f"平均积分: {average_score:.2f}")
print(f"最高积分: {max_score}")
print(f"最低积分: {min_score}")
```

3. 趋势预测

```
import numpy as np
x = np.arange(1, len(scores) + 1)
m, b = np.polyfit(x, scores, 1)                # 拟合线性回归模型
# 预测下一场比赛的积分
next_x = len(scores) + 1
predicted_score = m * next_x + b
# 输出预测结果
print(f"预测下一场比赛的积分为: {predicted_score:.2f}")
```

4. 结果输出

```
平均积分: 87.30
最高积分: 95
最低积分: 78
预测下一场比赛的积分为: 90.50
```

2.5.5 项目优化

在项目优化方面，可以从以下角度进一步完善项目的功能并优化项目效果。

1. 引入数据可视化功能

使用 Matplotlib 绘制积分变化趋势图，直观地展示数据分析结果和预测结果，提高结果的可读性和解释性。

2. 进行多模型比较

尝试使用多项式回归模型等其他回归模型进行预测，并通过对比不同模型的预测结果，选择最优预测方法。

3. 扩展数据

增加更多的历史数据样本，丰富数据集，从而提高预测的准确性和可靠性。通过实施

这些优化措施，项目的实用性和科学性将得到显著提升。

2.5.6　总结和启示

本项目实训展示了如何使用 Python 对竞赛积分进行高效分析与预测，以及如何使用 sum()函数、len()函数、max()函数、min()函数等，这为数据分析与预测提供了有力的工具。在实际应用中，数据分析与预测不仅适用于竞赛积分场景，还可以被广泛应用于金融、医疗、教育等多个领域。

2.6　巩固练习

（1）编写一个 Python 程序，要求使用 input()函数输入圆的半径，使用 math.pi 输入 π，计算并输出以下结果。

```
圆的面积为:[面积]（保留两位小数）
```

（2）编写一个 Python 程序，要求使用 input()函数输入一个正整数，使用 math.sqrt()函数判断该正整数是否为质数，计算并输出以下结果。

```
[数字] 是质数/不是质数
```

（3）编写一个 Python 程序，要求使用 input()函数输入两个点的坐标 (x_1, y_1) 和 (x_2, y_2)，根据公式"距离 $= \sqrt{(x_2 - x_1)^2 + (y_2 - y_1)^2}$"计算并输出以下结果。

```
两个点之间的距离为:[距离]（保留两位小数）
```

（4）编写一个 Python 程序，要求使用 input()函数输入一个角度，计算并输出以下结果。

```
正弦值:[sin]（保留两位小数）
余弦值:[cos]（保留两位小数）
正切值:[tan]（保留两位小数）
```

第 3 章　流程控制

3.1　流程控制的基本概念

结构化程序设计是程序设计领域的基本原则和方法。其核心特征在于程序具有唯一的入口和出口。遵循这一原则，可以设计出结构明晰、易于理解、便于修改及验证的程序。结构化程序设计的根本目的在于，构建一个逻辑严密、结构合理的程序框架，从而确保程序的正确性，并提升开发效率与程序质量。

在实现结构化程序设计的过程中，通常采用先从整体框架入手，再逐步细化各部分的设计方法。在这个过程中，模块化的设计思想至关重要。各模块之间通过顺序结构、分支结构和循环结构进行有机连接。

（1）顺序结构：确保程序中的操作按既定的先后顺序依次执行，如图 3-1（a）所示。这是基本且常见的流程控制结构之一。

（2）分支结构：根据特定判断条件，程序会选择不同的执行路径，从而实现不同的功能或处理不同的输入情况，如图 3-1（b）所示。

（3）循环结构：当需要重复执行某段代码时，循环结构就派上了用场。它可以根据判断条件，多次执行某个语句块，直到满足特定条件为止，如图 3-1（c）所示。

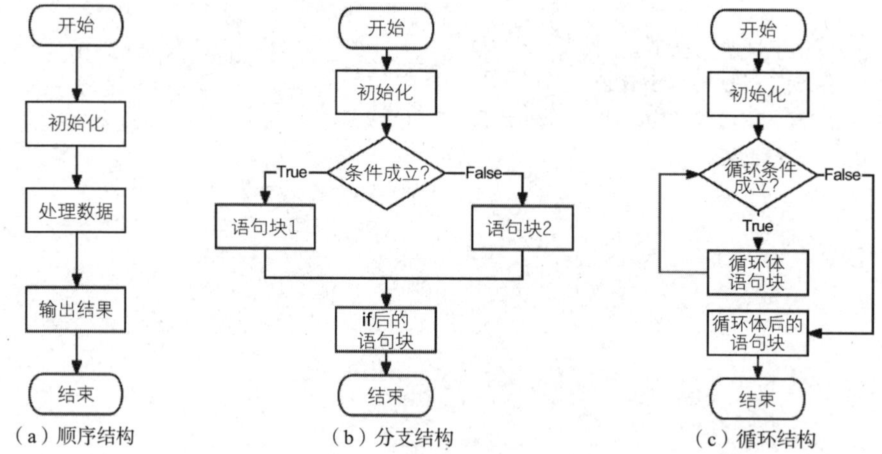

（a）顺序结构　（b）分支结构　（c）循环结构

图 3-1　流程控制结构

3.2　顺序结构

顺序结构是基本且常见的流程控制结构之一。在顺序结构中，程序按代码的书写顺序逐步执行，每行代码都会被依次执行，直到程序结束或遇到跳转语句为止。

3.2.1 顺序结构样例

以使用简单的线性回归模型预测房屋价格为例，可以清晰地看到程序中的顺序结构。

实例 3-1 使用简单的线性回归模型预测房屋价格

假设有一个简单的线性回归模型，用于根据房屋面积预测其价格。房屋价格的计算公式如下。

$$价格 = 权重 \times 面积 + 偏置$$

其中，权重和偏置是已知的模型参数，面积是用户输入的特征数据。

```
weight = 2000                                          # 权重（每平方米的价格）
bias = 50000                                           # 偏置（基础价格）
area = float(input("请输入房屋面积（平方米）:"))          # 将输入数据转换为浮点数
price = weight * area + bias                           # 按公式计算房屋价格
print(f"根据线性回归模型预测，该房屋价格为{price}元")     # 输出结果
```

程序运行结果如下。

```
请输入房屋面积（平方米）: 100
根据线性回归模型预测，该房屋的价格为 250000.0 元
```

在实例 3-1 中，程序的执行顺序非常明确：先输入数据，然后按公式进行计算，最后输出结果。这种按代码的书写顺序逐步执行的结构就是顺序结构。

3.2.2 处理解释型语言的程序错误

顺序结构是程序设计的基石，用于确保代码按既定的顺序逐步执行。然而，在 Python 中，若某条语句出现错误，则后续语句的执行将被阻断。因此，对错误的识别与修正尤为重要。

例如，在实例 3-1 中，若第 3 行的代码没有将输入数据转换为浮点数，则会触发 TypeError 异常（见图 3-2），进而导致程序中断，后续语句将无法执行。

```
请输入房屋面积（平方米）：100

---------------------------------------------------------------------------
TypeError                                 Traceback (most recent call last)
<ipython-input-2-a3c6f1b296f1> in <module>
      2 bias = 50000    # 偏置（基础价格）
      3 area = input("请输入房屋面积（平方米）：")  # 输入数据为字符串
----> 4 price = weight * area + bias    # 按公式计算房屋价格
      5 print(f"根据线性回归模型预测，该房屋价格为：{price}元")   # 输出结果

TypeError: must be str, not int
```

图 3-2 触发 TypeError 异常

因此，当程序出现错误时，应仔细检查错误信息和相关代码，定位并修正错误，以确保程序的顺利执行。

3.3 分支结构

分支结构又称选择结构，用于根据特定条件引导程序执行不同的代码。这个结构使

得程序能够根据条件判断的结果，从多个执行路径中选择一条执行。

在 Python 中，实现分支结构的主要语句有以下两种。

（1）if 语句：Python 中十分基础且被广泛使用的条件语句，允许根据条件的真假选择执行不同的语句块。

（2）match 语句（自 Python 3.10 引入）：作为一种强大的模式匹配工具，match 语句提供了对值进行结构化比较的能力，这使得在某些场景下分支语句的表达更加直观和简洁。

合理运用上述语句，开发者可以构建出既高效又易于理解的分支结构，有效提升程序的控制流管理和逻辑处理的能力。

3.3.1 if 语句

微课视频

在 Python 中，if 语句用于基于某个条件执行相应的语句块。其语法结构灵活，可以根据需要包含单个条件、多个条件（通过 elif 子句），以及一个可选的默认语句块（通过 else 子句）。以下是 if 语句的基本语法。

```
# 仅用于语法展示，请不要运行
if 条件表达式 1:
    语句块 1
elif 条件表达式 2:
    语句块 2
elif 条件表达式 3:
    语句块 3
else:
    语句块 n
```

if 语句的语法解析如下。

（1）分支结构由 1 个必选的 if 子句、0 个或多个可选的 elif 子句和 0 个或 1 个可选的 else 子句组成。不同的组合可构成单分支、双分支或多分支的不同形式。

（2）if、elif 和 else 是 Python 中分支结构的关键字。

（3）由 if、elif 和 else 这 3 个关键字开始的语句最后以冒号结束，同时在满足该条件时应缩进其后要执行的语句块。同一组分支结构中的关键字必须对齐。

（4）if 和 elif 后都有条件表达式，当条件表达式的值为真（非 0、非空对象）时，执行相应的语句块。

（5）else 后无条件表达式，直接以冒号结束。

1. 单分支结构

Python 支持单分支结构，即仅使用 if 语句判断条件。在这种结构中，只有当条件表达式的值为真时才会执行相应的语句块，而对于条件表达式的值为假的情况则不做任何处理。单分支结构如图 3-3（a）所示。这种结构十分简洁，有时可能会因忽略某些情况而产生错误，故建议谨慎使用。

实例 3-2　　判断数据是否正常

判断输入的成绩是否在 0～100 范围内，并输出“成绩正常”。

```
score = int(input())
```

```
if 0<=score <= 100:
    print('成绩正常')
```

2. 双分支结构

Python 也支持常见的双分支结构，其中 else 子句总是与最近且对齐的 if 语句匹配。这种结构使代码能够处理两种可能的情况，即当条件为真时执行一个语句块，当条件为假时执行另一个语句块，从而提高代码的健壮性和可读性。双分支结构如图 3-3（b）所示。

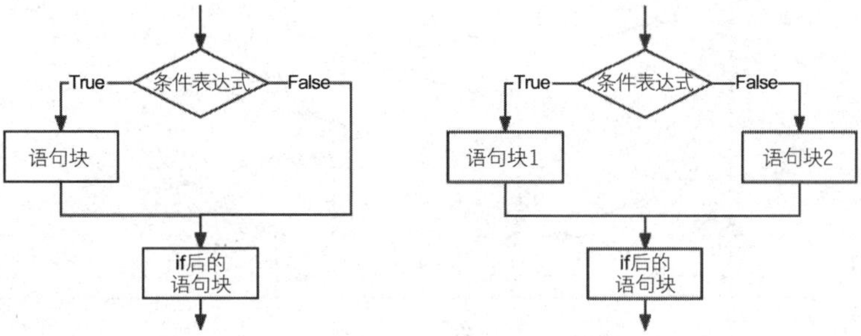

（a）单分支结构　　（b）双分支结构

图 3-3　单分支结构和双分支结构

实例 3-3　判断数据是否异常

判断输入的成绩是否在 0～100 范围内，并输出“成绩正常”或“成绩异常”。

```
score = int(input())
if 0 <= score <= 100 :        # 等价于 score >= 0 and score <= 100
    print('成绩正常')
else:                         # 等价于 score > 100 or score < 0
    print('成绩异常')
```

在上述代码中，0 <= score <= 100 等价于 score >= 0 and score <= 100。在 Python 中推荐使用链式操作 0 <= score <= 100，不建议使用 score >= 0 and score <= 100，在 PyCharm 中可同时按快捷键 Alt+Shift+Enter 转换为链式操作。

实例 3-4　验证用户登录

比较用户输入的验证码与预设验证码是否相同，并输出“用户验证成功”或“用户验证失败”。

```
Captcha_image="Q27M"                        # 预设验证码
Captcha_input=input("输入验证码:")          # 用户输入的验证码
# 当用户输入的验证码与预设验证码相同时，输出“用户验证成功”，否则输出“用户验证失败”
if Captcha_image==Captcha_input:
    print("用户验证成功")
else:
    print("用户验证失败")
```

3. 多分支结构

多分支结构允许将判断条件分为多个区间，当满足其中一个区间的条件时，程序将执行相应的语句块，并跳过后续的所有判断条件。这种结构确保了区间之间是互斥的，只要正确划分区间，就能保证程序只有一个处理路径和一个出口，从而提高程序的逻辑清晰度和可维护性。多分支结构如图 3-4 所示。

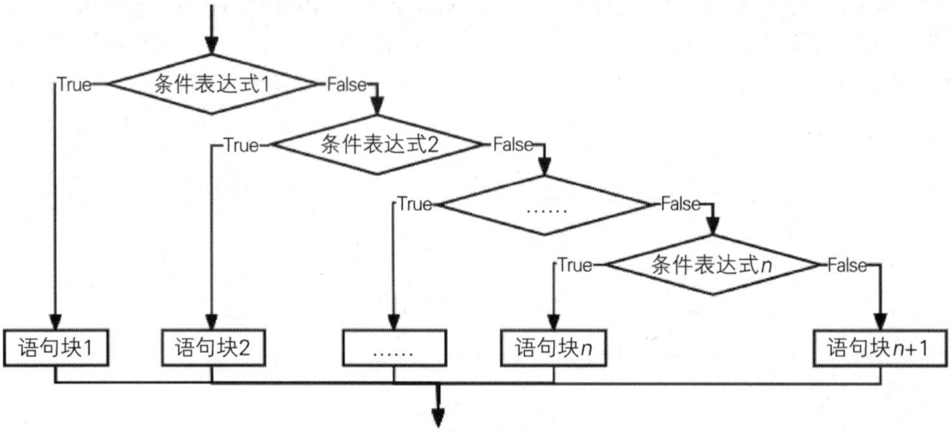

图 3-4　多分支结构

实例 3-5　判断优惠票价

输入数据包括乘客的身高（整数，范围为 30～260 厘米）和火车票的价格（整数，假设输入数据均为合法值）。根据身高，按以下规则判断并输出相应的信息。

若身高不在 30～260 厘米范围内，则输出“身高数据异常”；若身高小于或等于 120 厘米，则乘客免票，输出 0 元；若身高大于 120 厘米且小于或等于 150 厘米，则乘客享受半票优惠，输出火车票价格的一半；若身高大于 150 厘米，则乘客需购买全票，输出正常票价。

```
price = eval(input("原价（元）: "))
height = eval(input("身高（厘米）: "))
if height<30 or height>260:
    result = '身高数据异常!'
elif   height>150:
    result = price
elif   height>120:
    result = price/2
else:
    result = 0
print(f'最终价格: {result:.2f}元')   # 输出“最终价格: 0.00 元”
```

实例 3-6　预测身高

根据父母的身高和子女的性别预测子女的身高。输入数据包括父亲的身高（整数，单位为厘米）、母亲的身高（整数，单位为厘米）和子女的性别（字符串，仅限“男”或“女”）。在输入性别时，若为“男”或“女”，则继续执行身高预测的计算；若输入的性别不符合要求，则输出“无对应公式”并终止程序。

身高的计算公式如下，结果向上或向下取最接近的整数。

男性身高：

$$预测身高 = (父亲的身高 + 母亲的身高) \times 1.08 \div 2$$

女性身高：

$$预测身高 = (父亲的身高 \times 0.923 + 母亲的身高) \div 2$$

```
father = int(input("父亲的身高（厘米）"))
mother = int(input("母亲的身高（厘米）"))
sex = input("子女的性别")
if sex == "男":
    result = int((father + mother) * 1.08 / 2)          # 男性身高的计算公式
elif sex == "女":
    result = int((father * 0.923 + mother) / 2)         # 女性身高的计算公式
else:
    result = "无对应公式"                                # 输入的性别不符合要求
print(f'预测身高：{result}厘米')
```

4. 嵌套分支结构

嵌套分支结构是指在一个分支结构内部嵌套一个或多个分支结构，通常涉及多个 if 语句，其中一个 if 语句包含在另一个 if 语句中。这种结构可以扩展为多层，即在一个 if 语句内部嵌套多个 if 语句，形成复杂的决策树（decision tree）。

决策树是一个流程图形式的树形结构，其中每个内部节点均表示一个属性的测试，每个分支均表示一个测试的输出结果，每个叶节点均表示一个类标签。决策树通过树形结构表示决策过程，其中每个决策节点均是一个问题，每个分支均是对问题的可能答案，叶节点是最终决策结果。决策树算法因具有直观易懂、构造简单等优点，在数据挖掘、机器学习等领域被广泛应用。同时，决策树可以用于特征选择、数据可视化等领域。决策树实例——西瓜质量分类如图 3-5 所示。

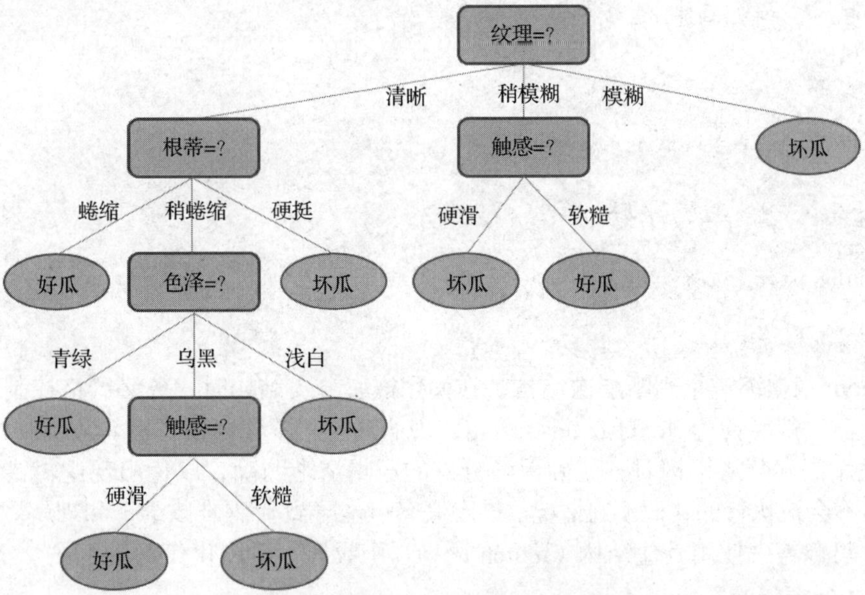

图 3-5　决策树实例——西瓜质量分类

实例 3-7 根据特征值进行分类决策

在机器学习和数据分类任务中，经常需要根据多个特征值进行分类决策，以确定数据点属于哪种类型。在这种情况下嵌套分支结构非常有用，它允许根据一系列的条件逐步缩小可能的类型范围，最终确定数据点的分类。以下实例用于展示使用嵌套分支结构根据 3 个特征值（feature1、feature2、feature3）对数据点进行分类决策。

```
feature1, feature2, feature3=0.6, 0.4,0.3   # 假设有 3 个特征值
if feature1 > 0.5:
    if feature2 > 0.5:
        result= 'Class 1'
    else:
        result= 'Class 2'
else:
    if feature3 > 0.5:
        result= 'Class 3'
    else:
        result= 'Class 4'
print(result)   # 输出 "Class 1"
```

实例 3-8 使用嵌套分支结构进行成绩等级评定

判断学生成绩是否大于或等于 90 分，若成绩大于或等于 90 分，则进一步判断是否为满分，并输出相应的信息。若成绩小于 90 分，则继续根据其他条件判断成绩等级，并输出相应的信息。

```
score = int(input("请输入学生成绩（分）："))      # 获取学生成绩
# 使用嵌套分支结构进行成绩等级评定
if score >= 90:
    print("成绩等级为：优秀")
    if score == 100:
        print("恭喜！获得满分！")
elif score >= 75:
    print("成绩等级为：良好")
elif score >= 60:
    print("成绩等级为：及格")
else:
    print("成绩等级为：不及格。需要补考！")
```

Python 根据缩进量判断层次结构，在使用嵌套分支结构时，务必严格控制各级代码的缩进量。一般能使用 if…elif…else 语句实现的功能，不建议使用嵌套分支结构。

在使用嵌套分支结构时，应确保各分支的逻辑清晰明确，以免出现逻辑错误或死代码（永远不会被执行的代码）的情况。过度嵌套可能导致代码难以维护和理解。在可能的情况下，可以考虑使用其他结构（match 语句、函数等）以简化代码。

5. 条件表达式

所谓的条件表达式，是用一条语句完成一个双分支结构的语句。以下是条件表达式

的语法。

```
x if 条件 else y
```

条件表达式是一个三元运算符的表达式，将语句分成三部分。首先对条件表达式求值，若条件表达式的值为 True，则对表达式 x 进行计算并返回其运算结果；若条件表达式的值为 False，则对表达式 y 进行计算并返回其运算结果。应用条件表达式判断数据输入是否正常的代码如下。

```
print( '成绩正常' if 0 <= int(input()) <= 100 else '成绩异常' )
```

实例 3-9　　**验证用户登录**

```
Captcha_image='Q27M'
Captcha_input=input("输入验证码:")
result = "验证成功"   if Captcha_image==Captcha_input else "验证失败"
print(result)
```

3.3.2　match 语句

微课视频

在 Python 3.10 及更高的版本中，match 语句作为一种新的结构化分支控制流工具被引入，旨在提供更清晰、简洁的替代方案，特别是在进行多重条件判断时，match 语句比传统的 if…elif…else 语句更具可读性。match 语句基于模式匹配，可以匹配简单的值、数据类型，甚至是复杂的结构。以下是 match 语句的语法。

```
match expression:
    case pattern1:
        # 语句块 1
    case pattern2:
        # 语句块 2
    case pattern3:
        # 语句块 3
    case _:  # 通配符模式，匹配任何值
        # 默认语句块
```

其中，expression 是要进行模式匹配的表达式。pattern 是每个 case 后的模式，用于与 expression 的值进行比较。“_” 作为通配符使用，表示默认情况，类似于 if…elif…else 语句中的 else 子句。

在使用 match 语句时，应确保各 case 块的逻辑是互斥的，以免混淆。

实例 3-10　　**交互式菜单操作**

提供一个交互式菜单，根据用户选择执行相应的操作或提示无效的选择。

```
print("1. 执行操作 1")
print("2. 执行操作 2")
print("3. 退出程序")
choice = input("请选择操作：")
match   choice:
    case   "1":
```

```
        print("执行操作 1")
    case  "2":
        print("执行操作 2")
    case  "3":
        print("退出程序")
    case  "4":
        print("无效的选择，请重新输入。")
```

实例 3-11　基于标签化的多类型文本分类

先使用变量 text_label 存储文本标签，再使用 match 语句匹配文本标签，并根据匹配结果输出相应的分类信息。

```
text_label = "sports"    # 存储文本标签，可以改为 tech 或 politics 进行测试
match text_label:        # 使用 match 语句匹配文本标签
    case "sports":
        print("这篇文本是关于体育的。")
    case "tech":
        print("这篇文本是关于科技的。")
    case "entertainment":
        print("这篇文本是关于娱乐的。")
    case "politics":
        print("这篇文本是关于政治的。")
    case _:              # 默认情况，用于处理未匹配的文本标签
        print("未知类型。")
```

实例 3-12　使用 match 语句处理错误提示

定义 http_error()函数，接收一个 status 参数，代表 HTTP 状态码。函数体内使用 match 语句匹配 status 参数的值，并根据匹配结果返回相应的错误提示。

```
def http_error(status):
    match status:                    # 根据一个变量的值选择执行不同代码的路径
        case 400:
            return "请求错误"         # 当 status 参数的值为 400 时返回
        case 401 | 403:              # 匹配 401 或 403 状态码
            return "访问被拒绝"
        case 404:
            return "资源未找到"
        case 500:
            return "服务内部错误"
        case _:              # 默认匹配所有其他情况
            return "网络出现问题"
if __name__ == '__main__':
    print(http_error(400))  # 预期输出“请求错误”
    print(http_error(404))  # 预期输出“资源未找到”
    print(http_error(500))  # 预期输出“服务内部错误”
```

3.4　循环结构

循环结构允许程序在特定条件下重复执行语句块。在解决问题时，常需多次执行相同的操作，传统复制与粘贴代码的方法效率低且易出错，循环结构以简洁、高效的方式处理重复的任务。Python 中的循环结构主要通过以下两种形式实现。

（1）while 循环：这是一种基于条件的循环，只要指定的条件为真，循环就会持续执行。它具备极高的灵活性，适用于各种需要动态判断循环终止条件的场景。

（2）for 循环：这种循环结构主要用于遍历序列（列表、元组、字符串等）中的元素。它简洁明了，适用于需要按顺序处理序列中各元素的场景。

3.4.1　while 循环

微课视频

while 循环结构用于不确定循环次数的情况。它通过持续检测一个指定的条件表达式来决定是否继续执行语句块，因此也被称为条件循环结构。该条件表达式会被隐式转换为布尔值，即 True 或 False。在 Python 中，0、空序列或 None 被视为 False，其他值被视为 True。

while 循环结构的语法如下。

```
while 条件表达式:
    # 循环体：执行的语句块
```

当条件表达式的值为 True 时，程序执行循环体语句块。执行后，再次检查条件表达式，若仍为 True，则继续执行该循环体语句块。此过程持续到条件为 False 时为止。while 循环结构如图 3-6 所示。

为了确保循环能够在有限次迭代后终止，循环体内必须包含能够改变条件表达式的值的语句，或设定一个边界条件。当满足这个边界条件时，可以通过执行 break 语句直接跳出循环。

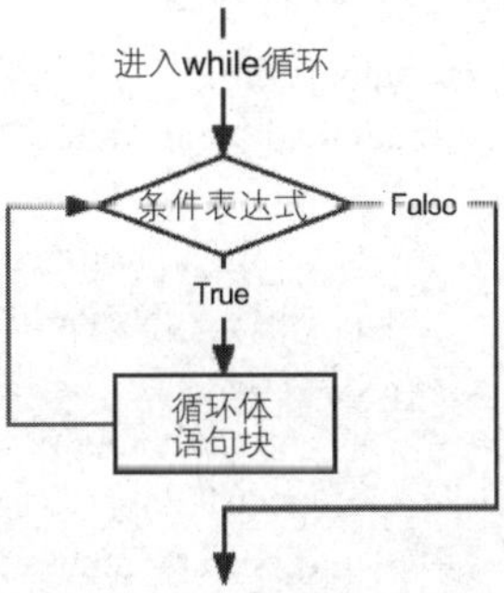

图 3-6　while 循环结构

实例 3-13　**募捐程序**

持续接收用户的捐款额，直到达到或超过目标金额为止，最后输出总捐款额和捐款次数。

```
target_amount= int(input("目标金额（元）: "))        # 获取目标金额，如 1000
i,sum=0,0                                   # 定义初始值，i 表示捐款次数，sum 表示总捐款额
while sum <   target_amount:                # 设定循环终止条件
    x=int(input(f"{i}:捐款额（元）"))
    sum+=x
    i+=1
print(f"目标完成！总捐款额:{sum}元,捐款次数:{i}次")
```

实例 3-14　限制用户登录失败的机会

允许用户最多尝试 3 次登录，若输入正确的用户名和密码，则登录成功，否则登录失败并记录错误次数。

```
error=0                              # 记录错误次数，初始化为 0
while error<3:                       # 若超过 3 次，则登录失败
    username = input()
    password = input()
    if username == 'admin'  and password == '012345':
        print("登录成功")
        break                        # 跳出循环
    else:
        print("登录失败")
        error+=1                     # 错误次数+1
```

实例 3-15　实时数据检测程序

模拟每隔 5 秒检测一次温度传感器的值，并在温度达到或超过阈值时发出警报。由于 Python 的标准库中有一个 time 模块用于实现定时等待，因此可以使用 time 模块模拟每隔 5 秒的检测。

```
import time
def read_temperature():    # 在实际应用中，这将是一个从硬件中读取数据的函数
    import random          # 用一个随机数模拟温度传感器的值
    return random.uniform(20.0, 30.0)                  # 假设温度在 20.0～30.0 度范围内
temperature_threshold = 28.0                           # 设定温度阈值
while True:                                            # 无限循环，模拟实时数据监测
    current_temperature = read_temperature()           # 读取温度传感器的值
    print(f"当前温度：{current_temperature:.2f} 度")
    if current_temperature >= temperature_threshold:   # 温度达到或超过阈值
        print("警报！温度达到或超过了阈值！")          # 实际会发出警报
    time.sleep(5)                                      # 等待 5 秒后进行下一次检测
```

3.4.2　数字序列生成与循环控制

微课视频

range() 函数是 Python 内置的数字序列生成器函数，是用于生成不可变数字序列（等差数列）的重要工具，返回的对象是一个可迭代的、表示连续整数范围的对象。它广泛应用于 for 循环中，作为指定循环次数的核心机制。

range()函数不仅可以用于简化循环控制流程，还为数学问题的求解提供了便捷的途径，尤其是在需要生成特定模式的数字序列时。range()函数提供了两种主要的使用形式，以满足不同的需求。

1. 基本形式

```
range(stop)        # 0, 1, 2, 3, 4, …, stop−1，初值为 0，步长为 1 的等差数列
```

生成从 0 开始到 stop（不包括）结束且步长为 1 的等差数列。

例如，使用 range(5)会生成序列[0, 1, 2, 3, 4]。

2. 扩展形式

```
range(start, stop[, step])      # start, start+step, start+2*step……等差数列
```

生成从 start 开始到 stop（不包括）结束且步长为 step 的等差数列。

range()函数生成的内容为 r[i] = start + step * i。

step 参数是可选的，默认值为 1。

当 step 参数的值为正整数时，要求 i≥0 且 r[i] < stop，产生的序列递增。

当 step 参数的值为负整数时，要求 i≥0 且 r[i] > stop，产生的序列递减。

range()函数采用惰性求值的方式产生数据，与列表和元组相比，range()函数的优点在于占用内存固定且较小，仅存储 start 参数、stop 参数和 step 参数的值，在需要时通过计算生成序列中的值。使用 print()函数输出 range 对象并不能直接看到 range 对象的具体元素。也就是说，使用 print(range(5))会输出“range(0, 5)”，而不会输出“0 1 2 3 4”。但可以通过将其转换为列表或元组来查看使用其生成的具体数据。

实例 3-16 使用 range()函数生成等差数列并输出

使用 range()函数可以产生一个左闭右开的序列，但不能直接输出 range(n)，可以使用 print(*(range(n)))将其内容解包输出；也可以使用 list()函数或 tuple()函数将其内容转换为列表或元组后输出。

```
print(range(5))                 # 输出“range(0, 5)”，此语句不能输出整数序列
print(*range(5))                # 解包输出“0 1 2 3 4”，包含左边界 0，不包含右边界 5
print(list(range(5)))           # 转换为列表输出“[0, 1, 2, 3, 4]”
print(tuple(range(5)))          # 转换为元组输出“(0, 1, 2, 3, 4)”
print(*(range(10)))             # 输出“0 1 2 3 4 5 6 7 8 9”
print(*(range(5, 10)))          # 输出“5 6 7 8 9”
print(*(range(1, 10, 2)))       # 当 step 参数的值为正整数时，产生的序列递增，输出“1 3 5 7 9”
print(*(range(10, 1, -2)))      # 当 step 参数的值为负整数时，产生的序列递减，输出“10 8 6 4 2”
```

使用 range()函数的注意事项如下。

当 stop 参数的值小于 start 参数的值且 step 参数的值为正数（>0）时，返回的序列为空。

start 参数的值、stop 参数的值、step 参数的值都必须是整数（支持正整数、0 和负整数），否则抛出 TypeError 异常。

range 对象是不可变序列，支持索引、切片等，但不可修改元素的值。

```
print(*range(9, 1))             # 产生空序列
print(*range(9, 9))             # 产生空序列
print(*range(9.9))              # 抛出 TypeError 异常
print(*range(10))               # 输出“0 1 2 3 4 5 6 7 8 9”
print(range(10)[2])             # 索引，根据序列返回一个元素，输出“2”
print(range(10)[2:5])           # 切片，返回序列的一部分，输出“range(2, 5)”
range(10)[2] = 5                # 触发 TypeError 异常
```

range()函数常与 for 和控制变量一起使用，用于遍历序列中的元素并控制循环次数。

```
for <variable> in range([start,]stop[,step]):
    <语句块>
```

其中，variable 为循环控制变量，经常用 i、j 等表示，每次循环均从 range()函数产生

的序列中取一个值。在首次进入循环时，变量取最小值，即 start 参数的值，当 start 参数的值保持默认设置时，取值为 0，后面每次循环依次取前一个值加 step 参数的值，当 step 参数的值保持默认设置时，取前一个值加 1。

3.4.3 for 循环

微课视频

for 循环适用于循环次数明确或可迭代对象确定的场景，用于简洁、高效地遍历各类可迭代数据结构。它按顺序迭代字符串、列表、集合、字典及文件等对象中的元素执行预定操作。for 循环结构的语法如下。

```
for  循环变量  in  可迭代对象:
     循环体语句块                    # 缩进部分，对各元素执行的具体操作
```

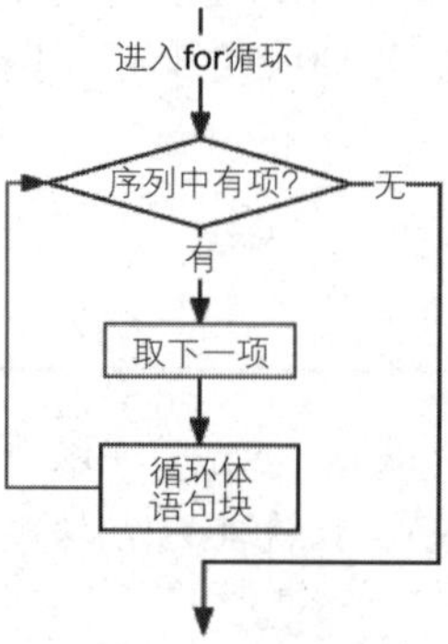

图 3-7 for 循环结构

循环变量用于存储每次迭代时当前被处理的元素，可迭代对象提供待遍历的元素集合，而 for 语句以冒号结尾，其后跟随一个或多个缩进的语句块，构成循环体，这个循环体会对各元素执行一次预定操作。总执行次数由可迭代对象中元素的个数确定。for 循环结构如图 3-7 所示。for 循环结构的执行流程如下。

（1）确定可迭代对象，并准备开始迭代。

（2）从可迭代对象中逐个提取元素，依次赋给循环变量。

（3）对于提取的各元素均执行一次缩进的语句块。

（4）当可迭代对象中的所有元素均已被遍历时，循环结束，控制流转移到循环之后的代码部分。

```
for i   in range(2,10,2):        # 输出 10 以内的偶数，输出“2  4  6  8”
     print(i,end="   ")
scores=[65,98,78,99,65]
for item in scores:              # 遍历序列中的成员，输出“65--98--78--99--65--”
     print(item,end="--")
scores=[65,98,78]
for i in range(len(scores)):     # len(scores)用于计算列表元素个数，这里为 3 个
     print(f" 第{i}个：  {scores[i]}")
```

实例 3-17　　计算棋盘上的麦子重量

相传古代印度国王要褒奖他聪明能干的宰相 ，问他需要什么？宰相回答说：“国王只要在国际象棋的棋盘上第 1 个格子中放 1 粒麦子，在第 2 个格子中放 2 粒麦子，在第 3 个格子中放 4 粒麦子，以后每个格子中所放麦子数加 1 倍，一直放到第 64 个格子，我将感激不尽，其他的我什么也不要了。”

请计算一下，共需多少粒麦子？若一粒麦子重约 0.012 克，则麦子共重约多少亿吨？

```
total = 0                 # 麦子总粒数初值
for i in range(64):       # 迭代获取整数序列中的值
     t = 2 ** i           # 当前格子中麦子粒数为 2 的 i 次幂
     total = total + t    # 累加各格子中的麦子粒数
#print(i,t,total)         # 为了观察程序运行情况，可输出中间结果
```

```
print("麦子总粒数：",total)
print("总重量（单位：亿吨）：",total*0.012/1e14)
```

以上程序可以用 sum()函数和列表推导式方法实现。例如：

```
print(sum([2 ** i for i in range(64)]))
```

实例 3-18　计算炮弹飞行轨迹数据

加农炮是现代军事中的重要火炮系统，用于火力支援和精准打击。为了确保射击效果，需精确计算炮弹的弹道特性。军事人员和武器设计师需要了解炮弹在不同条件下的弹道，以便预测射击精度、分析打击概率和优化火炮设计。

假设炮弹从地面基于速度（v）和发射角度（θ），忽略空气阻力，计算其在 t 后的水平位移和垂直位移。

水平位移的计算公式如下。

$$x = v_0\cos(\theta)t$$

垂直位移的计算公式如下。

$$y = v_0\sin(\theta)t - 0.5gt^2$$

其中，x、y 分别为炮弹的水平位移和垂直位移，v_0 为初始速度，θ 为发射角度，t 为时间，g 为重力加速度（约 9.81 米/秒 ^{2}）。

编写一个 Python 程序，基于炮弹的初始速度、发射角度等参数，根据炮弹位移的计算公式计算连续时间内的炮弹位移。注意，实际弹道更复杂，受空气阻力、炮弹形状、炮弹质量、风速等因素的影响，为了更精确地模拟，需要使用更复杂的数学模型。

```
import math
v0 = 300                            # 初始速度，单位为米/秒
theta = 45                          # 发射角度，单位为度
g = 9.81                            # 重力加速度，单位为米/秒 2
t = 5                               # 时间，单位为秒
theta_rad = math.radians( theta )   # 将角度转换为弧度
for i   in range(0,t+1   ):
    x =   v0 * math.cos( theta_rad ) * i
    y =   v0 * math.sin(theta_rad) * i - 0.5 * g * i**2
    print(f"在时间 t = {i} 秒时，炮弹的水平位移 x = {x:.2f} 米，垂直位移 y = {y:.2f} 米。")
```

程序运行结果如下。

```
在时间 t = 0 秒时，炮弹的水平位移 x = 0.00 米，垂直位移 y = 0.00 米。
在时间 t = 1 秒时，炮弹的水平位移 x = 212.13 米，垂直位移 y = 207.23 米。
在时间 t = 2 秒时，炮弹的水平位移 x = 424.26 米，垂直位移 y = 404.64 米。
在时间 t = 3 秒时，炮弹的水平位移 x = 636.40 米，垂直位移 y = 592.25 米。
在时间 t = 4 秒时，炮弹的水平位移 x = 848.53 米，垂直位移 y = 770.05 米。
在时间 t = 5 秒时，炮弹的水平位移 x = 1060.66 米，垂直位移 y = 938.04 米。
```

实例 3-19　去除数据异常值

有一个包含学生身高数据的一维列表（身高数据列表），该列表中包含一些异常值，如小于 0 厘米或超过 300 厘米的身高数据。本实例的目标是遍历一维列表，识别并去除一维列表中的异常值，输出处理后的一维列表。

```
heights = [160, 175, -10, 180, 310, 168, 172]  # 身高数据列表，包含一些异常值
cleaned_heights = []                           # 初始化一个新列表来存储处理后的身高数据
for height in heights:                         # 遍历原身高数据列表
    if 0 <= height <= 300:                     # 检查身高数据是否在正常范围内
        cleaned_heights.append(height)         # 若在正常范围内，则将其添加到新列表中
print(cleaned_heights)                 # 输出处理后的身高数据列表，即[160, 175, 180, 168, 172]
```

3.4.4 嵌套循环结构

微课视频

嵌套循环结构指的是在一个循环结构的循环体中，包含了另一个循环结构。这种结构允许程序在多个维度上迭代处理数据，极大地提高了程序的灵活性和数据处理能力。在 Python 中，for 循环结构和 while 循环结构均支持嵌套使用，且二者可以相互混合，这为解决复杂问题提供了丰富的手段。常用的嵌套循环结构有以下两种。

（1）二重循环：较为常见，通常用于遍历二维数据结构，如矩阵或列表。

（2）三重循环：用于处理更为复杂的数据结构或算法，如三维空间中的点云处理、立体数组的遍历等。

嵌套循环结构中的循环次数为各层循环次数相乘的结果。例如，在二重循环中，若外层循环 m 次，内层循环 n 次，则共循环 $m \times n$ 次。二重循环结构如图 3-8 所示。

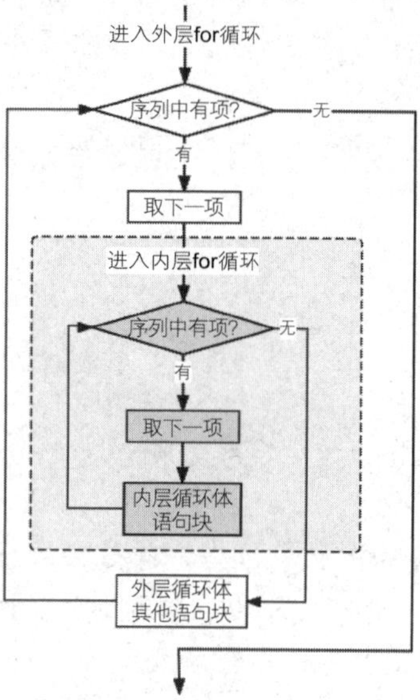

图 3-8　二重循环结构

二重循环结构的语法实例（for 循环结构嵌套 for 循环结构）如下。

```
for i in range(外层循环次数):
    for j in range(内层循环次数):
        print(f"外层循环索引: {i}, 内层循环索引: {j}")
```

每增加一层循环，语句块缩进一层。

实例 3-20　九九乘法表程序

```
for j in range(1, 10):
    for i in range(1, j + 1):
        print('| {}×{}={:>2}'.format(i, j, i * j), end=' ')
    print('|')
```

外层循环变量 j 代表乘法表中的每一行，即被乘数，j 的值从 1 循环到 9。

内层循环变量 i 代表乘法表中的乘数，i 的值从 1 循环到 j。

内层循环负责输出当前行的所有乘法运算结果。使用 format()方法格式化字符串，显示 i、j，以及它们的乘积 i * j。{:>2}是一个格式说明符，表示乘积将被格式化为至少两个字符宽度，若乘积是一位数，则前面会加一个空格，以保持对齐。end=' '表示输出后不会换行，而用空格分隔各乘法运算结果。

程序运行结果如下。

```
| 1×1= 1 |
| 1×2= 2 | 2×2= 4  |
| 1×3= 3 | 2×3= 6  | 3×3= 9 |
| 1×4= 4 | 2×4= 8  | 3×4=12 | 4×4=16 |
| 1×5= 5 | 2×5=10 | 3×5=15 | 4×5=20 | 5×5=25 |
| 1×6= 6 | 2×6=12 | 3×6=18 | 4×6=24 | 5×6=30 | 6×6=36 |
| 1×7= 7 | 2×7=14 | 3×7=21 | 4×7=28 | 5×7=35 | 6×7=42 | 7×7=49 |
| 1×8= 8 | 2×8=16 | 3×8=24 | 4×8=32 | 5×8=40 | 6×8=48 | 7×8=56 | 8×8=64 |
| 1×9= 9 | 2×9=18 | 3×9=27 | 4×9=36 | 5×9=45 | 6×9=54 | 7×9=63 | 8×9=72 | 9×9=81 |
```

实例 3-21　**设计产品打包销售方案**

当前，产品打包销售已成为增加销售额和优化客户购物体验的重要手段。假设有两种产品：产品 A（单价为 a 元）和产品 B（单价为 b 元）。商店希望找出总价不超过特定限制的所有产品组合。要求用户输入产品 A、产品 B 单价及总价上下限后，输出所有满足条件的产品组合（包括数量及总价）。

```
price_A = eval(input("产品 A 单价（元）:"))                # 产品 A 单价（元），如 2
price_B = eval(input("产品 B 单价（元）:"))                # 产品 B 单价（元），如 4
min_price = eval(input("总价下限（元）:"))                 # 总价下限（元），如 8
max_price = eval(input("总价上限（元）:"))                 # 总价上限（元），如 10
total_items=max_price//min(price_A,price_B)               # 数量上限
# 外层循环遍历产品 A 的可能数量
for num_A in range(1,total_items):
    # 内层循环遍历产品 B 的可能数量
    for num_B in range(1,total_items - num_A + 1):
        current_price = num_A * price_A + num_B * price_B      # 计算组合总价
        if min_price<=current_price <= max_price:              # 判断是否在总价范围内
            print(f"产品 A 数量: {num_A}, 产品 B 数量: {num_B}, 总价: {current_price}元")
```

程序运行结果如下。

```
产品 A 单价（元）:2
产品 B 单价（元）:4
总价下限（元）:8
总价上限（元）:10
产品 A 数量: 1, 产品 B 数量: 2, 总价: 10 元
产品 A 数量: 2, 产品 B 数量: 1, 总价: 8 元
产品 A 数量: 3, 产品 B 数量: 1, 总价: 10 元
```

3.4.5　嵌套循环效率

微课视频

使用嵌套循环结构可能会显著增加程序运行时间，尤其是当嵌套层数较多或每层循环次数较多时。因此，在实际应用中设计嵌套循环结构时应充分考虑算法的效率，以免出现不必要的循环嵌套，或寻求优化策略，如提前终止循环、使用高效的数据结构等。同时，为了保持代码的可读性，建议限制嵌套层数，并在必要时使用函数或类封装复杂的循环逻辑。

实例 3-22 使用优化策略提高嵌套循环效率

以“百钱买百鸡”问题为例，该问题源自我国古代数学家张丘建在《算经》中的记载，是一个经典的数学问题。该问题描述了如下场景：用 100 文钱买 100 只鸡，其中公鸡每只 5 文钱，母鸡每只 3 文钱，小鸡 3 只 1 文钱。要求计算并输出所有可能的购买组合方案。

从数学角度来看，该问题涉及 3 个未知量（公鸡数、母鸡数和小鸡数），但仅能列出 2 个方程，无法直接通过代数求解。然而，在数据科学领域，可以通过枚举算法来有效求解该问题。

枚举算法是一种通过逐一列举问题的所有可能答案，并根据特定条件筛选合适答案的方法。其核心在于全面高效地遍历所有可能解，同时确保不遗漏任何真正解，也不包含任何无效解。枚举算法的解题步骤如下。

（1）确定解题的可能范围，不遗漏任何一个真正解，同时避免重复。

（2）判定是否为真正解的方法。

（3）为了提高解决问题的效率，将可能解的范围降至最小。

下面通过不同的循环优化策略，保证找到所有可能解的同时，显著提升枚举算法的效率，从而有效地解决问题。

```
# 方法 1，循环次数约为 100 万
for cock in range(1, 101):                # 公鸡不为 0 只且小于或等于 100 只
    for hen in range(1, 101):             # 母鸡不为 0 只且小于或等于 100 只
        for chicken in range(1, 101):     # 小鸡大于 0 只、小于或等于 100 只且是 3 的倍数
            # 鸡总共为 100 只，钱总共为 100 元
            if cock + hen + chicken == 100 and 5 * cock + 3 * hen + chicken // 3 == 100 and chicken
% 3 ==0 :
                print(f'公鸡{cock}只，母鸡{hen}只，小鸡{chicken}只')
```

程序运行结果如下。

```
公鸡 4 只，母鸡 18 只，小鸡 78 只
公鸡 8 只，母鸡 11 只，小鸡 81 只
公鸡 12 只，母鸡 4 只，小鸡 84 只
```

在上述三重循环中，最内层循环中的 if 语句的执行次数约为 100 万，这是一个很大的数字，计算时花费时间很长，算法的效率不高。可以用“剪枝法”对其进行优化。剪枝法的思想就是剪掉不可能出现的情况，避免计算机进行多余的运算。

进一步思考发现，3 只小鸡 1 文钱，那么小鸡数应该是 3 的倍数，不可能为 1、2、4、5 等。因此，内层循环改用 range(3, 101, 3)产生 3 的整数倍的数列，效率提高了约 3 倍。

```
# 方法 2，循环次数约为 33 万
for cock in range(1, 101):                   # 公鸡不为 0 只且小于或等于 100 只
    for hen in range(1, 101):                # 母鸡不为 0 只且小于或等于 100 只
        for chicken in range(3, 101, 3):     # 小鸡大于 0 只、小于或等于 100 只且是 3 的倍数
            # 鸡总共为 100 只，钱总共为 100 元
            if cock + hen + chicken == 100 and 5 * cock + 3 * hen + chicken // 3 == 100:
                print(f'公鸡{cock}只，母鸡{hen}只，小鸡{chicken}只')
```

实际上，在公鸡数和母鸡数确定的情况下，小鸡数可根据“100−公鸡数−母鸡数”计算得到，并不需要用循环进行遍历。因此，继续用“剪枝法”进行优化，即用双重循环实

现求解，此时，最大循环次数为 10000，效率提高了约 33 倍。

```
# 方法 3，循环次数约为 1 万
for cock in range(1, 101):                # 公鸡不为 0 只且小于或等于 100 只
    for hen in range(1, 101):             # 母鸡不为 0 只且小于或等于 100 只
        chicken = 100 - cock - hen        # 小鸡数根据“100−公鸡数−母鸡数”计算得到
        if chicken % 3 == 0 and 5 * cock + 3 * hen + chicken // 3 == 100:
            print(f'公鸡{cock}只，母鸡{hen}只，小鸡{chicken}只')
```

由于要求每种鸡都有不同的价格，且都不能为 0 只，因此公鸡最多只能买 19 只，母鸡最多只能买 32 只，这样继续用“剪枝法”，还可以进一步减少循环次数。最大循环次数为 608，效率提高了约 16.45 倍。

```
# 方法 4，循环体执行次数约为 608
for cock in range(1, 20):                 # 公鸡不超过 20 只
    for hen in range(1, 33):              # 母鸡不超过 33 只
        chicken = 100 - cock - hen        # 小鸡数根据“100−公鸡数−母鸡数”计算得到
        if chicken % 3 == 0 and 5 * cock + 3 * hen + chicken // 3 == 100:
            print(f'公鸡{cock}只，母鸡{hen}只，小鸡{chicken}只')
```

从解集中可以观察到以下数学规律：公鸡数必须是 4 的整数倍；母鸡数与公鸡数呈负线性关系，即 $y = 25 - (7/4)x$；小鸡数与公鸡数呈正线性关系，即 $z = 75 + (3/4)x$。为了确认这一规律，展开数学公式推导：

$$x + y + z = 100$$

$$5x + 3y + z/3 = 100$$

消去 z 可得：$7x + 4y = 100$

由此可得：$y = 25 - (7/4)\,x$

$$z = 75 + (3/4)\,x$$

其中，x 为公鸡数，y 为母鸡数，z 为小鸡数。因为 $0 < y < 100$，且是自然数，所以可得知 x 必为 4 的整数倍，只有这样才能保证 y 和 z 都是整数；x 必小于 16，只有这样才能保证 y 为正整数。由此可知，x 只能取 4、8、12。最后只循环 3 次就可以找到所有可能解。

```
# 方法 5，循环次数约为 3
for cock in range(4, 16, 4):        # 初始公鸡为 4 只，小于 16 只，步长为 4
    hen = 25 - cock // 4 * 7        # 用于保证运算结果仍为整数
    chicken = 75 + cock // 4 * 3
    if hen>0 and chicken>0:         # 增加有效性检查

print(f'公鸡{cock}只，母鸡{hen}只，小鸡{chicken}只')
```

上述实例以“百钱买百鸡”这一经典数学问题为背景，展示了如何通过“剪枝法”“数学公式法”等优化策略，将循环次数从 100 万降低到 3。展示了优化策略在解决实际问题中的重要性。

在实际应用中，应尽可能减少循环嵌套的层数，使逻辑更简单，代码更容易阅读、理解和维护。在需使用多重循环求解时，可以将内层循环的功能定义成函数，使代码逻辑更清晰。

3.5 流程跳转语句

流程跳转语句用于控制程序的执行流程，使程序能够根据特定条件跳过某些语句块或提前终止循环。本节将介绍 Python 中几种重要的流程跳转语句，并通过实例加深读者的理解。

3.5.1 pass 语句

pass 语句在 Python 中是一个空操作，什么也不做，用于保持程序结构的完整性。当语法上需要一个语句，但逻辑上暂时不需要执行任何操作时，可以使用 pass 语句。

```
while True:
    pass          # 忙，等待键盘中断
```

pass 语句在开发过程中，常被用作类、函数、条件体的占位符，或创建占位程序、保证格式完整、保证语义完整等，以便在后续开发中填充实际代码。

```
def initlog():
    pass          # 占位，提醒这是一个待完成的函数的定义
```

3.5.2 continue 语句

微课视频

continue 语句用于跳过循环中的当前迭代，继续执行下一次迭代。它通常与条件语句结合使用，用于跳过不满足特定条件的迭代。包含 continue 语句的程序运行流程如图 3-9 所示。

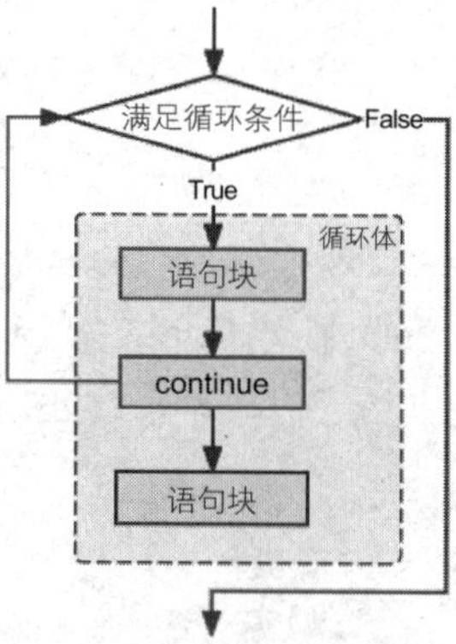

图 3-9 包含 continue 语句的程序运行流程

实例 3-23 **序列输出控制**

序列中有一些元素是空字符串，表示该项数据缺失。编写一个 Python 程序，要求过滤空字符串并输出。

```
# 方法 1，使用 continue 语句
score = ['69', '85', '88', '', '100', '76', '', '95']     # 空字符串表示该项数据缺失
for x in score:                                           # 遍历列表，x 每次取值均为一个字符串
```

```
    if x == '':                          # 当前取值为空字符串
        continue                         # 跳过当前循环剩余语句，开始下一次循环
    print(x,end=" ")                     # 输出非空数据
```

实际上，大部分需要使用 continue 语句的情况都可以通过改变条件来回避使用该语句。

```
# 方法 2，不使用 continue 语句
score = ['69', '85', '88', '', '100', '76', '', '95']    # 空字符串表示该项数据缺失
for x in score:                                          # 遍历列表，x 每次取值均为一个字符串
    if x:                                                # 当前取值为非空字符串（被视为 True）
        print(x,end=" ")                                 # 输出非空数据
```

3.5.3　break 语句

微课视频

break 语句用于立即终止循环，并跳出循环体。它通常与条件语句结合使用，以在满足特定条件时提前结束循环。包含 break 语句的程序运行流程如图 3-10 所示。

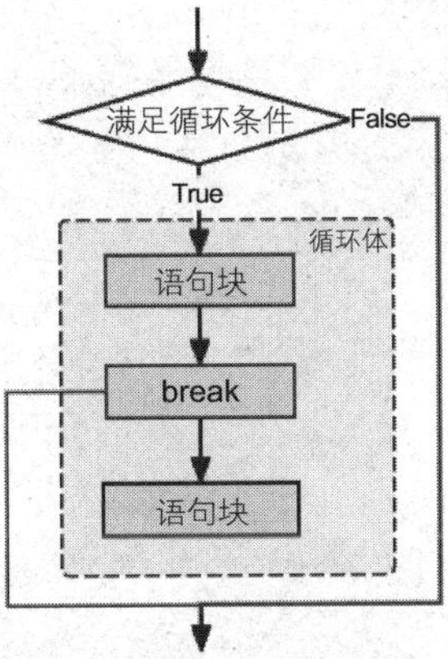

图 3-10　包含 break 语句的程序运行流程

实例 3-24　提前停止人工智能模型训练

在训练人工智能模型时，通常会设置一些停止条件，如达到一定的准确率或迭代次数。使用 break 语句可以在满足这些条件时提前停止人工智能模型训练。

```
import random
def train_model():                              # 人工智能模型训练的定义
    print("人工智能模型训练中...")                # 假设正在进行人工智能模型训练
    accuracy = random.uniform(0.9, 0.99)
    return accuracy                             # 返回人工智能模型训练的准确率（假设值）
for epoch in range(1, 101):                     # 开始若干次训练
    accuracy = train_model()                    # 调用人工智能模型，获取当前训练的准确率
    if accuracy > 0.95:
        break                                   # 准确率超过 95%时提前停止训练
print(f'Epoch {epoch}, Accuracy: {accuracy}')
```

因为准确率不确定，所以以下为可能的程序运行结果。

```
人工智能模型训练中...
人工智能模型训练中...
```

```
Epoch 2, Accuracy: 0.9724750958843019。
```

3.5.4 else 子句

微课视频

在 Python 中，else 子句不仅可以与 if 语句结合使用，还可以与循环结构（for 循环结构和 while 循环结构）结合使用。当循环正常结束时（没有通过 break 语句提前终止），else 子句将被执行。

实例 3-25　网络请求重试机制

在向 API（Application Program Interface，应用程序接口）发送网络请求时，请求可能因网络问题等原因失败。要求设置重试机制。若请求成功，则循环正常结束后执行后续操作；若达到最大重试次数后请求仍然失败，则报错终止。

```
import requests
import time
url = 'http://example.com/api'                  # 替换为对方的 API 地址
max_retries = 3                                 # 设置最大重试次数
for attempt in range(max_retries):
    try:
        response = requests.get(url)            # 发送网络请求
        if response.status_code == 200:         # 若请求成功，则循环正常结束后执行后续操作
            break
    except requests.RequestException as e:
        # 若请求失败，则给出错误提示并等待一段时间重试
        print(f"请求失败：{e}，正在重试...（{attempt + 1}/{max_retries}）")
        time.sleep(2)                           # 等待 2 秒重试
else:
    print(f"经过{max_retries}次重试后请求仍然失败。")
    ...    # 省略处理请求失败的代码
```

实例 3-26　模拟基于流程控制的智能客服对话流程

模拟一个简单的基于流程控制的智能客服对话流程，向初学者展示如何使用 Python 中的 for 循环结构和 else 子句控制对话的轮次，并在用户长时间未回答时自动退出服务流程。

在实际应用中，设定最大对话轮次主要有两种情况：提高客服效率和防止用户滥用客服进行无意义的对话。例如，如果智能客服检测到对话已经进行了多轮但问题仍未解决，那么它可能会自动结束对话，并将问题转交给更高级别的客服或专家处理。若对话达到最大轮次时仍未解决问题，则智能客服会提示用户通过其他渠道或方式解决问题。

```
import time
max_silence_time = 180              # 设定用户最大沉默时间（秒）
max_rounds = 3                      # 设定最大对话轮次
# 开始对话
print("客服：请问，有什么可以帮助您的？")
for round in range(1, max_rounds + 1):
    print(f"\n 对话轮次  {round}/{max_rounds}")
```

```
    start_time = time.time()                # 记录用户输入开始的时间
    user_input = input("您: ")
    end_time = time.time()                  # 记录用户输入结束的时间
    input_time = end_time - start_time      # 计算用户输入的时间
    # 如果用户输入的时间超过了设定的最大沉默时间，那么退出对话流程
    if input_time > max_silence_time:
        print("客服: 您长时间未回答，对话流程已退出。")
        break
    print("客服: 好的，收到！")              # 假设客服回复，无论用户输入什么
    # 检查用户是否想要结束对话
    if user_input.lower() in ["再见", "拜拜", "退出"]:
        print("客服: 感谢您的使用，再见！")
        break
else:
    print("问题已解决，请给五星好评！再见！")     # 循环正常结束
print("对话已结束。")
```

3.6 异常处理

在编写 Python 程序时错误和异常是不可避免的。Python 提供了完善的异常处理机制，帮助开发者处理程序中可能出现的各种异常情况，确保程序的健壮性和稳定性，提供更友好的用户反馈、执行合适的错误恢复操作，或记录错误信息以供后续分析。

3.6.1 异常概述

异常（exception）是指程序在运行时遇到的错误情况，这些错误情况会阻止程序继续正常执行。异常可能由多种原因引起，如语法错误、运行时错误（除数为 0 等）、资源耗尽（内存不足等）、外部依赖问题（文件未找到等）。

```
a, b = map(float, input().split())  # 输入以空格隔开的两个数字，并将其转换为浮点数
print(a / b)
```

执行以上代码，分别输入不同的数据，程序运行结果不同。

（1）输入 8 3 的结果：程序正常运行，输出 2.6。

（2）输入 8 0 的结果：抛出 ZeroDivisionError: float division by zero。

（3）输入 8 a 的结果：抛出 ValueError: could not convert string to float: 'a'。

Python 提供的异常处理机制不仅能够帮助开发者捕获并处理错误，避免程序崩溃，还能够通过提供详细的错误信息，帮助开发者快速定位问题所在，从而进行有针对性的调试和修复。

3.6.2 异常类型

Python 支持同时捕获多种异常，触发时执行相应语句。Python 内置多种异常，对应特定错误情况。表 3-1 列出了一些常见类型的异常，其他异常可参考 Python 官方文档。开发者可自定义异常类型。

表 3-1　常见类型的异常

异　常	说　明	异　常	说　明
Exception	常规异常的父类，可以捕获任意异常	ModuleNotFoundError	模块不存在
NameError	未声明/未初始化的对象（没有属性）	ZeroDivisionError	除数为 0
ValueError	传入无效的参数，或传入一个调用者不期望的值，即使值的类型是正确的	SyntaxError	语法错误

3.6.3　异常处理

微课视频

Python 通过 try...except 语句实现异常处理。try 块中包含可能引发异常的代码，而 except 块则用于处理这些异常。当执行 try 块中的代码时，如果发生异常，那么立即跳转到相应的 except 块中，执行其中的异常处理代码。try…except 语句的语法如下。

```
try:
    <语句块 1>              # 需要检测异常的代码
except <异常 1>:
    <语句块 2>              # 发生异常 1 时执行的语句块
[except <异常 2>:
    <语句块 3>]             # 发生异常 2 时执行的语句块
[else:
    <语句块 4>]             # 没有发生异常时执行的语句块
[finally:
    <语句块 5>]             # 无论是否发生异常都执行的语句块
```

异常处理程序运行流程如图 3-11 所示。

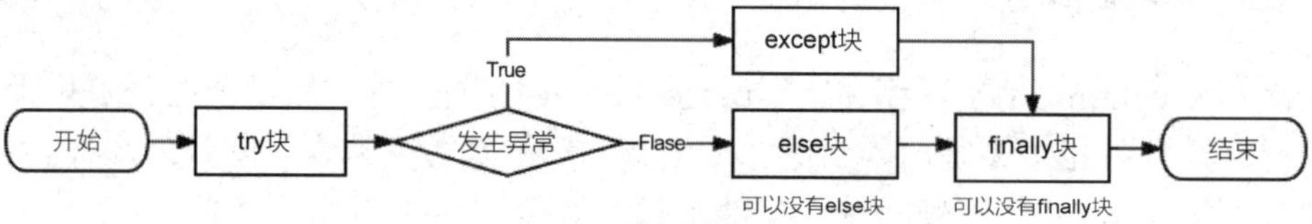

图 3-11　异常处理程序运行流程

其具体描述如下。

（1）执行 try 块中的代码，以监控异常。

（2）若 try 块中的代码没有发生异常，则跳过 except 块。若存在 else 块，则跳到第（5）步；若存在 finally 块，则跳到第（6）步；否则，跳到第（7）步。

（3）若 try 块中的代码发生异常，则检查与 except 块中发生的异常是否匹配。

（4）若异常匹配，则执行相应的 except 块中的代码；若存在 finally 块，则跳到第（6）步。

（5）若 try 块中的代码没有发生异常且存在 else 块，则执行 else 块中的代码。

（6）无论是否发生异常，只要存在 finally 块，就执行 finally 块中的清理工作。

（7）执行完 try...except 语句后，继续执行后续代码。

实例 3-27　**数据输入和计算中的异常处理**

尝试计算用户输入的两个整数的商，处理除数为零、语法错误等异常，且无论是否发生异常均执行 finally 块中的清理工作。

```
try:
    a, b = map(float, input().split())
    print(f'{a} / {b} = {a / b:.2f}')
except ZeroDivisionError:          # 若输入“8  0”，则被这里捕获
    print('除数为 0，不能做除法运算')
except ValueError:                 # 若输入“8  x”，则被这里捕获
    print('请输入两个整数，并用空格隔开')
except TypeError:
    print('请输入两个整数，并用空格隔开')
except Exception as e:
    print('错误：', e)
else:                              # 若输入“8  6”，则跳过 except 块
    print('正常情况')
finally:
    print('无论是否发生异常，都会执行')
```

实例 3-28　智能客服对话流程中的异常处理

处理传入无效的参数等异常，且无论是否发生异常都提供结束提示。

```
def check_membership_balance(user_id):
    # 假设这是一个用于查询会员余额的函数，实际上可能会调用数据库或 API
    return 100.0                   # 这里简化为一个返回固定余额的函数
def main():
    user_id = input("请输入您的会员 ID：")
    try:
        balance = check_membership_balance(user_id)  # 尝试查询
        print(f"您的会员余额为{balance}元")
    except ValueError:             # 捕获 ValueError 异常，如用户输入的不是数字
        print("输入的会员 ID 无效，请输入一个有效的数字。")
    except Exception as e:         # 捕获其他所有异常，并输出异常信息
        print(f"发生了一个错误：{e}")
    else:                          # 若没有发生异常，则执行 else 块中的代码
        print("余额查询成功！")
    finally:                       # 无论是否发生异常，都执行 finally 块中的代码
        print("感谢使用智能客服系统，再见！")
# 执行 main()函数
if __name__ == "__main__":
    main()
```

实例 3-29　网络请求中的异常处理

处理网络请求时出现的连接错误、请求超时等异常，并给出适当的响应。

```
import requests
try:
    response = requests.get('https://www.baidu.com')
    response.raise_for_status()  # 如果响应状态码非 200，那么抛出 HTTPError 异常
    data = response.json()
except requests.exceptions.HTTPError as http_err:
```

```
    print(f"HTTPError: {http_err}")
except requests.exceptions.ConnectionError as conn_err:
    print(f"连接错误: {conn_err}")
except requests.exceptions.Timeout as timeout_err:
    print(f"请求超时: {timeout_err}")
except requests.exceptions.RequestException as req_err:
    print(f"请求错误: {req_err}")
else:
    print("请求成功，数据：", data)
```

使用 try...except 语句虽能捕获异常，但不应过度依赖该语句。应先排除语法和逻辑错误，采用防御性编程提升性能。避免用 try 块解决所有问题，以免降低计算机的性能，推荐仅在错误条件无法预知时使用 try...except 语句。异常处理通常与主要功能无关，过多使用会影响代码的可读性。应减少 try 块或 except 块中的代码，以防隐藏真正错误。

3.7 项目实训：学生画像系统构建——精准服务

3.7.1 项目背景

微课视频

2023 年 3 月，多所高校按就餐记录悄悄给贫困学生饭卡打钱，引发社会热议，如图 3-12 所示。这种“隐形资助”通过大数据分析，精准识别困难学生，改变了传统资助模式，有效保护了学生的隐私和自尊。

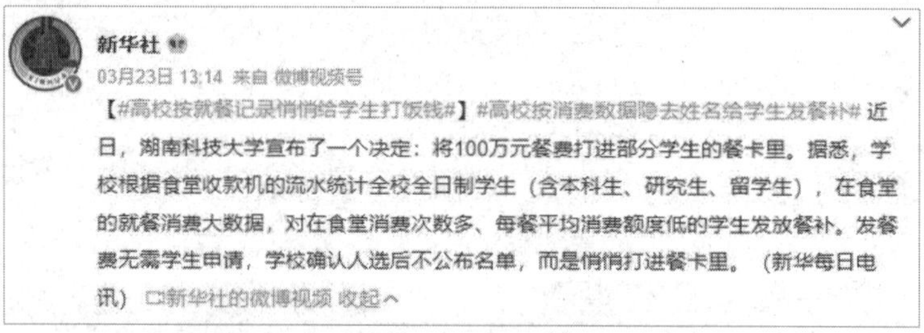
新华社
03月23日 13:14 来自 微博视频号
【#高校按就餐记录悄悄给学生打饭钱#】#高校按消费数据隐去姓名给学生发餐补# 近日，湖南科技大学宣布了一个决定：将100万元餐费打进部分学生的餐卡里。据悉，学校根据食堂收款机的流水统计全校全日制学生（含本科生、研究生、留学生），在食堂的就餐消费大数据，对在食堂消费次数多、每餐平均消费额度低的学生发放餐补。发餐费无需学生申请，学校确认人选后不公布名单，而是悄悄打进餐卡里。（新华每日电讯）新华社的微博视频 收起

图 3-12　高校按就餐记录悄悄给学生打饭钱

3.7.2 项目任务

本项目实训旨在以学生资助服务为导向，使用 Python 构建学生画像系统。通过采集和分析学生数据，客观判断并精准识别经济困难的学生，为弱势群体提供资助帮扶。

用户画像即对用户信息标签化，通过收集多个维度的数据刻画用户特征，并分析挖掘潜在价值。用户信息标签化如图 3-13 所示。在智慧校园系统中，使用该技术可为学生打造个性化的画像，助力管理者精准决策。该技术可用于学生信息统计、资助认定、动态预警、成绩预测、职业倾向预测及资源精准推荐等。

鉴于通过前文的学习读者应已掌握 Python 基础知识，本项目实训的设计简洁而意义深远，将构建一个以学生资助服务为导向的学生画像系统，专注于识别并资助真正需要帮助的学生。正如《老子》所言：“天下难事，必作于易；天下大事，必作于细。”宏大目标需从基础做起，注重细节。

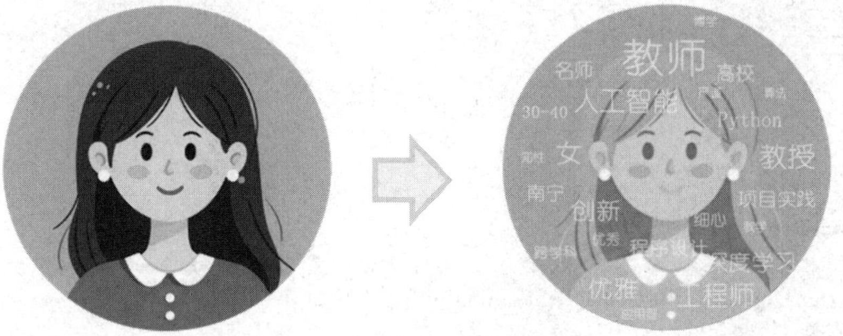

图 3-13 用户信息标签化

3.7.3 项目分析

首先，需全面收集学生的学习、消费和社交数据，作为构建学生画像系统的数据基础。

其次，对数据进行清洗、预处理和特征提取，确保数据质量，为后续分析提供可靠支撑。分析阶段将聚焦学生的多维特征，包括学习表现、消费习惯和社交网络等核心维度。

再次，进行数据分析，构建学生画像系统并将结果标签化。

最后，根据学生画像实施分类资助和精准帮扶，确保资助资源的合理分配。

在实践中，部分高校已利用食堂的就餐消费大数据，对在食堂消费次数多、每餐平均消费额度低的学生发放餐补。此方法实施简单，隐私保护妥当。注意，在选用数据前，应权衡技术的可行性与伦理标准，以确保项目既有效又尊重学生。

3.7.4 项目实现

项目实现的主要技术路线如图 3-14 所示。

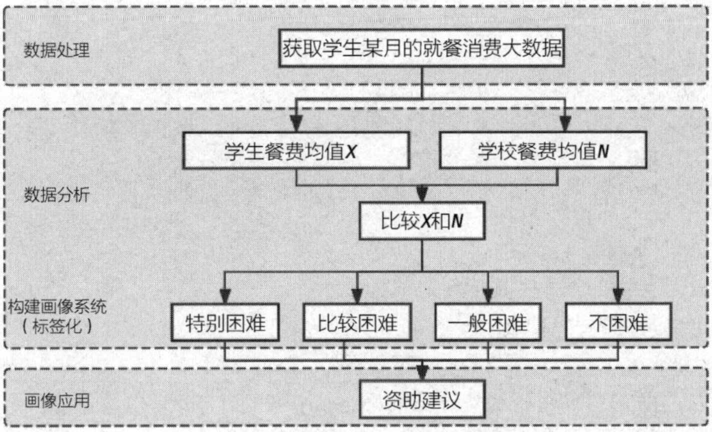

图 3-14 项目实现的主要技术路线

在学生的消费数据被采集并安全存储后，提取学生餐费均值（一个学生一个月内每餐平均费用）X 与学校餐费均值（所有学生的每餐平均费用）N；通过比较 X 与 N，将学生分为 4 个经济等级：不困难、一般困难、比较困难和特别困难。实现结果的精准标签化，并应用结果提出资助建议。

```
# 数据获取：学校某月的就餐消费大数据（假设），嵌套列表形式
data_School=[
    [16, 29, 14, 2, 5, 6, 29, 22, 27, 17, 4, 16, 7, 22, 8, 17, 21, 7, 12, 17, 22, 10, 23, 25, 9, 15, 13, 18, 18,
21, 24, 25, 12, 9, 30, 13, 22, 24, 8, 28, 25, 19, 21, 24, 2, 20, 15, 24, 21, 8, 29, 19],
…
    [17, 28, 10, 30, 11, 10, 26, 30, 23, 3, 30, 10, 23, 2, 22, 23, 6, 9, 9, 8, 2, 19, 29, 3, 29, 26, 25, 6, 9]]
# 数据处理
# 展平列表，用于数据统计
N_list=[ item for data_stu in data_School for item in data_stu]
# 数据筛选
data_stu=[ data_stu for data_stu in data_School if len(data_stu)>=60]
print(f'就餐在 60 次以上的学生有{len(data_stu)}个')
# 数据分析
N_avg=sum(N_list)/len(N_list)    # 计算学校餐费均值
print(f'学校餐费均值：{round(N_avg,2)}。其中，总费用为{sum(N_list)},消费次数为{len(N_list)}')
x_list=data_stu[0]               # 取某生某月消费记录，尝试计算
print(x_list)x_len=len(x_list)
x_sum=sum(x_list)
x_avg=x_sum/x_len                # 计算学生餐费均值
print(f'学生餐费均值：{round(x_avg,2)}。其中，总费用为{x_sum},消费次数为{x_len}')
# 画像系统构建和资助计算
quot = round(x_avg / N_avg, 2)   # 计算比值
if quot >= 1:
    level = '不困难'
elif quot >= 0.8:
    level = '一般困难'
elif quot >= 0.5:
    level = '比较困难'
else:
    level = '特别困难'
print('经济等级：' + level)        # 经济等级评定（计算标签）
# 定义经济等级对应的资助金额
funding_levels = {
    '不困难': 0,                   # 不需要资助
    '一般困难': 100,               # 一般困难等级的资助（假设）
    '比较困难': 200,               # 比较困难等级的资助（假设）
    '特别困难': 300                # 特别困难等级的资助（假设）
}
funding_amount = funding_levels[level]
print(f"该学生的资助金额为{funding_amount}元")
```

程序运行结果如下（仅供参考）。

```
就餐在 60 次以上的学生有 2 个
学校餐费均值：15.91。其中，总费用为 6968，消费次数为 438
学生餐费均值：15.37。其中，总费用为 1168，消费次数为 76
经济等级：一般困难
该学生的资助金额为 100 元
```

3.7.5 项目优化

项目原型实现了从数据获取、处理、分析到画像系统构建和资助计算的全过程，但存

在数据集覆盖不完整、数据筛选逻辑不准确、经济等级评定标准单一、资助金额分配缺乏灵活性等问题。对应优化方案为选取多个月份的数据、引入更多筛选维度、建立全面的评价体系、实施动态资助分配机制。

```
months_data = [data_School1, data_School2]  # 选取多个月份的数据
# 数据处理
# 引入更多筛选维度，如最低消费金额、最高消费金额和就餐次数
filtered_students = [data_stu for month in months_data for data_stu in month if len(data_stu) >= 60 and sum(data_stu) >= 300 and sum(data_stu) <= 2000]
print(f'筛选后的学生（满足条件：就餐次数>=60，总消费>=300 且<=2000）有{len(filtered_students)}个')
# 数据分析
N_list = [item for month in months_data for data_stu in month for item in data_stu]
N_avg = sum(N_list) / len(N_list)  #计算学校餐费均值
print(f'学校餐费均值：{round(N_avg, 2)}。其中，总费用为{sum(N_list)}，消费次数为{len(N_list)}')
# 画像系统构建和资助计算
for index, data_stu in enumerate(filtered_students, start=1):
    x_len = len(data_stu)
    x_sum = sum(data_stu)
    x_avg = x_sum / x_len
    # 计算比值
    quot = round(x_avg / N_avg, 2)
    # 建立全面的评价体系（结合家庭年收入）
    # 假设家庭年收入低于一定阈值时，经济等级下调一级
    adjusted_quot=quot            # 调整后的比值，初始化为原比值
    income=19800                  # 获取学生家庭年收入，这里是假设，实际要读取真实数据
    if income < 20000:
        level_adjust = -0.2       # 下调 0.2 的评定等级（非严格数字，仅用于模拟）
        adjusted_quot = max(quot + level_adjust, 0.1)  # 确保不会低于 0.1
    elif income < 40000:
        level_adjust = -0.1       # 下调 0.1 的评定等级（非严格数字，仅用于模拟）
        adjusted_quot = max(quot + level_adjust, 0.1)  # 确保不会低于 0.1
    if adjusted_quot >= 1:        # 根据调整后的比值进行标签化
        level = '不困难'
    elif adjusted_quot >= 0.8:
        level = '一般困难'
    elif adjusted_quot >= 0.5:
        level = '比较困难'
    else:
        level = '特别困难'
    # 实施动态资助分配机制（资助计算）
    funding_levels = {
        '不困难': 0,
        '一般困难':lambda x_sum, x_len: 100 + (100 if x_sum < 1000 else 0),
        '比较困难': 200,
        '特别困难': lambda x_sum, x_len: 300 + (100 if x_len > 80 else 0)
    }
    # 使用 Lambda 表达式时传入必要的参数
    funding_amount = funding_levels[level](x_sum, x_len) if callable(funding_levels[level]) else funding_levels[level]
    if funding_amount>0:              # 需要资助的才输出
```

```
        print(f'学生{index}的经济等级：{level}，餐费均值：{round(x_avg, 2)}，总费用：{x_sum}，消费次数：{x_len}')
        print(f"学生{index}的资助金额为{funding_amount}元\n")
```

程序运行结果如下（仅供参考）。

```
筛选后的学生（满足条件：就餐次数>=60，总消费>=300 且<=2000）有 8 个
学校餐费均值：14.62。其中，总费用为 24066，消费次数为 1646
学生 1 的经济等级：一般困难，餐费均值：10.03，总费用：1142，消费次数：76
学生 1 的资助金额为 200 元
…
```

3.7.6 总结和启示

实际上学生资助工作的智能化与效率的提升离不开技术的支撑和数据的驱动，更离不开根据实际情况不断调整和优化。2022 年 8 月 30 日，在教育部举办的新闻发布会上展示了过去十年学生资助工作取得的进展与成效，目前，我国学生资助涵盖 28 个中央政府资助项目，“奖、助、贷、免、勤、补、减”多元政策相结合，年资助人次达 1.5 亿，年资助金额达 2600 多亿元，为世界提供了学生资助的中国方案。某大学已整合多个部门的数据，构建了全方位、全时段的学生画像系统，精准识别资助对象，多年来不断优化资助策略，确保资助与需求的精准对接。

3.8 巩固练习

（1）编写一个 Python 程序，要求用户输入两个整数，计算并输出这两个整数的和、差、积、商（若除数为 0，则输出“除数不能为 0”），以及它们的余数。

（2）编写一个 Python 程序，根据用户输入的年份，判断该年份是否为闰年。若为闰年，则输出“是闰年”，否则输出“不是闰年”。

（3）编写一个 Python 程序，要求用户输入两个整数，计算并输出它们的商。若输入的不是整数，或除数为 0，则捕获异常并输出相应的错误信息。

（4）编写一个 Python 程序，要求用户输入一个百分制的分数（0 ~ 100 范围内的整数），并将其转换为五分制（A、B、C、D、F）。若输入的不是整数，或不在 0 ~ 100 范围内，则捕获异常并输出相应的错误信息。

（5）编写一个 Python 程序，要求用户输入当前存款、每月存款和房价，计算并输出需要多少个月才能存够钱买房。假设每月存款固定，且不考虑利息。若输入的不是数字，或者房价小于或等于 0，则捕获异常并输出相应的错误信息。

（6）编写一个 Python 程序，要求用户输入一个月份数（正整数），计算并输出该月份的兔子总数（假设从第 1 个月开始有一对新生兔子，每对兔子从第 3 个月开始每月均繁殖出一对新兔子）。若输入的不是正整数，则捕获异常并输出相应的错误信息。

（7）编写一个 Python 程序，要求用户输入初始财富、年利率和年数，计算并输出各年末的财富列表。假设利息按年利率计算。若输入的不是数字或年利率，且年数为负数，则捕获异常并输出相应的错误信息。

（8）编写一个 Python 程序，要求用户输入鸡、兔总头数和总脚数，计算并输出鸡和

兔的数量。若输入的不是整数，或无法找到满足条件的解，则捕获异常并输出相应的错误信息。

（9）编写一个 Python 程序，随机生成一个 1 ~ 100 范围内的整数，用户猜测这个整数。程序应提示用户猜测太高还是太低，直到用户猜对为止。要求捕获用户输入的非整数异常并输出相应的错误信息。

第4章　函　　数

4.1　模块化程序设计与函数

4.1.1　模块化程序设计的目的

模块化程序设计是一种将程序分解为多个独立、可重用模块的设计方法。每个模块通常都具有特定功能，并能够通过清晰的接口与其他模块交互。模块类似于子程序或子过程，可供其他程序调用。整个程序如同积木，由各模块组合而成。模块之间的调用关系如图 4-1 所示。模块之间的调用关系通过实线箭头表示，返回关系通过虚线箭头表示。

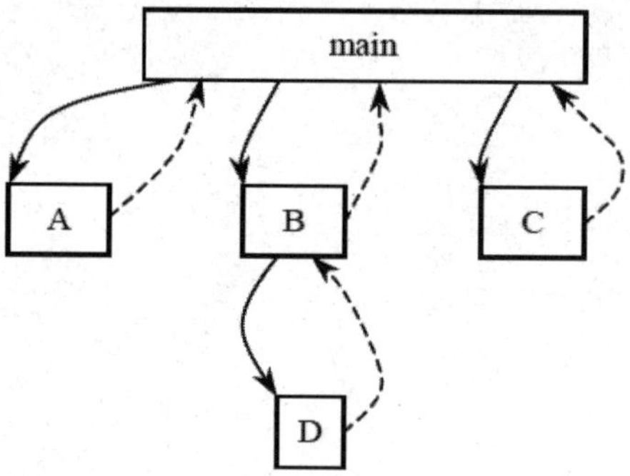

图 4-1　模块之间的调用关系

模块化程序设计不仅是一种方法，更是一种重要的 Python 编程思想，其目的主要体现在以下几方面。

（1）提高代码的可读性。将程序分解为多个模块后，各模块的功能单一且明确，代码结构更加清晰。

（2）增强代码的可维护性。当程序需要修复错误时，只需关注相关模块，而无须修改整个程序。这种低耦合的设计大大降低了维护成本。

（3）有利于代码的重用。通过将通用功能封装为模块，可以避免重复编写代码，以提高开发效率。

（4）支持程序的扩展性。当程序需要添加新功能时，只需编写新模块，并通过接口与现有模块集成。这种设计使程序能够灵活应对需求的变化。

在进行模块化程序设计时，应注意以下两点。

（1）提取公共功能。在不同模块中提取功能相同的部分，作为一个独立的子模块。这样可以缩短程序，提高模块的复用率。

（2）降低耦合度，提高内聚度。在设计模块时要尽量降低模块之间的耦合度（模块之间的相互依赖性），提高内聚度（模块内各成分的相互依赖性）。耦合度越小，模块之间的独立性就越大；内聚度越大，模块内各成分之间的联系就越紧密，其功能也就越强。

4.1.2　函数的简介

在模块化程序设计中，许多操作是相同或相似的。通过将执行相似操作的代码封装成函数，可以实现特定功能并支持代码复用。

函数是用于执行某种计算或功能的一系列语句的有名称的组合，是模块化程序设计的基础工具。函数设计应遵循短小精悍和单一职责的原则：函数应保持简洁，以便阅读和维护；每个函数均只负责一个特定功能，以免变得复杂，从而提升代码的可读性、可维护性和复用性。

在 Python 中，函数的使用需遵循“先定义后调用”的规则，通常将函数的定义放在程序开头，并在函数之间、函数与主程序之间留空行，以保证代码清晰。函数由函数名、参数、函数体和返回值组成，支持多种参数传递方式（位置、关键字、默认值等），并支持 Lambda 表达式、递归调用，以及闭包和装饰器等高级特性。

4.2　函数的定义和调用

4.2.1　函数的定义

微课视频

在 Python 中，函数分为内置函数和自定义函数。内置函数是 Python 预先定义好的函数，如 print()函数、len()函数等，而自定义函数则需要开发者通过 def 定义。定义函数的语法如下。

```
def 函数名(形参 1, 形参 2, ...):
"""函数文档字符串（可选）"""
    函数体
    return 返回值
```

def：定义函数的关键字。

函数名：函数的标识符，用于调用函数。

形参：形式参数，函数接收的输入值，多个参数之间用逗号分隔。函数可以没有参数，也可以有多个参数。

函数文档字符串：可选，描述函数功能的字符串，通常用三引号引起来。

函数体：实现函数功能的语句块，必须缩进。

return：用于返回函数的结果。函数可以没有返回值，也可以有一个或多个返回值。

根据参数和返回值的有无，函数可以分为以下几类。

（1）无参函数：函数不需要接收任何参数。

```
def greet1():
    print("Hello, World!")    # 输出欢迎信息
```

（2）有参函数：函数需要接收一个或多个参数。

```
def greet2(name, mess):
    print(f"尊敬的{name}先生/女士，{mess}。")    # 根据参数，输出欢迎信息
```

（3）无返回值函数：函数不返回任何值，常用于执行某些操作或任务。

```
def add1(a, b):
    print(f"{a} + {b} = {a + b}")        # 直接输出两个数字的和
```

（4）有返回值函数：函数通过 return 语句返回计算结果或特定值。

```
def add2(a, b):
    return a + b                         # 计算两个数字的和，并返回
```

在实际编程中，推荐优先使用有参有返回值函数，因为其提供了很高的灵活性和可维护性。开发者更易通过重用和组合不同的函数来构建复杂的程序。

4.2.2 函数的调用

微课视频

函数的调用是指通过函数名和参数列表来执行函数体的过程。在调用函数时，程序会跳转到函数的定义处执行代码，并在函数执行完成后返回调用点继续执行后续代码。

调用函数的语法如下。

```
变量=函数名(实参 1, 实参 2, ...)
```

实参：实际参数，调用函数时传递给形参的具体值。

变量：如果函数没有返回值，即没有 return 语句，那么默认返回 None，不需要用变量接收；如果函数有返回值，那么可以通过变量接收函数的返回值，也可以直接使用函数的返回值。

1. 无返回值函数的调用

对于无返回值函数，在调用后无须接收返回值，通常执行某些操作或任务。

```
greet1()                                   # 调用无参无返回值函数
greet2("李博", "我单位诚挚邀请您…")        # 调用有参无返回值函数
add1(5, 6)                                 # 调用有参无返回值函数
```

程序运行结果如下。

```
Hello, World!
尊敬的 李博 先生/女士，我单位诚挚邀请您…
5 + 6 = 11
```

2. 有返回值函数的调用

函数的返回值是通过 return 语句将结果传递给函数调用者获得的。返回值没有类型限制，也没有个数限制。函数可以通过 return 语句返回单个值或多个值，多个值将以元组形式返回。在调用函数后，可以将返回值赋给变量或直接使用，以便进行后续处理。

```
result = add2(4, 6)                              # 调用有返回值函数，将结果赋给变量 result
print(f"调用求和函数，结果为 {result}。")
print(f"调用求和函数，结果为 {add2(10, 20)}。")  # 直接使用函数的返回值
```

程序运行结果如下。

```
调用求和函数，结果为 10。
调用求和函数，结果为 30。
```

实例 4-1 **计算矩阵的周长和面积**

定义函数，根据矩阵的长度和宽度，计算并返回其周长和面积。

```
def calculate(length, width):          # 定义函数
    peri = 2 * (length + width)        # 计算周长
```

```
    area = length * width               # 计算面积
    return peri, area                   # 返回周长和面积
# 调用函数
result = calculate(2, 5)                # 调用函数，将返回值（元组）赋给变量 result
print("周长和面积分别为:",result)       # 输出“周长和面积分别为:(14, 10)”
p, a = calculate(2, 5)                  # 调用函数，将返回值（元组）解包赋给两个变量
print(f"周长: {p}, 面积: {a}")          # 输出“周长: 14, 面积: 10”
```

实例 4-2　判断闰年

判断闰年基于以下规则：普通闰年是年份能被 4 整除但不能被 100 整除，如 2004 年是闰年，1900 年不是闰年；世纪闰年是年份能被 400 整除，如 2000 年是闰年，2100 年不是闰年。总结来说，能被 4 整除但不能被 100 整除，或能被 400 整除的年份是闰年，否则不是闰年。

```
def is_leap_year(    year    ):        # 判断年份是否为闰年，返回布尔值
    if year % 4 == 0 and year % 100 != 0:
        return True
    elif year % 400 == 0:
        return True
    else:
        return False
# 调用函数
year = int(input())                    # 输入整数年份
if is_leap_year(year)    :             # 调用函数，函数返回值作为条件判断的依据
    print(f"{ycar}年是闰年")
else:
    print(f"{year}年不是闰年")
```

实例 4-3　基于标签化的多类型文本分类

文本分类器用于自动对大量文本进行快速、准确的分类，广泛应用于舆情分析、垃圾邮件过滤、新闻分类等领域，这极大地提升了信息处理的效率。其开发思路是，通过文本预处理（去除标点符号、转换为小写字母等）、关键字匹配或机器学习模型来实现文本分类。其核心是将文本与预定义类型的标签相关联，从而实现对文本的自动化分类。

```
def preprocess_text(text):             # 定义函数，通过文本预处理实现文本分类
    text = text.lower()                # 转换为小写字母
    text = ''.join([char for char in text if char.isalnum() or char.isspace()])
# 去除标点符号
    return text
def classify_text(text, labels):       # 定义函数，通过关键字匹配实现文本分类
    processed_text = preprocess_text(text) # 调用函数，文本预处理
    # 简单分类逻辑：根据关键字匹配标签
    for label, keywords in labels.items():
        if any(keyword in processed_text for keyword in keywords):
            return label
    return "未知类型"
# 调用函数
```

```
labels = {
    "科技": ["人工智能", "机器学习", "大数据"],
    "体育": ["足球", "篮球", "奥运会"],
    "健康": ["健身", "饮食", "营养"]
}  # 定义标签及其关键字
text = input("请输入一段文本: ")          # 输入文本，如“人工智能和大数据正在改变世界”
category = classify_text(text, labels)    # 调用函数，文本分类
print(f"分类结果: {category}")            # 输出“分类结果: 科技”
```

4.3 函数的参数传递

在 Python 中，函数的参数传递是指将数据传递给函数的过程。参数传递方式直接影响着函数的行为和灵活性。Python 支持多种参数传递方式，包括位置传递、关键字传递、默认值传递等。通过合理选择参数传递方式，开发者可以高效地处理多样化的调用需求，避免代码冗余，同时为复杂程序的设计奠定坚实的基础。

4.3.1 位置传递

位置传递是函数的参数传递的一种基本方式。它通过参数的顺序将实参与形参一一对应。在调用函数时，实参的值按定义顺序被传递给形参。位置传递是函数调用中常用的参数传递方式，适用于参数数量固定且顺序明确的场景。

在使用位置传递时，若实参的顺序与形参的顺序不一致，则可能导致逻辑错误，从而影响程序的正确性。此外，若实参的数量与形参的数量不匹配，则会抛出 TypeError 异常，导致程序运行中断。

在实例 4-1 中，调用 calculate(2, 5)的参数传递方式就是位置传递。实参 2 和 5 按顺序分别被传递给形参 length 和 width，从而正确计算矩阵的周长和面积。这种传递方式依赖于参数的顺序，确保了函数逻辑的正确性。

4.3.2 关键字传递

关键字传递是指在调用函数时提供实参所对应形参的参数名，根据参数名传递参数，形如“函数名(参数 1=值 1, 参数 2=值 2, ...)”。

关键字传递具有以下特点。

（1）顺序无关性：实参可以按任意顺序传递，而无须依赖形参定义的顺序。

（2）可读性强：通过参数名显式传递值，显著提高了代码的可读性和可理解性。

（3）灵活性高：关键字传递尤其适用于参数较多或需要跳过某些默认参数的场景，使函数调用更加直观和便捷。

下面通过关键字传递来调用实例 4-1 中的 calculate()函数。

```
result = calculate(width=5, length=2)     # 关键字传递，显式指定参数名
print("周长和面积分别为:", result)         # 输出“周长和面积分别为: (14, 10)”
```

微课视频

4.3.3　默认值传递

在定义函数时，使用形如“参数=默认值”的方式，给形参赋默认值。在调用函数时，如果该参数得到传入值，那么按传入值进行计算，否则使用默认值。

默认值传递具有以下特点。

（1）简化调用：调用者可以省略有默认值的参数，以减少调用的代码量。

（2）灵活性高：调用者可以根据需要覆盖默认值，以适应不同的场景。

（3）参数顺序固定：默认参数必须被定义在非默认参数之后，否则会引发语法错误。

下面将实例 4-1 中的函数头改写为采用默认值传递的形式，并使用默认值传递的函数调用。

```
def calculate(length=2, width=5):           # 定义函数，并为参数 length 和 width 提供默认值
    peri = 2 * (length + width)             # 计算周长
    area = length * width                   # 计算面积
    return peri, area                       # 返回周长和面积
# 使用函数
result1 = calculate()                       # 调用函数，使用默认值，即 length=2, width=5
print("默认参数下的周长和面积分别为:", result1)
result2 = calculate(length=4)               # 调用函数，使用部分默认值，即 width=5
print("覆盖部分默认参数后的周长和面积分别为:", result2)
result3 = calculate(length=3, width=6)  # 调用函数，不使用默认值
print("覆盖所有默认参数后的周长和面积分别为:", result3)
```

实例 4-4　会员购物结算

在购物结算的过程中，不同等级的会员可以享受不同的折扣。商家根据产品单价、产品数量和会员等级来计算总价。

定义一个函数，把产品单价、产品数量和会员等级作为参数，先计算产品的小计金额，然后根据会员等级判断折扣率，并计算折扣金额，最终计算总价（小计金额减去折扣金额）。在调用函数时，可尝试采用不同的参数传递方式。

```
def calculate_total(price, quantity=1, membership="普通"):
    if membership == '金卡':
        discount_rate = 0.10                         # 金卡会员享受 10%的折扣
    elif membership == '银卡':
        discount_rate = 0.05                         # 银卡会员享受 5%的折扣
    else:
        discount_rate = 0.00                         # 其他会员或普通客户不享受折扣
    subtotal = price*quantity                        # 计算小计金额
    discount_amount = subtotal * discount_rate       # 计算折扣金额
    return   subtotal -   discount_amount            # 计算总价
# 调用函数
p=eval(input("产品单价："))                          # 产品单价，如 100 元
q=eval(input("产品数量："))                          # 产品数量，如 20 元
m=input("会员等级：")                                # 会员等级，如银卡
total_gold = calculate_total(p,q,m)                  # 位置传递，获得总价
```

```
print(f"{m}会员购买结果：总价是 {total_gold} 元")
total_gold = calculate_total(membership=m,price=p, quantity=q )      # 关键字传递
print(f"{m}会员购买结果：总价是 {total_gold} 元")
total_gold1 = calculate_total(p)          # 默认值传参，后两个默认
total_gold2 = calculate_total(p,q)        # 默认值传参，后一个默认
print(f"总价分别是 {total_gold1} 元和 {total_gold2} 元")
```

4.3.4 包裹传递

微课视频

在 Python 中，包裹传递是一种灵活的参数传递方式，允许函数接收任意数量的位置参数或关键字参数。通过包裹传递，开发者可以编写更加通用和灵活的函数。包裹传递适用于参数数量不确定的场景。包裹传递分为两种形式：*args（用于接收任意数量的位置参数）和**kwargs（用于接收任意数量的关键字参数）。

1. *args

其语法如下。

```
def 函数名(*args):                       # *args 将接收的所有位置参数打包为一个元组
...     # 函数体
```

实例：计算任意数量数字的平均值。

```
def avg_numbers(*args):                 #  计算任意数量数字的平均值
    return sum(args)/len(args)
result = avg_numbers(1, 2, 3, 4, 5)     # 传递多个位置参数
print(result)                           # 输出："3"
```

2. **kwargs

其语法如下。

```
def 函数名(**kwargs):
...     # 函数体
```

实例：输出任意数量的关键字参数。

```
def print_info(**kwargs):               # 使用 **kwargs 接收任意数量的关键字参数
    for key, value in kwargs.items():
        print(f"{key}: {value}")        # 输出关键字参数
print_info(name="Alice", age=25)        # 传递多个关键字参数
```

程序运行结果如下。

```
name: Alice
age: 25
```

3. 组合使用 *args 和 **kwargs

*args 和 **kwargs 可以组合使用，以使函数同时接收任意数量的位置参数和关键字参数。

实例 4-5　*args 和kwargs 的组合使用——动态构建神经网络层**

在深度学习中，神经网络层的层数和参数可能因任务不同而发生变化。通过包裹传递，可以动态构建神经网络层。

```
def build_neural_network(*layers, **kwargs):
```

```
    """动态构建神经网络层，接收任意数量的位置参数和关键字参数"""
    print("网络层配置:", layers)        # 输出网络层配置（来自位置参数）
    print("训练参数:", kwargs)          # 输出训练参数（来自关键字参数）
# 调用函数
build_neural_network(64, 128, 256, learning_rate=0.001, epochs=10)
```

程序运行结果如下。

```
网络层配置: (64, 128, 256)
训练参数: {'learning_rate': 0.001, 'epochs': 10}
```

4.3.5　解包裹传递

微课视频

解包裹传递用于将序列（列表、元组等）或映射（字典等）解包为函数的参数。通过解包裹传递，开发者可以灵活地将集合传递给函数，而无须手动拆解。解包裹传递分为两种形式：*（用于将序列解包为位置参数）和**（用于将映射解包为关键字参数）。

1. *

其语法如下。

```
函数名(*序列)
```

实例：网络层配置解释（使用*调用函数）。

```
def neural_network_info(a, b, c):
    print("输入层神经元数量:", a)
    print("隐藏层神经元数量:", b)
    print("输出层神经元数量:", c)
layer_config = [64, 128, 256]          # 网络层配置（列表）
neural_network_info(*layer_config)     # 调用函数
```

程序运行结果如下。

```
输入层神经元数量: 64
隐藏层神经元数量: 128
输出层神经元数量: 256
```

2. **

其语法如下。

```
函数名(**映射)
```

实例：计算 3 科课程成绩的平均分（使用**调用函数）。

```
def calculate_average(math_score, english_score, science_score):
    """计算 3 科课程成绩的平均分"""
    return (math_score + english_score + science_score) / 3
scores = {
    "math_score": 85,
    "english_score": 90,
    "science_score": 78
}    # 定义学生成绩字典
average = calculate_average(**scores)  # 调用函数
print(f"平均分: {average:.2f}")          # 输出“平均分: 84.33”
```

实例 4-6　*** 和 **的组合使用——动态构建神经网络层**

本实例与实例 4-5 的区别在于，本实例通过解包裹传递调用函数，而实例 4-5 通过包裹传递调用函数。

```
def build_neural_network(*layers, **kwargs):
    """动态构建神经网络层，接收任意数量的位置参数和关键字参数"""
    print("网络层配置:", layers)        # 输出网络层配置（来自位置参数）
    print("训练参数:", kwargs)          # 输出训练参数（来自关键字参数）
# 调用函数
layer_config = [64, 128, 256]           # 网络层配置（列表）
training_params = {"learning_rate": 0.001, "epochs": 10}      # 训练参数（字典）
build_neural_network(*layer_config, **training_params)       # 调用函数
```

程序运行结果如下。

```
网络层配置: (64, 128, 256)
训练参数: {'learning_rate': 0.001, 'epochs': 10}
```

4.4　函数的进阶应用

4.4.1　函数的嵌套调用

微课视频

函数的嵌套调用是指在一个函数内部调用另一个函数。通过函数的嵌套调用，可以将一个复杂问题分解为多个子问题，每个子问题都由一个独立的函数解决。这种方式使代码结构更清晰，逻辑更易于理解。

实例 4-7　**通过函数的嵌套调用实现智能客服对话菜单**

智能客服对话菜单是一个基于用户选择的交互系统，旨在为用户提供便捷的服务导航。其核心思路是，通过菜单展示多种服务选项，如查询账户、支付账单、联系客服等，用户输入对应的选项序号后，系统会根据选择执行相应的功能，菜单会持续显示，直到用户选择退出。这种设计通过模块化的功能划分，使系统结构清晰、易于扩展和维护，同时为用户提供了直观的操作体验。

```
def show_menu():                        # 定义函数，菜单提示
    print("请选择服务类型：")
    print("1. 查询账户")
    print("2. 支付账单")
    print("3. 联系客服")
    print("4. 退出")
def account_query():                    # 定义函数，查询账户
    print("正在查询账户信息...")
def bill_payment():                     # 定义函数，支付账单
    print("正在处理支付账单...")
def contact_support():                  # 定义函数，联系客服
    print("正在联系客服...")
```

```
def main():                           # 定义 main()函数
    while True:
        show_menu()                   # 调用 show_menu()函数，输出菜单提示
        choice = input("请输入选项序号: ")
        if choice == "1":
            account_query()           # 调用 account_query()函数，支付账单
        elif choice == "2":
            bill_payment()            # 调用 bill_payment()函数，联系客服
        elif choice == "3":
            contact_support()         # 调用 contact_support()函数，查询账户
        elif choice == "4":
            print("感谢使用，再见！")
            break
        else:
            print("无效选项，请重新输入。")
main()          # 调用 main()函数，启动智能客服对话菜单
```

实例 4-8　通过函数的嵌套调用实现实时数据监测与预测

实时数据监测与预测通过对动态数据持续跟踪和分析，能够提前预警潜在问题并优化决策，在环境监测、工业控制、健康管理等领域具有重要的应用价值。本实例通过模拟生成实时温度数据，并基于历史温度数据训练线性回归模型预测温度数据，展示了函数的嵌套调用在实时数据监测与预测中的应用。

```
import random
from sklearn.linear_model import LinearRegression
def generate_temperature():                  # 模拟生成实时温度数据
    return random.uniform(20.0, 30.0)  # 随机生成 20.0～30.0 范围内的温度
def predict_temperature(history):            # 基于历史温度数据预测温度数据
    if len(history) < 2:
        return None                                       # 数据不足，无法预测
    X = [[i] for i in range(len(history))]                # 定义时间步
    y = history
    model = LinearRegression()                            # 训练线性回归模型
    model.fit(X, y)                                       # 预测下一个时间步的温度
    next_step = len(history)
    predicted_temperature = model.predict([[next_step]])[0]
    return predicted_temperature
def monitor_and_predict(duration=10):                     # 实时监测与预测温度数据
    history = []                                          # 存储历史温度数据
    predictions = []                                      # 存储预测结果
    for step in range(duration):                          # 生成实时温度数据
        current_temperature = generate_temperature()
        history.append(current_temperature)
        predicted_temperature = predict_temperature(history) # 预测温度数据
        if predicted_temperature is not None:
            predictions.append(predicted_temperature)
        print(f"   当前温度: {current_temperature:.2f}°C")
        if predicted_temperature is not None:
            print(f"   预测温度: {predicted_temperature:.2f}°C")
```

```
        else:
            print("  预测温度: 数据不足, 无法预测")
    return history, predictions
history, predictions = monitor_and_predict() # 启动实时数据监测与预测
# 输出结果
print("\n 历史温度数据:", [f"{temp:.2f}°C" for temp in history])
print("预测温度数据:", [f"{temp:.2f}°C" for temp in predictions])
```

4.4.2 函数的递归调用

微课视频

函数的递归调用是指函数直接或间接调用自身，通常用于解决可以分解为相似子问题的问题。函数的递归调用的核心思想是，将一个问题分解为规模更小的同类问题，直到问题的规模足够小为止，可以直接解决。下面通过函数的递归调用计算阶乘。

```
def factorial(n):                    # 计算 n 的阶乘"
    if n == 0 or n == 1:             # 基线条件（终止条件）
        return 1
    else:
        return n * factorial(n - 1)  # 递归调用
result = factorial(5)                # 结果为 120
```

值得注意的是，在设计递归函数时必须包含一个终止条件，以确保函数的递归调用能够在适当的时候终止，否则会导致无限递归，进而引发程序崩溃。因为每次进行函数的递归调用都会占用栈空间，进行深度递归调用可能导致栈溢出，因此在实际应用中需谨慎控制递归深度，以免产生性能问题。

实例 4-9　递归计算目录总大小（分治问题）

通过函数的递归调用遍历目录及其子目录，累加各文件大小，从而递归计算目录总大小。

```
import os
def calculate_directory_size(path):
    """递归计算目录总大小"""
    total_size = 0
    for item in os.listdir(path):
        full_path = os.path.join(path, item)
        if os.path.isdir(full_path):     # 如果是目录，那么进行递归计算
            total_size += calculate_directory_size(full_path)
        else:                            # 如果是文件，那么累加文件大小
            total_size += os.path.getsize(full_path)
    return total_size
# 调用函数
size = calculate_directory_size(".")     # 递归计算目录总大小
print(f"目录总大小: {size} 字节")          # 输出"目录总大小: 102400 字节"
```

实例 4-10　函数的递归调用在人工智能领域路径规划中的应用

路径规划是人工智能领域的核心问题，广泛应用于自动驾驶、物流配送等场景中。本

实例通过模拟智能机器人在 2×2 网格中的移动，阐述路径搜索的基本原理，为解决实际应用中的复杂路径优化问题奠定基础。本实例通过函数的递归调用，求解从左上角到右下角的所有路径（假设智能机器人只能向右或向下移动）。

```
def find_paths(x, y, target_x, target_y, path=[]):
    """递归查询从 (x, y) 到 (target_x, target_y) 的所有路径"""
    path = path + [(x, y)]                  # 将当前点加入路径
    if x == target_x and y == target_y:  # 基线条件（到达目标点）
        print("找到路径:", path)
        return
    if x < target_x:                        # 递归条件（尝试向右移动）
        find_paths(x + 1, y, target_x, target_y, path)
    if y < target_y:                        # 递归条件（尝试向下移动）
        find_paths(x, y + 1, target_x, target_y, path)
start_x, start_y = 0, 0                     # 定义网格大小和目标点
target_x, target_y = 2, 2
# 查询所有路径
print(f"从 ({start_x}, {start_y}) 到 ({target_x}, {target_y}) 的所有路径：")
find_paths(start_x, start_y, target_x, target_y)
```

4.4.3　变量的作用域与生命周期

微课视频

在 Python 中，变量的作用域与生命周期是理解变量可见性和存在时间的重要概念。

1. 变量的作用域

变量的作用域指的是变量在程序中可以被访问的范围。Python 中变量的作用域主要分为以下几种。

（1）局部作用域（local scope）：局部变量是在函数内部定义的变量，局部作用域仅限于函数内部。

（2）嵌套作用域（enclosing scope）：嵌套作用域是指在嵌套函数中，外层函数定义的变量对内层函数可见的作用范围。

（3）全局作用域（global scope）：全部变量是在函数外部定义的变量，全局作用域可以覆盖整个程序。

（4）内置作用域（built-in scope）：内置变量是 Python 内置的变量。内置作用域可以覆盖所有代码。

下面展示局部作用域和全局作用域的用法。

```
global_var = "我是全局变量"              # 定义全局变量
def my_function():
    local_var = "我是局部变量"          # 定义局部变量
    print("在函数内部访问全局变量:", global_var)
    print("在函数内部访问局部变量:", local_var)
my_function()
# 这行代码会报错，这是因为 local_var 是局部变量
# print("在函数外部访问局部变量:", local_var)
```

若需在函数内部修改全局变量，则必须使用 global 显式声明，以确保对全局变量的引用和修改操作能够正确执行。下面展示全局作用域。

```
x = 10           # 定义全局变量
def foo():
    global x     # 在函数内部声明使用全局变量
    x = 20       # 在函数内部修改全局变量的值
    print(x)     # 输出“20”
foo()            # 调用函数
print(x)         # 输出“20”
```

2. 变量的生命周期

变量的生命周期是指变量在内存中存在的时间段，即变量从创建到销毁的时间段。不同作用域的变量具有不同的生命周期，主要有以下两类。

（1）局部变量的生命周期：局部变量在函数被调用时创建，在函数执行完成后销毁。

（2）全局变量的生命周期：全局变量在程序启动时创建，在程序结束时销毁。

如果一个变量的生命周期结束，如局部变量在函数执行完成后销毁，那么即使它的作用域理论上存在，它也无法访问该变量。

实例 4-11 在多个模块之间共享数据

假设一个人工智能项目需要处理数据集，并在多个模块之间共享数据。

实现方法 1：使用全局变量共享数据。

```
data_set = [1, 2, 3, 4, 5]                    # 定义全局变量，用于存储数据
def process_data():
    global data_set                           # 在函数内部声明使用全局变量
    data_set = [x * 2 for x in data_set]      # 在函数内部修改全局变量的值
    print("预处理后的数据集:", data_set)
def analyze_data():
    print("分析处理后的数据集:", data_set)     # 在函数内部访问全局变量
# 调用函数
process_data()  # 输出“预处理后的数据集: [2, 4, 6, 8, 10]”
analyze_data()  # 输出“分析处理后的数据集: [2, 4, 6, 8, 10]”
```

使用全部变量共享数据的优点在于，全局变量能够在程序的各部分中被轻松访问，从而实现数据的高效共享。然而，这种方法的缺点也显而易见，即它可能导致代码结构变得复杂，进而增加维护和调试的难度。因此，在使用这种时应格外谨慎。

实现方法 2：使用函数的参数传递数据。

```
def process_data(data):                        # 接收数据集作为参数
    processed_data = [x * 2 for x in data]     # 访问函数的参数（局部变量）
    return processed_data                      # 返回处理后的数据集
def analyze_data(data):                        # 接收数据集作为参数
    print("分析处理后的数据集:", data)          # 访问函数的参数（局部变量）
data_set = [1, 2, 3, 4, 5]                     # 定义全局变量
processed_data = process_data(data_set)        # 使用函数的参数传递数据
analyze_data(processed_data)                   # 输出接收的返回值
```

使用函数的参数传递数据的优点在于，函数的参数能够明确指示数据的流向，从而大大提升代码的可读性和可维护性。不过，当需要传递大量数据时，使用这种方法可能会增加函数调用的花费，这是需要权衡的一方面。

实例 4-12　存储人机交互的历史数据

在一个计算器程序中，需要存储并输出人机（用户与程序）交互的历史数据。为了既能保证每次计算的独立性，又能持久化保存用户操作的历史数据，便于后续查询和分析，可以使用局部变量存储临时计算结果，同时使用全局变量保存用户操作的历史数据。

```
history = []                                    # 定义全局变量，用于存储历史数据
def add(x, y):                                  # 定义加法计算功能
    result = x + y                              # 定义局部变量，存储临时计算结果
    history.append(f"{x} + {y} = {result}")     # 将结果添加到全局变量中
    return result
def subtract(x, y):                             # 定义减法计算功能
    result = x - y                              # 定义局部变量，存储临时计算结果
    history.append(f"{x} - {y} = {result}")     # 将结果添加到全局变量中
    return result
def show_history():
    print("\n 计算历史:")
    for entry in history:                       # 访问全局变量
        print(entry)
def calculator_menu():
    while True:
        choice = input("请选择操作 (1/2/3/4): ") # 菜单提示
        x,y = 5,6
        if choice == '1':                       # 加法操作
            result = add(x, y)                  # 使用局部变量 result 存储临时计算结果
            print(f"结果: {x} + {y} = {result}")
        elif choice == '2':                     # 减法操作
            result = subtract(x, y)             # 使用局部变量 result 存储临时计算结果
            print(f"结果: {x} - {y} = {result}")
        elif choice == '3':                     # 查看历史数据
            show_history()
        elif choice == '4':                     # 退出程序
            print("退出计算器。")
            show_history()
            break
        else:
            print("无效的选择，请重新输入！")
# 调用函数
print("\n===== 计算器菜单 =====")
print("1. 加法")
print("2. 减法")
print("3. 查看历史数据")
print("4. 退出")
calculator_menu()                               # 启动计算器
```

4.5 Lambda 表达式的概念及应用

4.5.1 Lambda 表达式的概念

Lambda 表达式是一种简洁的匿名函数。通常在需要将函数作为参数传递的场景中使用 Lambda 表达式。与普通函数不同，Lambda 表达式没有函数名，且只包含一个表达式。其语法如下。

```
lambda 参数 1, 参数 2, ...: 表达式
```

下面展示了如何使用 Lambda 表达式计算两个数字的和。

```
add = lambda a, b: a + b
result = add(3, 5) # 输出 "8"
```

通过 Lambda 表达式，可以简化代码并提高开发效率。

4.5.2 Lambda 表达式的应用

微课视频

Lambda 表达式常作为参数传递给高阶函数，与 map()函数、filter()函数和 sorted()函数等组合使用。

1. 使用 map()函数和 Lambda 表达式

map()函数用于对可迭代对象（列表、元组等）中的元素应用指定函数，并返回迭代器，通常与 Lambda 表达式结合使用，以便在较少的代码中定义所需的转换。下面使用 map()函数和 Lambda 表达式对列表元素进行平方运算。

```
numbers = [1, 2, 3, 4]
squared_numbers = list(map(lambda x: x ** 2, numbers))        # 输出 "[1, 4, 9, 16]"
```

2. 使用 filter()函数和 Lambda 表达式

filter()函数用于筛选可迭代对象中的元素。它根据传入的函数判断各元素是否满足条件，并返回迭代器，其中只包含满足条件的元素。下面使用 filter()函数和 Lambda 表达式过滤列表中的偶数。

```
numbers = [1, 2, 3, 4, 5]
even_numbers = list(filter(lambda x: x % 2 == 0, numbers))      # 输出 "[2,4]"
```

3. 使用 sorted()函数和 Lambda 表达式

sorted()函数用于对可迭代对象中的元素进行排序。它可以依据一个键函数指定排序依据，通常使用 Lambda 表达式定义这个键函数。下面使用 sorted()函数和 Lambda 表达式对列表中的元素进行排序。

```
students = [("Alice", 90), ("Bob", 85), ("Charlie", 95)]
# 按分数排序，输出 "[('Bob', 85), ('Alice', 90), ('Charlie', 95)"
sorted_students = sorted(students, key=lambda x: x[1])
```

实例 4-13 使用 Lambda 表达式简化人工智能数据集处理流程

假设有一个人工智能数据集，其中包含多条文本，需要对文本进行以下处理。

（1）文本清洗：去除标点符号并将文本转换为小写字母。

（2）特征提取：提取各条文本的长度作为特征。

（3）数据过滤：过滤长度小于 5 个字符的文本（按字符的 Unicode 值计算）。

```
# 原始文本
texts = [ "Hello, World!","AI is amazing.","Python is fun.","Data processing.","Hi!"]
clean_texts = list(map(lambda text: ''.join([char.lower() for char in text if char.isalnum() or char.isspace()]), texts)) # 文本清洗后输出 "['hello world', 'ai is amazing', 'python is fun', 'data processing', 'hi']"
text_lengths = list(map(lambda text: len(text), clean_texts)) # 特征提取后输出 "[11, 13, 13, 16, 2]"
filtered_texts = list(filter(lambda text: len(text) >= 5, clean_texts)) # 数据过滤后输出 "['hello world', 'ai is amazing', 'python is fun', 'data processing']"
```

4.6 random 模块的概念及应用

4.6.1 random 模块的概念

微课视频

random 模块是用于生成伪随机数的标准库模块，在游戏开发、数据采样和密码学等领域有着十分广泛的应用。random 模块提供了多种函数，用于生成随机数、随机选择元素、随机打乱顺序等。

1. 生成随机数

（1）random.random()：生成一个 [0.0, 1.0) 范围内的随机浮点数。

（2）random.uniform(a, b)：生成一个 [a, b] 范围内的随机浮点数。

（3）random.randint(a, b)：生成一个 [a, b] 范围内的随机整数。

```
import random
print(random.random())                  # 输出 "0.123456789"
print(random.uniform(1.0, 10.0))        # 输出 "5.678901"
print(random.randint(1, 100))           # 输出 "42"
```

2. 随机选择元素

（1）random.choice(seq)：从序列 seq 中随机选择一个元素。

（2）random.choices(seq, k=n)：从序列 seq 中随机选择 n 个元素（可重复）。

（3）random.sample(seq, k=n)：从序列 seq 中随机选择 n 个元素（不可重复）。

```
import random
fruits = ["apple", "banana", "cherry", "date"]  # 随机选择元素
print(random.choice(fruits))                    # 输出 "banana"
print(random.choices(fruits, k=2))              # 输出 "["cherry", "cherry"]"
print(random.sample(fruits, k=2))               # 输出 "["date", "banana"]"
```

3. 随机打乱顺序

random.shuffle(seq)：将序列 seq 中的元素顺序随机打乱（原地修改）。

```
import random
```

```
numbers = [1, 2, 3, 4, 5]
random.shuffle(numbers)     # 打乱序列
print(numbers)              # 输出[3, 1, 5, 2, 4]
```

4.6.2 random 模块的应用

微课视频

在 random 模块中，随机数生成器是基于伪随机数算法的工具，用于生成随机数序列。伪随机数序列的生成依赖于一个初值，该值被称为种子。通过设置种子，可以控制随机数生成器的行为，确保生成的随机数序列是可重复的。其语法如下。

```
random.seed(seed)           # seed 是种子，可以是整数、浮点数或 None
```

下面展示如何通过设置种子来控制随机数序列的生成。

```
import random
random.seed(42)             # 设置种子
print(random.random())      # 输出“0.6394267984578837”
print(random.random())      # 输出“0.025010755222666936”
random.seed(42)             # 重新设置相同的种子
# 生成的随机数序列与之前相同
print(random.random())      # 输出“0.6394267984578837”
print(random.random())      # 输出“0.025010755222666936”
```

在进行科学研究或数据分析时，设置种子可以确保实验的可重复性，避免因随机性而导致实验结果不一致。

实例 4-14　随机分配红包金额

在社交或支付场景中，红包分配是一种常见需求，要求将固定金额随机分配给多人，金额分配需公平且具有随机性。通过生成随机分割点的方式可以先将总金额分为若干部分，再随机打乱金额顺序进行分配，确保各部分金额随机且总金额不变。

```
import random
def allocate_red_packet(total_amount, num_people):
    """随机分配红包金额，参数为总金额和人数"""
    if num_people <= 0:
        raise ValueError("人数必须大于 0")
    if total_amount <= 0:
        raise ValueError("总金额必须大于 0")
    # 生成（num_people - 1）个随机分割点
    split_points = sorted(random.sample(range(1, total_amount), num_people - 1))
    amounts = []
    prev_point = 0
    for point in split_points:          # 计算金额
        amounts.append(point - prev_point)
        prev_point = point
    amounts.append(total_amount - prev_point)
    random.shuffle(amounts)             # 打乱金额顺序
    return amounts
total_amount = 100                      # 设置总金额为 100 元
num_people = 5                          # 设置分配给 5 人
```

```
# 调用函数
red_packet = allocate_red_packet(total_amount, num_people)
print("红包分配结果:", red_packet)
print("红包总金额:", sum(red_packet))
```

实例 4-15　随机选人

在抽奖、任务分配或随机点名等场景中，常常需要从一组人员中随机选择一人。使用 random.choice()函数可以从列表中随机选择一人。

```
import random
def random_picker(names):                                    # 随机选择一人
    if not names:
        raise ValueError("名单不能为空")
    return random.choice(names)
names = ["Alice", "Bob", "Charlie", "David", "Eva"]          # 定义名单
selected_person = random_picker(names)                       # 随机选择一人
print("被选择的人是:", selected_person)
```

实例 4-16　生成随机验证码

验证码通常用于验证用户身份,防止自动化脚本的攻击。结合使用 random 模块和 string 模块，可以生成包含特殊字符的随机验证码。

```
import random
import string
def generate_verification_code(length=6):
    characters = string.ascii_letters + string.digits + string.punctuation
    verification_code = ''.join(random.choices(characters, k=length))
    return verification_code
code = generate_verification_code()      # 生成包含特殊字符的随机验证码
print("生成的验证码是:", code)
```

实例 4-17　模拟生成序列号

序列号通常用于唯一标识产品、设备或软件许可证。

产品序列号一般由若干组包括字母和数字混合编制的字符串组成，且使用“-”分隔，如 3CVX3-BJWXM-6HCYX-QEK9R-CVG4R。为了避免混淆相似的字母和数字，如 I 和 1、O 和 0 等，减少麻烦，序列号的每个字符都取自特定 24 个字母及数字（B、C、E、F、G、H、J、K、M、P、Q、R、T、V、W、X、Y、2、3、4、6、7、8、9）中的一个。

下面模拟生成序列号，展示如何使用随机函数生成包含字母和数字的序列号。

```
import random
CODE = 'BCEFGHJKMPQRTVWXY2346789'
def generate_key_sn(num_keys=5, key_length=5, code=CODE):
    key_sn = []
    for _ in range(num_keys):
        # 从字符集中随机选择指定长度的字符，并将其拼接成字符串
```

```
            key = ''.join(random.sample(code, key_length))
            key_sn.append(key)
        return '-'.join(key_sn)            # 用 '-' 分隔
# 调用函数
key_sn = generate_key_sn()          # 生成包含字母和数字的序列号
print("生成的序列号是:", key_sn)
```

4.7 项用实训：学生画像系统模块化设计——赋能成长

4.7.1 项目背景

随着智慧校园建设的不断推进，学生行为数据的采集与分析成为提升教育质量和管理效率的重要手段。学生画像系统通过对学生行为（学习习惯、社交活动、消费记录等）数据进行分析，生成个性化的学生画像，为学校提供精准的学生成长支持和管理决策依据。

4.7.2 项目任务

本项目实训在 3.7 节的基础上，通过模块化设计，结合函数的定义和调用的知识，致力于实现一个智慧校园中的学生画像系统。本项目实训主要利用食堂的就餐消费大数据，对在食堂消费次数多、每餐平均消费额度低的学生发放餐补。就餐消费大数据用于识别经济困难的学生，辅助学校管理者进行精准资助，赋能学生成长。

4.7.3 项目分析

根据项目任务需求，参照大数据项目分析流程，学生画像系统包括以下 5 个功能模块。

1. 数据采集模块

数据采集模块负责全面收集学生的就餐消费大数据，作为构建学生画像系统的基础。通过学校系统获取学生每月就餐记录，以嵌套列表形式存储。

2. 数据处理模块

数据处理模块负责对收集的数据进行清洗、预处理和特征提取，包括展平嵌套列表以便统计数据，以及筛选就餐次数达到一定标准的学生数据。此模块为后续分析提供了坚实的支撑。

3. 数据分析模块

数据分析模块负责对餐费均值、总费用和消费次数等数据进行深入的分析。通过计算学校餐费均值和学生餐费均值，评估学生的经济水平。此模块是构建学生画像系统的核心环节。

4. 学生画像生成模块

学生画像生成模块负责将数据分析结果标签化，构建学生画像系统。

5. 资助实施模块

根据经济等级实施分类资助和精准帮扶。资助实施模块负责通过设定不同的资助金额，确保资助金额的合理分配。此模块将数据分析结果转换为实际的资助行动，能够有效识别并帮助经济困难的学生。

4.7.4 项目实现

1. 数据采集模块

```
def get_data():    # 返回学校某月的就餐消费大数据，嵌套列表形式
    data_School = [
        [16, 29, 14, 2, 5, 6, 29, 22, 27, 17, 4, 16, 7, 22, 8, 17, 21, 7, 12, 17, 22, 10, 23, 25, 9, 15, 13, 18, 18, 21, 24, 25, 12, 9, 30, 13, 22, 24, 8, 28, 25, 19, 21, 24, 2, 20, 15, 24, 21, 8, 29, 19],
        [17, 28, 10, 30, 11, 10, 26, 30, 23, 3, 30, 10, 23, 2, 22, 23, 6, 9, 9, 8, 2, 19, 29, 3, 29, 26, 25, 6, 9]
        ...  # 可以继续添加更多数据
    ]
    return data_School
```

2. 数据处理模块

```
def flatten_data(data_School):                               # 展平列表，用于数据统计
    return [item for data_stu in data_School for item in data_stu]
def filter_data(data_School, min_count=60):                   # 筛选符合条件的数据
    return [data_stu for data_stu in data_School if len(data_stu) >= min_count]
```

3. 数据分析模块

```
def calculate_school_avg(data):                               # 计算学校餐费均值
    total = sum(data)
    count = len(data)
    avg = total / count
    return avg, total, count
def calculate_student_avg(student_data):                      # 计算学生餐费均值
    total = sum(student_data)
    count = len(student_data)
    avg = total / count
    return avg, total, count
```

4. 学生画像生成模块

```
def assess_economic_level(student_avg, school_avg):           # 标签化
    quot = round(student_avg / school_avg, 2)                 # 计算比值
    if quot >= 1:
        return '不困难'
    elif quot >= 0.8:
        return '一般困难'
    elif quot >= 0.5:
        return '比较困难'
    else:
        return '特别困难'
```

5. 资助实施模块

```
def get_funding_amount(level):
    funding_levels = {
```

```
        '不困难': 0,              # 不需要资助
        '一般困难': 100,          # 一般困难等级的资助（假设）
        '比较困难': 200,          # 比较困难等级的资助（假设）
        '特别困难': 300           # 特别困难等级的资助（假设）
    }
    return funding_levels.get(level, 0)
```

6. 主程序

```
def main():
    # 数据获取
    data_School = get_data()
    # 数据处理
    flattened_data = flatten_data(data_School)
    filtered_data = filter_data(data_School, min_count=60)
    print(f'就餐在 60 次以上的学生有{len(filtered_data)}个')
    # 数据分析
    school_avg, school_total, school_count = calculate_school_avg(flattened_data)
    print(f'学校餐费均值：{round(school_avg, 2)}。其中，总费用为{school_total}，消费次数为{school_count}')
    if filtered_data:
        student_data = filtered_data[0]  # 取第 1 个符合条件的数据
        student_avg, student_total, student_count = calculate_student_avg(student_data)
        print(f'学生餐费均值：{round(student_avg, 2)}。其中，总费用为{student_total}，消费次数为{student_count}')
        # 画像系统构建
        level = assess_economic_level(student_avg, school_avg)
        print(f'经济等级：{level}')
        # 资助计算
        funding_amount = get_funding_amount(level)
        print(f"该学生的资助金额为{funding_amount}元")
    else:
        print("没有符合条件的数据")
# 运行主程序
if __name__ == "__main__":
    main()
```

4.7.5 项目优化

项目原型实现了从数据获取、处理、分析到画像系统构建和资助计算的全过程。在优化方面，可以考虑以下几方面。

一是利用机器学习算法（聚类分析、决策树等）更精准地识别学生的行为模式和经济状况，从而生成更细致的画像。

二是扩展功能模块以支持更多数据维度，如心理健康、体育活动等，并引入机器学习模型以提升画像生成的精准度。例如，可以通过集成自然语言处理技术分析学生的心理健康状况，也可以通过运动传感器数据评估学生的体育活动参与度。

三是优化用户体验，提供可视化界面以直观地展示画像和成长分析结果，同时支持个性化配置，允许根据需求自定义画像规则，从而提高系统的实用性和灵活性。例如，可以开发一个基于 Web 的仪表盘，用于展示学生的消费趋势、经济等级分布情况等，并提

供交互式图形和报表导出功能。此外，可以允许根据学校的实际情况调整经济等级的评定标准和资助金额的分配规则，以确保系统的灵活性。

通过这些优化措施，系统不仅能够更高效地处理数据，还能够为用户提供更直观、更个性化的服务，进而提升智慧校园的管理水平。

4.7.6　总结和启示

本项目实训为智慧校园建设提供了技术支持，通过模块化设计和函数调用，构建了一个基于食堂的就餐消费大数据的学生画像系统，实现了从数据获取到资助计算的全流程自动化。模块化设计降低了系统的复杂度，提升了系统的可维护性和扩展性，而数据分析与画像系统构建则为精准资助提供了科学依据。

在项目优化方面，本项目实训通过引入机器学习算法、扩展功能模块，以及优化用户体验显著提升了系统的精准度和实用性。此外，随着数据维度的丰富和技术的迭代，学生画像系统将更加全面地支持学生成长分析，为智慧校园的管理决策提供更加强大的技术支持，推动教育信息化向更高的水平发展。

4.8　巩固练习

（1）编写一个 Python 程序，定义 factorial(n)函数，计算并返回整数 n 的阶乘，要求通过函数的递归调用实现。例如，factorial(5)的返回值为 120。

（2）编写一个 Python 程序，定义 is_prime(n)函数，判断整数 n 是否为质数。如果为质数，那么返回 True，否则返回 False。例如，is_prime(7)的返回值为 True。

（3）编写一个 Python 程序，定义 fibonacci(n)函数，返回斐波那契序列的第 n 项。要求通过函数的递归调用实现。例如，fibonacci(6)的返回值为 8。

（4）编写一个 Python 程序，定义 sum_recursive(n)函数，计算并返回 1 ~ n 的整数和。例如，sum_recursive(5)的返回值为 15。

（5）编写一个 Python 程序，使用 filter()函数和 Lambda 表达式，从一个整数列表中过滤出所有偶数。例如，filter([1, 2, 3, 4, 5, 6])的返回值为[2, 4, 6]。

（6）编写一个 Python 程序，定义 reverse_string(s)函数，返回字符串 s 的反转结果。例如，reverse_string("hello")的返回值为"olleh"。

（7）编写一个 Python 程序，使用 sorted()函数和 Lambda 表达式，对包含元组的列表按元组的第 2 个元素进行升序。例如，实参为[(1, 3), (4, 1), (2, 2)]，返回值为[(4, 1), (2, 2), (1, 3)]。

第 5 章　高级数据类型及常见操作

5.1　高级数据类型

高级数据类型能够将多个相同类型或不同类型的数据组织起来，通过单一的表示使数据操作更有序、更容易。Python 的高级数据类型包括字符串、元组、列表、集合、字典等。这些高级数据类型提供了丰富的操作和功能，能够处理各种复杂的数据结构和任务。本章将通过具体实例详细介绍字符串、元组、列表、集合、字典的定义和特征，以及序列的通用操作。

5.1.1　字符串的定义与特征

字符串（string）是 Python 中的基本数据类型之一。它是一个有序的字符序列，包含字母、数字、下划线等字符。字符串在程序设计中用于处理文本，广泛应用于数据解析、格式化输出、文本处理等场景中。作为连续字符序列，字符串不仅支持常见的文本操作（拼接、切片、查询等），还可以表示二进制数据等特殊格式数据。在 Python 中，字符串通常用引号（单引号或双引号）定义。字符串的实例代码如下。

```
sentence = "Hello, world!"
```

更多的字符串相关内容请参见第 6 章。

5.1.2　元组的定义与特征

元组（tuple）是 Python 中一种有序且不可变的容器型数据类型，使用圆括号存放元素，元素之间用逗号分隔。元组中的元素可以是任意类型，包括列表或其他元组。

```
colors = (255,255,0)                                    # RGB 颜色代码
point = (3,4)                                           # 坐标
```

更多的元组相关内容请参见第 7 章。

5.1.3　列表的定义与特征

列表（list）是一种有序且可变的容器型数据类型，用于存储一组按顺序排列的元素。列表用方括号表示，元素之间用逗号分隔。列表是 Python 中十分灵活且高频使用的数据类型之一。列表的主要特征如下。

（1）有序。列表元素按添加顺序存储，并可以通过索引访问。

（2）异构。列表中可以包含不同类型的元素，如整数、字符串，甚至是其他列表。

（3）元素可重复。列表中允许存储重复的元素。

（4）动态可变。列表中支持对元素进行增加、删除和修改操作。

（5）支持索引和切片。通过索引可以访问列表中的特定元素，通过切片可以截取子列表。

基于以上特征，列表广泛应用于数据集合需要频繁修改、数据项需要保持特定顺序，以及需要执行多种列表操作（排序、反转等）的场景中。列表的实例代码如下。

```
scores = [85, 92, 78, 90, 86, 88, 94, 81, 79, 87]              # 学生成绩
shopping_list = ['apple', 'banana', 'orange', 'milk', 'bread']  # 购物车产品
```

更多的列表相关内容请参见第 7 章。

5.1.4　集合的定义与特征

集合（set）是一种无序且元素唯一的容器型数据类型，主要用于成员关系的测试和去重。此外，集合支持各种运算，如交集、并集和差集等。集合通过花括号定义，元素之间用逗号分隔。其基本语法如下。

```
{x1[,x2,…,xn]}
```

集合元素依据其哈希值存储。哈希值是根据对象的值计算出的唯一标识。若一个对象实现了__hash__()方法，则该对象为可哈希对象。在 Python 中，所有内置的不可变对象（布尔值、整数、浮点数、字符串、元组等）都是可哈希的；而内置的可变对象（列表、字典、集合等）都是不可哈希的，这是因为它们的值可能发生变化，无法计算固定的哈希值。集合的实例代码如下。

```
num = { 1, 2, 3 }                          # 数字集合
fruits2 = {'banana', 'grape', 'kiwi'}      # 字符串集合
```

更多的集合相关内容请参见第 8 章。

5.1.5　字典的定义与特征

字典（dict）是一种键值对形式的容器型数据类型。字典的主要特征如下。

（1）动态可变。字典支持随时增加、删除或修改键值对。

（2）无序性。字典中的键值对是无序存储的，不支持索引和切片操作。

（3）键唯一。字典中的键是唯一的，不可重复。

（4）键不可变。字典中的键为不可变类型（整数、字符串、元组等），而值可以为任意类型。

字典中的键和值之间用冒号隔开，字典中的元素之间用逗号隔开，字典用花括号表示。字典的实例代码如下。

```
# 用户信息
user_info = {"name": "Alice",    "age": 25, "email": "alice@example.com"}
```

更多的字典相关内容请参见第 8 章。

实例 5-1　**高级数据类型在报告分析项目中的应用**

微课视频

在报告分析项目中，通常需要处理大量文本，如客户反馈、产品评论、市场调研报告等。这些文本通常以字符串形式存储，需要通过字符串操作分析和提取关键信息。本实例将演示如何利用字符串操作和其他高级数据类型（列表、字典等）分析报告，并生成

统计结果。

```
# 获取报告文本
report = '2023 年市场分析报告显示 Python 在数据分析领域的应用越来越广泛 Python 简洁的语法和丰富的库支持使其成为数据科学家的首选工具 然而 Java 在企业级应用中的优势依然明显 尤其是在大型系统中'
# 定义关键字列表
keywords = ["Python", "Java", "数据分析", "企业级应用"]
# 统计关键字出现的频率
keyword_count = {keyword: report.count(keyword) for keyword in keywords}
print("关键字出现的频率：", keyword_count)
# 生成报告摘要
summary = "报告摘要：\n"
for keyword, count in keyword_count.items():
    summary += f"- {keyword} 出现了 {count} 次\n"
print(summary)
```

程序运行结果如下。

```
关键字出现的频率： {'Python': 2, 'Java': 1, '数据分析': 1, '企业级应用': 1}
报告摘要：
- Python 出现了 2 次
- Java 出现了 1 次
- 数据分析 出现了 1 次
- 企业级应用 出现了 1 次
```

5.2 序列的通用操作

序列（sequence）用于存储一组有序的元素集合，序列中可以有一个或多个元素（元素可以为任意类型，包括其他序列），也可以为空序列。Python 内置的序列类型包括列表、元组、字符串等。这些序列类型具有一些共性，如内部元素之间都存在先后顺序，都支持序列的索引、切片、拼接、重复等操作。本节将介绍序列的通用操作。

5.2.1 索引

微课视频

索引用于通过序号访问序列中的特定元素。序列中的每个元素都有一个唯一的序号，支持正向（从 0 开始）和逆向（从−1 开始）两种索引方式。其语法如下。

```
序列名[序号]
```

字符串索引的位置如图 5-1 所示。

s[-6]	s[-5]	s[-4]	s[-3]	s[-2]	s[-1]
P	y	t	h	o	n
s[0]	s[1]	s[2]	s[3]	s[4]	s[5]

图 5-1 字符串索引的位置

索引的基本规则如下。

（1）正向索引：从 0 开始，第 1 个元素为 s[0]，第 2 个元素为 s[1]，以此类推，最后一个元素为 s[len(s)−1]。

（2）逆向索引：从−1 开始，第 1 个元素为 s[−len(s)]，最后一个元素为 s[−1]。

（3）索引范围：有效索引范围为−len(s) ~ len(s)−1，超出范围会抛出 IndexError 异常。

（4）索引类型：序号必须为整数，否则会抛出 TypeError 异常。

```
s= 'Python'
print(s[0])        # 输出 "'P'"
print(s[-1])       # 输出 "'n'"
print(s[10])       # 抛出 IndexError 异常
print(s['a'])      # 抛出 TypeError 异常
```

需要注意的是，字符串中的每个字符（英文、中文、空格等）都占一个索引位。索引和切片支持正向与负向混合使用，以便灵活访问序列。

5.2.2　切片

微课视频

切片（slice）用于截取序列的一部分。其语法如下。

```
s[i:j]          # 从起始索引 i 到结束索引 j−1
s[i:j:k]        # 从起始索引 i 到结束索引 j−1，步长为 k
```

（1）i：起始索引（包含 s[i]），默认值为 0。

（2）j：结束索引（不包含 s[j]），默认值为序列长度。

（3）k：步长，支持正数和负数，负数表示逆向切片，默认值为 1。

注意，切片会返回新序列，原序列不变。当步长为负数时，需要反向指定 i 和 j 的顺序。如果截取范围内没有数据，那么返回空序列；如果超出范围，那么不报错。

切片的实例代码如下。

```
s = 'abcdefg'
print(s[1:3])      # 输出 "'bc'"（从起始索引 1 到结束索引 2）
print(s[8:2])      # 输出 " ''"（无数据）
print(s[:])        # 输出 "'abcdefg'"（完整序列）
print(s[:2])       # 输出 "'ab'"（从起始索引 0 到结束索引 1）
print(s[::2])      # 输出 "'aceg'"（步长为 2）
print(s[::-1])     # 输出 "'gfedcba'"（逆序）
```

实例 5-2　　身份证号信息提取

身份号中隐含出生日期、出生地、性别等信息。身份证号倒数第 2 位用于表示性别，奇数表示“男”，偶数表示“女”。

```
id_number = input('请输入身份证号：')          # 例如，450108201608300654
if int(id_number[16]) % 2 == 0:
# if id_number[16] in '02468':                 # 使用字符串的成员测试方法
    gender = '女'
else:
    gender = '男'
print(f'性别为{gender}')
```

使用条件表达式实现身份证号倒数第 2 位信息的提取更简洁。

```
print(f'性别为女') if input()[-2] in '02468' else print(f'性别为男')
```

5.2.3 拼接与重复

字符串、元组、列表等类型的序列都支持拼接与重复操作。拼接与重复操作具有与对应数字运算相同的优先级。

微课视频

1. 序列拼接

通过加号可以将两个相同类型的序列拼接为一个新序列，新序列中包含参与拼接的所有元素。字符串拼接的实例代码如下。

```
first_name = input()                    # 输入名，如“李”
last_name = input()                     # 输入姓，如“明”
full_name = last_name + first_name      # 将姓与名拼接为一个字符串，如“李明”
print(full_name)                        # 输出拼接后的对象，输出时中间无空格
```

将列表拼接为新列表的实例代码如下。

```
stu_name = ['李明']
score_2024 = [84, 80, 95, 88]
score_2025 = [96, 76, 65, 85, 98, 55]
stu_score = stu_name + score_2024 + score_2025    # 将 3 个列表拼接到一起
print(stu_score)  # 输出“['李明', 84, 80, 95, 88, 96, 76, 65, 85, 98, 55]”
```

2. 序列重复

序列重复的语法如下。

```
s * n
```

其表示将序列 s 重复 n 次，生成一个新序列，如果 n 小于或等于 0，那么返回空序列。

```
# 字符串重复
print('-' * 30)              # 输出“'------------------------------'”
print(f'{"欢迎光临":^30}')   # 输出居中对齐的“欢迎光临”
print('-' * 30)              # 输出“'------------------------------'”
# 重复次数为 0 或负数
print('-' * 0)               # 输出“''”（空字符串）
print('-' * (-5))            # 输出“''”（空字符串）
```

实例 5-3　　手机号脱敏

手机号属于个人隐私信息。下面将用户输入的手机号的 4～7 位用“*”替换。

```
tel = "13213213211"
tel_mask = tel[:3] + "*" * 4 + tel[-4:]    # 字符串切片、拼接和重复
print(tel_mask)                            # 输出“132****3211”
```

上述实例先通过切片截取手机号的前 3 位和后 4 位，再通过“*”重复生成 4 个“*”，最后将切片结果与“****”拼接，生成脱敏后的手机号。

5.2.4 最大值与最小值

微课视频

Python 提供了内置的 max()函数和 min()函数，用于返回序列中的最大值和最小值。若序列中的元素为数字类型，则直接比较数字大小；若序列中的元素为字符串类型，则比较 Unicode 值的大小。也可以通过 key 参数指定

比较规则。其实例代码如下。

```
n = (1, 10, 9, 5)                              # 元组中的元素为数字类型
print(f"最大值：{max(n)}，最小值{min(n)}")      # 输出“最大值：10，最小值 1”
s = ['1', '009', '10', '5']                    # 列表中的元素为字符串类型，默认按 Unicode 值比较
print(f"最大值：{max(s)}，最小值{min(s)}")      # 输出“最大值：5，最小值 009”
```

在 max()函数和 min()函数中，可以通过 key 参数指定比较规则。其实例代码如下。

```
s = ['1', '009', '10', '5']                    # 列表中的元素为字符串类型
print("最大值：" + max(s, key=len))             # 使用 key 参数自定义比较，输出“最大值：009”
print("最大值：" + max(s, key=int))             # 使用 key 参数自定义比较，输出“最大值：10”
```

实例 5-4　成绩分析

从某文件中读取一列无序数据，已知前两个元素数据是序号、姓名，后面的元素是若干名评委给出的评分，分别求出最高分、最低分和总分。

```
user_input = "2204056  小张  100 80 95 88 96 76 65 85 98 100"
scores = user_input.split()                    # 将信息按空格切分，形成列表，每个元素都是字符串
scores_nums = list(map(int, scores[2:]))       # 通过切片截取所有字符串并将其转换为整数
print(f'最高分：{ max(scores_nums) }')          # 输出“最高分：100”
print(f'最低分：{ min(scores_nums) }')          # 输出“最低分：65”
print(f'总　分：{ sum(scores_nums) }')          # 输出“总　分：883”
print(f'平均分：{ sum(scores_nums)/len(scores_nums) }')  # 输出“平均分：88.3”
```

5.2.5　成员测试

微课视频

成员测试用于判断某元素是否存在于序列中。Python 提供了运算符 in 和 not in，使用二者进行运算均返回布尔值（True 或 False）。其语法如下。

```
x in s        # 如果 x 是 s 的成员，那么返回 True，否则返回 False
x not in s    # 如果 x 不是 s 的成员，那么返回 True，否则返回 False
```

成员测试的实例代码如下。

```
text = "Hello, Python!"                        # 定义字符串
print('Py' in text)                            # 返回 True
print('Java' not in text)                      # 返回 True
student = {"name": "Alice", "age": 20}         # 定义字典
print("name" in student)                       # 返回 True（检查键）
print("Alice" in student)                      # 返回 False（不会检查值）
```

成员测试一般用于条件运算，根据测试结果决定执行后续程序中的某个分支。

实例 5-5　省份区域归属判断

利用成员测试（in）和条件判断，快速判断用户输入的省份是否在指定列表中，这适用于简单的区域分类场景。

```
northeast = ['辽宁', '吉林', '黑龙江']
province = input("输入省份名称：")
if province in northeast:
    print(f'{province}是东北三省之一')
```

```
else:
    print(f'{province}不是东北三省之一')
```

实例 5-6　　敏感词汇检测

随着互联网的快速发展，网络信息中敏感词汇的传播问题日益凸显。为了维护网络环境的健康，敏感词汇检测成为一项重要任务。实现敏感词汇检测的主要步骤为：先构建敏感词汇列表；再编写检测函数，判断用户输入的词汇是否在敏感词汇列表中，即是否为敏感词汇；最后通过用户交互，输入词汇并输出检测结果。

```
# 构建敏感词汇列表
sensitive_words = ["杀人", "打架", "微信", "多少钱"]    # 根据实际情况定义
def is_sensitive_word(word):                    # 检查用户输入的词汇是否在敏感词汇列表中
    return word in sensitive_words              # 若在敏感词汇列表中，则返回 True，否则返回 False
# 测试功能
test_word = input("请输入词汇：")
if is_sensitive_word(test_word):
    print(f"{test_word} 是敏感词汇")
else:
    print(f"{test_word} 不是敏感词汇")
```

上述实例利用成员测试和字符串匹配，快速识别敏感词汇，这适用于简单的文本过滤场景。

5.3　项目实训：业务数据预处理与分析——行为监察

5.3.1　项目背景

2025 年 1 月，中国初创公司——杭州深度求索人工智能基础技术研究有限公司发布的开源人工智能模型 DeepSeek，凭借高性能和低成本迅速获得全球关注。然而，DeepSeek 自发布以来受到大规模攻击，尤其是遭受来自国外的攻击显著增加，导致服务出现问题，如图 5-2 所示。这一事件凸显了企业在高并发请求和恶意攻击下，保障系统稳定和数据安全的重要性。

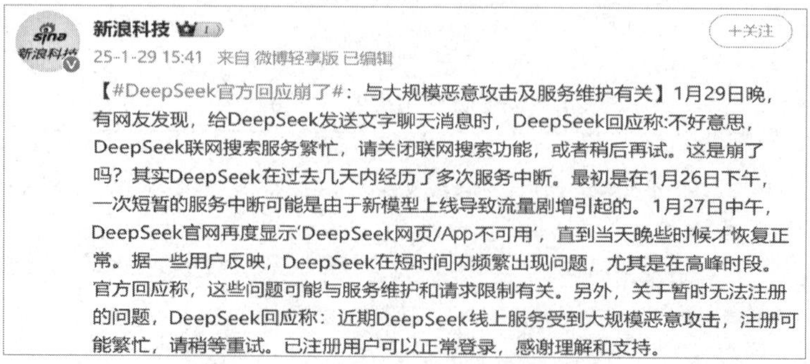
新浪科技
25-1-29 15:41 来自 微博轻享版 已编辑
+关注
【#DeepSeek官方回应崩了#：与大规模恶意攻击及服务维护有关】1月29日晚，有网友发现，给DeepSeek发送文字聊天消息时，DeepSeek回应称:不好意思，DeepSeek联网搜索服务繁忙，请关闭联网搜索功能，或者稍后再试。这是崩了吗？其实DeepSeek在过去几天内经历了多次服务中断。最初是在1月26日下午，一次短暂的服务中断可能是由于新模型上线导致流量剧增引起的。1月27日中午，DeepSeek官网再度显示'DeepSeek网页/App不可用'，直到当天晚些时候才恢复正常。据一些用户反映，DeepSeek在短时间内频繁出现问题，尤其是在高峰时段。官方回应称，这些问题可能与服务维护和请求限制有关。另外，关于暂时无法注册的问题，DeepSeek回应称：近期DeepSeek线上服务受到大规模恶意攻击，注册可能繁忙，请稍等重试。已注册用户可以正常登录，感谢理解和支持。

图 5-2　DeepSeek 因受到大规模恶意攻击而导致服务出现问题

5.3.2　项目任务

为了保障数据安全与合规，企业需通过技术手段监控用户行为，识别潜在风险。本项目实训将模拟企业业务数据的预处理与分析，构建合规性检测系统，助力企业实现智能化监管，确保数据处理符合法规要求。

本项目实训将以操作规范管理为导向，利用 Python 中的高级数据类型（字典、列表、集合等）及常见操作，构建合规性检测系统。通过采集和分析业务数据，识别潜在违规行为，如恶意攻击、非授权访问等，并结合 DeepSeek 因恶意攻击导致服务中断的实例，提高系统的稳定性并优化安全防护机制，为企业提供风险预警与应急响应支持。

5.3.3　项目分析

业务数据预处理与分析的主要步骤如图 5-3 所示。

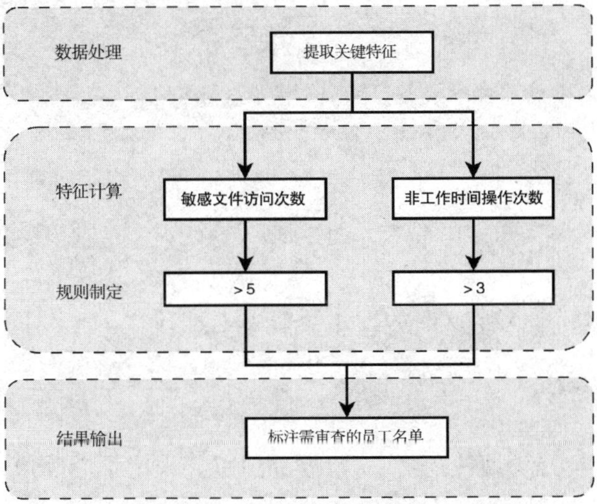

图 5-3　业务数据预处理与分析的主要步骤

参考图 5-3，本项目实训主要分为以下 5 个步骤。

（1）数据处理：收集业务数据。使用字典和列表存储结构化数据。通过循环遍历，清洗无效数据，如空值、异常时间戳等，从原始数据中提取可供分析的关键特征。

```
employee_data = [{"id": 101, "login_time": "08:30", "file_access": ["客户资料.xlsx", "合同.pdf"],
"email_sent": False},
         {"id": 102, "login_time": "10:15", "file_access": ["内部报告.docx"], "email_sent": True},
         {"id": 103, "login_time": "12:00", "file_access": [], "email_sent": False},  ...]
```

（2）特征计算：统计敏感文件访问次数、非工作时间操作次数等。

（3）规则制定：设定阈值，判定风险等级，如单日访问敏感文件超过 5 次视为高风险。

（4）结果输出：生成可视化报告，标注需审查的员工名单。

5.3.4　项目实现

在业务数据被采集并安全存储后，先提取关键特征并进行特征计算，如统计敏感文件访问次数、非工作时间操作次数等；然后分析目标，识别异常行为，如频繁访问敏感文件、非工作时间登录；之后标注合规等级，分为合规、低风险和高风险 3 个等级；最后输出结果。

```
# 数据实例（模拟业务数据）
# 关键特征包括敏感文件访问次数、非工作时间操作次数等
employee_data = [
    {"id":101, "login_count": 22, "sensitive_access": 3, "off_hour_ops": 0},
    {"id":102, "login_count": 15, "sensitive_access": 6, "off_hour_ops": 4},
    {"id":103, "login_count":30, "sensitive_access":1, "off_hour_ops": 5}, ]
# 数据处理、特征计算与规则制定
high_risk_employees = []
for emp in employee_data:                # 识别异常行为，并进行标注
    risk_score = 0
    if emp["sensitive_access"] > 5:
        risk_score += 1
    if emp["off_hour_ops"] > 3:
        risk_score += 1
    # 标签化（标注合规等级，分为合规、低风险和高风险 3 个等级）
    if risk_score >= 2:
        emp["risk_level"] = "高风险"
        high_risk_employees.append(emp["id"])
    elif risk_score == 1:
        emp["risk_level"] = "低风险"
    else:
        emp["risk_level"] = "合规"
# 结果输出
print("需审查的高风险员工 ID：", high_risk_employees)
```

5.3.5 项目优化

程序中可以进行动态阈值的调整，根据部门差异设定不同阈值，如财务部的敏感操作阈值较低。

```
# 根据部门差异设定不同阈值
department_rules = {
    "财务部": {"sensitive_access": 3, "off_hour_ops": 1},
    "技术部": {"sensitive_access": 5, "off_hour_ops": 3}}
for emp in employee_data:
    department = emp.get("department", "技术部")              # 默认部门为技术部
    rules = department_rules.get(department, {"sensitive_access": 5, "off_hour_ops": 3})
    risk_score = 0
    if emp["sensitive_access"] > rules["sensitive_access"]:     # 调整动态阈值
        risk_score += 1
    if emp["off_hour_ops"] > rules["off_hour_ops"]:             # 调整动态阈值
        risk_score += 1
    # 标签化
    if risk_score >= 2:
        emp["risk_level"] = "高风险"
        high_risk_employees.append(emp["id"])
    elif risk_score == 1:
```

```
            emp["risk_level"] = "低风险"
        else:
            emp["risk_level"] = "合规"
```

5.3.6 总结和启示

本项目实训使用字典和列表高效处理结构化数据，设计规则引擎，实现业务逻辑与数据分析，在数据处理中兼顾效率与合规性，如数据脱敏、权限控制。未来可扩展至实时监控系统，结合大数据平台实现全链路风险控制，为构建可信赖的数字职场提供技术支持。

操作规范的数据化管理不仅是技术问题，更是企业与社会责任的体现。通过学习模拟异常访问的实例，读者应能够了解企业级数据风险控制的技术，理解高频请求检测、动态阈值设定等关键方法，构建在数据预处理中兼顾系统稳定性的全局思维。

5.4 巩固练习

（1）编写一个 Python 程序，判断火车票座位。我国高铁二等座以“3+2”方式排列，每排均设有 5 个座位，分别用 A、B、C、D、F 表示。其中，A 和 F 为靠窗的座位，C 和 D 为靠中间过道的座位，B 为三人座的中间座位。输入由一个数字和一个字母组成的合规的座位号，根据字母判断该座位是靠窗的座位、靠中间过道的座位还是中间座位。例如，输入“3A”，输出“3A 是 3 排窗口”；又如，输入“19C”，输出“19C 是 19 排过道”。

（2）编写一个 Python 程序，随机生成一个 1 ~ 100 范围内的整数，用户猜测这个整数后，程序应提示用户的猜测是太高还是太低，直到用户猜对为止。要求捕获所有用户输入的整数、提示、输出结果。

第 6 章 字 符 串

6.1 字符串操作

字符串是不可变对象，一旦创建就不能再改变。可以通过索引、切片、拼接、重复等方式操作字符串。在 Python 中，并不存在专门的字符数据类型，单个字符是以长度为 1 的字符串的形式存在的，而空字符串的长度为 0。

6.1.1 字符串的创建与访问

在 Python 中，字符串的创建与访问非常灵活。字符串可以通过多种引号定义，包括单引号、双引号及三引号。单引号和双引号在功能上没有区别，用户可以根据个人偏好或上下文需求选择使用。三引号则常用于定义多行字符串或文档字符串。

1. 基本字符串的创建

将一个或多个字符放在引号中即可创建基本字符串。单引号字符串中可以包含双引号，双引号字符串中可以包含单引号。

```
s_string = '这是字符串，允许包含"双引号" '
d_string = "这是字符串，允许包含'单引号' "
```

2. 多行字符串的创建

使用三引号可以创建包含单引号、双引号和换行符的多行字符串。

```
poem = '''
江山如此多娇，引无数英雄竞折腰。
俱往矣，数风流人物，还看今朝'''
```

3. 使用 str()函数创建字符串

字符串可以通过内置的 str()函数转换其他类型的数据得到。

```
work_id =str(20240930112233888)      # 将整数转换为字符串
```

6.1.2 字符串的遍历

字符串的遍历是指通过循环结构逐一访问字符串中的各字符。其语法如下。

```
for c in string:              # 变量 c 依次取字符串 string 中的每个字符
...     # 语句块
```

例如，遍历一个字符串，逐行输出其中的字符。

```
string='abcdefg'              # string 为字符串
for c in string:              # 变量 c 依次取字符串 string 中的各字符

    print(c)                  # 逐行输出
```

实例 6-1　　字符串的数据校验

数据校验广泛应用于校验码计算、数字分析和密码学等领域。例如，通过计算数字的各位之和，可以检测数据传输错误、分析数字分布特征或生成密钥。通过输入一个正整数，如 123456，遍历其各字符，将遍历后的字符转换为整数并累加，即可得到各数字之和，如 21。

```
my_string = input('输入一个正整数')    # 如输入“112255555533”
sumstring = 0
for c in my_string:                    # 遍历正整数中的各字符
    sumstring += int(c)                # 将字符转换为整数并累加
print(sumstring)                       # 输出结果，如“42”
```

6.2　字符串常量

微课视频

Python 提供了丰富的字符串常量，可通过 import string 导入使用。表 6-1 所示为常用的字符串常量，涵盖了字母、数字、标点符号等字符集。

表 6-1　常用的字符串常量

<table>
<tr><th>字符串常量</th><th>字　符　集</th></tr>
<tr><td>string.ascii_letters</td><td>'abcdefghijklmnopqrstuvwxyzABCDEFGHIJKLMNOPQRSTUVWXYZ'</td></tr>
<tr><td>string.ascii_lowercase</td><td>'abcdefghijklmnopqrstuvwxyz'</td></tr>
<tr><td>string.ascii_uppercase</td><td>'ABCDEFGHIJKLMNOPQRSTUVWXYZ'</td></tr>
<tr><td>string.digits</td><td>'0123456789'</td></tr>
<tr><td>string.hexdigits</td><td>'0123456789abcdefABCDEF'</td></tr>
<tr><td>string.octdigits</td><td>'01234567'.</td></tr>
<tr><td>string.punctuation</td><td>'!"#$\%&'()*+,-./:;<=>?@[\]^_`{|}~'</td></tr>
<tr><td>string.printable</td><td>'0123456789abcdefghijklmnopqrstuvwxyzABCDEFGHIJKLMNOPQRSTUVWXYZ!"#$%&\'()*+,-./:;<=>?@[\]^_`{|}~\t\n\r\x0b\x0c'</td></tr>
<tr><td>string.whitespace</td><td>' \t\n\r\x0b\x0c'</td></tr>
</table>

实例 6-2　　限制密码

在许多系统中设计密码时通常会对字符类型和长度进行限制。例如，某平台规定密码必须由 8～20 位的数字、大写字母或小写字母组成。下面编一个 Python 程序，实现以下限制密码的规定。

（1）若密码中包含不合规的字符，则输出“密码中含有不可用字符”。

（2）若密码长度不足 8 位或超过 20 位，则输出相应提示。

（3）若密码符合要求，则输出“密码符合规定”并显示用户设置的密码。

```
import string
password = input()                                   # 输入字符串，如“abcdfasd”
for c in password:                                   # 遍历字符串
    if c not in string.ascii_letters + string.digits:
        print('密码中含有不可用字符')
```

```
            break
    else:
        if len(password) >= 20:
            print('密码长度过长，限 20 位以内')
        elif len(password) < 8:
            print('密码长度不足 8 位')
        else:
            print('密码符合规定')                    # 输出“密码符合规定”
            print(f'您设置的密码是:{password}')      # 输出“您设置的密码是:abcdfasd”
```

实例 6-3　判断密码中是否含有某类字符

```
import string
password = input()                                    # 输入字符串  如“a!B2”
for char in password:                                 # 遍历字符串
    if char in string.ascii_uppercase:                # 检查字符串中是否包含大写字母
        print(f'{password}中包含大写字母{char}')      # 输出“a!B2 中包含大写字母 B”
    elif char in string.digits:                       # 检查字符串中是否包含数字
        print(f'{password}中包含数字{char}')          # 输出“a!B2 中包含数字 2”
    elif char in string.punctuation:                  # 检查字符串中是否包含特殊字符
        print(f'{password}中包含特殊字符{char}')      # 输出“a!B2 中包含特殊字符”
```

6.3　字符串处理方法

Python 提供了丰富的字符串处理方法，能够满足各种字符串处理需求。下面介绍几种常用的字符串处理方法。

微课视频

6.3.1　str.upper()方法和 str.lower()方法

str.upper()方法、str.lower()方法分别用于将字符串中的所有字符转换为大写字母和小写字母。

```
'Q3de'.upper()          # 将字符串中的所有字符转换为大写字母
'Q3de'.lower()          # 将字符串中的所有字符转换为小写字母
```

6.3.2　str.strip()方法和 rstrip()方法

str.strip()方法用于移除字符串开头和结尾的指定字符。若未指定字符，则默认移除空白字符，包括空格、制表符、换行符和回车符。str.rstrip()方法用于仅移除字符串结尾的指定字符。

```
s = '   12345    \t'
print(s.strip())            # 移除字符串开头和结尾的空白字符
s = '006708900'
print(s.strip('0'))         # 移除字符串开头和结尾的 0
print(s.rstrip('0'))        # 移除字符串结尾的 0
```

6.3.3　str.join()方法

str.join()方法用于以字符串为分隔符，将可迭代对象中的字符串元素拼接为一个新字符串。若可迭代对象中包含非字符串元素，则抛出 TypeError 异常。

```
print(':'.join(['23', '59', '36']))            # 输出“23:59:36”
print('.'.join(['255', '0', '59', '36']))      # 输出“255.0.59.36”
```

6.3.4　str.split()方法

str.split(sep=None, maxsplit=-1)用于根据分隔符将字符串切分为列表。若采用默认分隔符或设置 sep 参数的值为 None，则使用空白字符切分，此时将连续的多个空白字符视为一个分隔符，且忽略字符串开头和结尾的空白字符；若指定分隔符，如逗号、制表符等，则在指定单个空格为分隔符时，多个空格会被多次切分。当 maxsplit 参数的值不为-1 时，最多切分 maxsplit 次。

```
s = ' 77 88   99 '
print( s.split() )                       # 使用空白字符切分，输出“['77', '88', '99']”
print( s.split(' ') )                    # 使用空格切分，输出“['', '77', '88', '', '', '99', '']”
score = '255.255.0.0'
print( score.split('.') )                # 使用 '.' 切分，输出“['255', '255', '0', '0']”
print( score.split('.', maxsplit=1) )    # 最多切分 1 次，输出“['255', '255.0.0']”
text = 'about   adv. 大约; 左右; 将近;'
word_ls = text.split(maxsplit=1)         #  最多切分 1 次，切分为 2 个元素
print(word_ls)
datestr="2024/03/15"
year,month,day =   datestr.split('/')    # 使用'/'切分
print(f'{year}年{month}月{day}日')
```

6.3.5　str.count()方法

str.count()方法用于统计子串在字符串中出现的次数（非重叠统计）。

```
string = "aaabbbccc"
print(string.count("a") )                         # 输出“3”
print(string.count("aa"))                         # 输出“1”
text = "我喜欢编程，编程很有趣，我每天都在编程。"
word = "编程"
count =   text.count(word)
print(f"{word} 在文中出现了 {count} 次")          # 输出“编程 在文中出现了 3 次”
```

6.3.6　str.replace()方法

str.replace 方法的语法如下。

```
str.replace(old, new[, count])
```

上述语法的功能是将字符串中的 old 替换为 new。若指定 count，则最多替换 count 次。

```
text = "apple, apple, apple pie"
print(text.replace("apple", "*"))    # 替换所有
print(text.replace("apple", "*", 2)) # 替换 2 次
```

6.3.7 str.find()方法和 str.rfind()方法

str.find()方法用于查询子串在字符串中的起始索引，若未找到则返回−1。str.rfind()方法用于从字符串右侧开始查询子串。

str.find()方法的语法如下。

```
str.find(sub[, start[, end]])
```

str.rfind()方法的语法如下。

```
str.rfind(sub[, start[, end]])
```

实例代码如下。

```
text = "apple, apple, apple pie"
f1 = text.find("apple")        # 返回 0
f2 = text.find("Python")       # 返回 -1
f3 = text.rfind("apple")       # 返回 14
print(f1,f2,f3)                # 输出“0 -1 14”
```

6.3.8 str.index()方法和 str.rindex()方法

str.index()方法用于查询子串的起始索引，若未找到则抛出 ValueError 异常。也就是说，如果子串不存在，那么会直接引发错误，而不是返回−1。str.rindex()方法用于从字符串右侧开始查询子串。

str.index 方法的语法如下。

```
str.index(sub[, start[, end]])
```

str.rindex()方法的语法如下。

```
str.rindex(sub[, start[, end]]):
```

实例代码如下。

```
text = "apple, apple, apple pie"
index1 = text.index("apple")            # 返回 0
index2 = text.index("apple",8)          # 返回 14
#index3 = text.index("apple",8,10)      # 抛出 ValueError 异常
#index4 = text.index("Python")          # 抛出 ValueError 异常
index5 = text.rindex("apple")           # 返回 14
print(index1,index2,index5)             # 输出“0 14 14”
```

实例 6-4　在配置文件的文本中查询关键信息

在系统登录场景中，登录信息（密码等）通常被保存在配置文件中，以便下次登录时无须重复输入。为了验证配置文件中是否包含子串'Password'，可以使用相应的字符串处理方法确定子串'Password'的位置。本实例将通过 str.index()方法查询配置文件中是否包含子串'Password'，若找到则输出其位置，否则提示未找到。这种方法常用于快速定位关键信息，以确保配置文件的完整性和正确性。

```
configText ="""
[Database]
```

```
Host = localhost
Port = 3306
Username = rootadmin
Password = admin123
[end_Database]"""
try:                              # 查询子串'Password'在字符串中的位置
    index = configText.index("Password")
    print(f"子串'Password'在字符串中的位置是：{index}")
except ValueError:                # 子串不存在时抛出 ValueError 异常
    print("子串'Password'在字符串中未找到。")
```

实例 6-5 统计英文文件中的单词数量

统计 gonewiththewind.txt 文件中的单词数量，要求在统计前去除该文件中的标点符号，使用空格将内容切分为列表。

```
import string
# 以下两行代码将文件读入一个字符串并赋值给变量 txt
with open('/gonewiththewind.txt', 'r', encoding='utf-8') as novel:
    txt = novel.read().lower()
symbols = string.punctuation      # punctuation 表示所有标点符号
# 也可用 symbols = '!"#$%&()*+,-.:;[\'][\"]<=>?@[\\]^_`{|}~/'
for c in symbols:                 # 遍历标点符号
    text = txt.replace(c, ' ')    # 将标点符号转换为空格
print(text.split())               # 使用空格将内容切分为列表
print(len(text.split()))          # 切分为列表后列表长度就是原文件中的单词数量
```

实例 6-6 替换敏感词汇

互联网上不良信息、恶意言论和敏感词汇的传播可能对个人与社会造成负面影响。为了净化网络环境，可以通过程序自动过滤敏感词汇。本实例将通过定义敏感词汇列表和替换词，使用 str.replace()方法将文本中的敏感词汇替换为指定符号，如 ******，从而实现对敏感词汇的有效屏蔽，确保文本的安全性和合规性。

```
def replace_sensitive_words(text, sensitive_words, replacement):
    for word in sensitive_words:                    # 遍历敏感词汇列表
        text = text.replace(word, replacement)      # 替换敏感词汇
    return text
# 定义敏感词汇列表和替换词
sensitive_words = ["敏感词汇 1", "敏感词汇 2", "敏感词汇 3"]
replacement = "******"
# 调用函数
text = "这是一段包含敏感词汇 1、敏感词汇 2 和敏感词汇 3 的文本，需要注意敏感词汇 3 的使用。"
# 调用函数，替换敏感词汇
cleaned_text = replace_sensitive_words(text, sensitive_words, replacement)
print(cleaned_text)                        # 输出处理后的文本，其中的敏感词汇已被替换
```

实例 6-7　　处理文本

微课视频

在处理文本时，查询关键信息是常见的需求。假设文件中保存了学生的各科课程成绩，用户输入学生姓名后，可以查询该学生的某科课程成绩。若文件内容是字符串类型，则可以通过遍历文件内容，将各行数据使用逗号切分为列表，使用 index()方法定位某科课程（这里为 Python 课程）成绩的位置序号，根据学生姓名匹配对应的成绩并输出。这种方法常用于从结构化文本中快速提取特定信息，广泛应用于学生成绩查询、数据分析等场景中。

学生成绩的数据格式为：第 1 行为表头，包含字段名；后续每行均代表一条数据，各科成绩使用逗号隔开，对应表头数据项。本实例将综合运用流程控制、字符串、列表等知识。

```
text = '''
姓名,C 语言,Java,Python,C#
罗明,95,96,85,63
朱佳,75,93,66,85
李立,82,66,100,77
'''
stu_name = input('学生姓名: ').strip()      # 移除字符串开头和结尾的空白字符
lines = text.strip().split('\n')            # 按行切分文本，并移除开头和结尾的空白字符
# 查询 Python 课程成绩的位置
header = lines[0].split(',')                # 切分表头
if 'Python' in header:
    n = header.index('Python')              # 获取 Python 课程成绩的位置序号
# 遍历数据行，查询学生成绩
for line in lines[1:]:                      # 从第 2 行开始遍历
    line_ls = line.split(',')               # 切分各行数据
    if stu_name == line_ls[0]:              # 如果学生姓名匹配
        print(f'{line_ls[0]}的 Python 课程成绩为{line_ls[n]}分')
        break
else:
    print(f'未找到学生 {stu_name} 的成绩。')
```

6.4　正则表达式与字符串处理

正则表达式（regular expression）是一种用于描述字符串匹配规则的语言。它通过定义特定模式，高效地匹配、查询、替换和提取文本中的关键信息，广泛应用于文本处理、数据验证、信息提取等场景中。

6.4.1　正则表达式的组成

正则表达式由普通字符和元字符组成。

（1）普通字符：包含字母、数字等，用于直接匹配文本中对应的字符。

（2）元字符：具有特殊含义的字符，用于定义匹配规则。常见的元字符如表 6-2 所示。

表 6-2　常见的元字符

元　字　符	说　　明	元　字　符	说　　明
.	匹配除换行符外的任意字符	+	匹配 1 次或多次前面的字符
^	匹配字符串的开头	?	匹配 0 次或 1 次前面的字符
$	匹配字符串的结尾	()	定义分组
\	转义字符，匹配元字符本身	[]	定义字符集
*	匹配 0 次或多次前面的字符		

6.4.2　正则表达式的基本语法

微课视频

1. 字符匹配

普通字符：直接匹配文本中对应的字符。例如，abc：匹配字符串中的 abc。

元字符：定义复杂的匹配规则。例如，a.c：匹配 abc、aac 等。

2. 字符集

字符集用方括号定义，匹配集合中的任意一个字符。下面举例进行说明。

（1）[abc]：枚举字符集，匹配方括号中的任意字符。这里匹配 a、b 或 c。

（2）[^abc]：否定枚举字符集，匹配不在方括号中的任意字符。这里匹配除 a、b、c 外的任意字符。

（3）[0-9]：指定范围的字符集，匹配指定范围内的任意字符。这里匹配任意数字。

3. 预定义字符类

预定义字符类是常用字符集的简写形式。常用的预定义字符类的校验规则如表 6-3 所示。

表 6-3　常用的预定义字符类的校验规则

预定义字符类	规　　则
\d	匹配一个数字
\D	匹配一个非数字字符
\s	匹配一个空白字符，包括空格、制表符、换页符、换行符等
\S	匹配一个非空白字符
\w	匹配一个单词字符，包括字母、数字、下划线等
\W	匹配一个非单词字符，包括除字母、数字和下划线之外的任何字符
\f	匹配一个换页符
\n	匹配一个换行符
\r	匹配一个回车符

4. 重复限定符

重复限定符用于指定字符或模式的重复次数。常用的重复限定符如表 6-4 所示。

表 6-4　常用的重复限定符

重复限定符	规　　则	实　　例	实例说明
X?	X 重复 0 次或 1 次	colou?r	匹配 color 或 colour
X*	X 重复 0 次或多次	zo*	匹配 z、zo、zoo 等
X+	X 重复 1 次或多次	zo+	匹配 zo 和 zoo，不匹配 z
X{n}	X 重复 n 次	o{2}	匹配 food，不匹配 Bob
X{n,}	X 至少重复 n 次	o{2,}	匹配 food、fooood
X{n,m}	X 重复 n ~ m 次	o{2,4}	匹配 food、fooood，不匹配 fooooood（这是因为 o 重复超过 4 次）

5. 分组与引用

分组用圆括号定义，可以对分组中的内容进行引用。下面举例进行说明。

（1）(abc)：匹配 abc 并将其作为一个分组。

（2）(a|b)：匹配 a 或 b。

6.4.3 re 模块

在 Python 中，re 模块是正则表达式处理模块，是实现正则表达式功能的核心模块，提供了强大的字符串匹配、查询、替换和切分功能。re 模块常用的功能函数如表 6-5 所示。

表 6-5 re 模块常用的功能函数

函　数	说　明
re.match()	从字符串的起始位置匹配模式，若匹配成功，则返回匹配对象，否则返回 None
re.search()	扫描整个字符串，返回第 1 个匹配模式的结果
re.findall()	返回字符串中所有与模式匹配的子串，结果以列表形式返回
re.split()	根据模式匹配的结果切分字符串，返回切分后的列表
re.sub()	将字符串中所有匹配模式的部分替换为指定内容

re 模块的实例代码如下。

```
import re                                          # 导入 re 模块
text = "Price: 100, Discount: 20"
new_text = re.sub(r'\d+', 'X', text)               # 替换字符串中的数字
print(new_text)                                    # 输出“Price: X, Discount: X”
text = '广西“人工智能+制造”行动方案（2025—2027 年）'
numbers = re.findall(r'\d+', text)                 # 使用正则表达式提取数字
print("提取的数字：", numbers)                     # 输出“提取的数字：['2025', '2027']”
email = "test@example.com"
if re.match(r'^[\w\.-]+@[\w\.-]+\.\w+$', email):   # 匹配邮箱地址
    print("邮箱地址格式合规")
else:
    print("邮箱地址格式不合规")
```

6.4.4 正则表达式在人工智能领域的应用

微课视频

在人工智能领域，正则表达式广泛应用于文本预处理、特征提取、文本分类、文本生成，以及数据验证等场景中。

1. 文本预处理

在自然语言处理任务中，文本预处理是至关重要的一步。使用正则表达式可以清洗文本和使文本规范化，具体如下。

（1）标准化格式：将日期、时间、电话号码等统一为特定格式。

（2）分词处理：切分句子为单词或短语。

（3）去除噪声：去除文本中的特殊字符、标点符号、HTML 标签等。

文本预处理的实例代码如下。

```
import re
# 将不同格式的日期统一为 YYYY-MM-DD 格式
text = "日期：2023/10/05，另一个日期：05-10-2023"
```

```
standardized_text = re.sub(r"(\d{4})[/-](\d{2})[/-](\d{2})", r"\1-\2-\3", text)
print("标准化后的日期：", standardized_text)
# 使用正则表达式切分句子为单词
text = "这是一个实例句子，我们需要将其分词。"
words = re.findall(r"\b\w+\b", text)
print("分词结果：", words)  # ['这是', '一个', '实例', '句子', '我们需要', '将其', '分词']
# 去除 HTML 标签
html_text = "<p>这是一个<b>实例</b>文本。</p>"
cleaned_text = re.sub(r"<[^>]+>", "", html_text)
print("去除 HTML 标签后的文本：", cleaned_text)
```

2. 特征提取

在机器学习和深度学习任务中，特征提取是从原始数据中提取有用信息的关键步骤。使用正则表达式可以从文本中提取实体、关键字等。

（1）提取实体：从文本中提取人名、地名、组织名等命名实体。

（2）提取关键字：从文本中提取特定格式的词汇，如日期、URL（Uniform Resource Locator，统一资源定位符）等。

特征提取的实例代码如下。

```
import re
#提取文本中的人名
text = "张三和李四今天去了北京，欧阳修也去了。"
# 使用固定宽度的后行断言，如“和”或 “，”
names = re.findall(r"(?:(?<=和)|(?<=，)|^)([\u4e00-\u9fa5]{2,3})(?=和|，|今|也)", text)
print("提取的人名：", names)  # 输出：['张三', '李四', '欧阳修']
#提取文本中的 URL
tcxt = "访问的网站：http://example-site.com 或 https://secure-site.org"
urls = re.findall(r"https?://[\w\.-]+", text)
```

3. 文本分类

使用正则表达式可以构建特征向量。此外，正则表达式可以直接作为分类规则。

（1）垃圾邮件过滤：通过匹配垃圾邮件中的常见关键字来识别垃圾邮件。

（2）情感分析：通过匹配情感词汇（“开心”“悲伤”等）来判断文本的情感倾向。

文本分类的实例代码如下。

```
import re
# 检查文本中是否包含垃圾邮件的关键字
text = "免费获取百万奖金，单击链接！"
spam_keywords = ["免费", "奖金", "单击链接"]
pattern = "|".join(spam_keywords)
if re.search(pattern, text):
    print("这是一封垃圾邮件。")          # 输出“这是一封垃圾邮件。”
else:
    print("这不是垃圾邮件。")
# 检查文本中是否包含正向情感词汇
text = "今天的天气让我感到非常开心和满足。"
positive_words = ["开心", "满足", "快乐", "兴奋"]
pattern = "|".join(positive_words)
if re.search(pattern, text):
    print("文本中包含正向情感词汇。")    # 输出“文本中包含正向情感词汇。”
else:
```

```
    print("文本中不包含正向情感词汇。")
```

4. 文本生成

使用正则表达式可以生成模板文本、随机字符串等。

（1）生成模板文本：生成符合特定格式的模板文本。

（2）生成随机字符串：生成符合特定格式的随机字符串，如密码、验证码等。

文本生成的实例代码如下。

```
import re
# 使用正则表达式生成符合特定格式的日期
text = "今天是 2023 年 10 月 05 日。"
# 提取日期并将其重新格式化
formatted_date = re.sub(r"(\d{4})年(\d{2})月(\d{2})日", r"\1-\2-\3", text)
print("格式化后的日期：", formatted_date)

import re
import random
import string
# 生成符合密码规则的随机字符串，包含大写字母、小写字母、数字和特殊字符
def generate_password(length=8):
    while True:
        characters = string.ascii_letters + string.digits + "!@#$%^&*"
        password = "".join(random.choice(characters) for in range(length))
        # 使用正则表达式验证密码强度
        if re.match(r"^(?=.*[A-Z])(?=.*[a-z])(?=.*\d)(?=.*[!@#$%^&*]).{8,}$", password):
            return password
print("生成的随机密码：", generate_password())
```

5. 数据验证

使用正则表达式可以验证数据的合法性，如验证密码强度、邮箱格式等。

（1）验证密码强度：检查密码中是否包含大写字母、小写字母、数字和特殊字符。

（2）验证邮箱地址格式：检查输入的邮箱地址格式是否符合标准。

数据验证的实例代码如下。

```
import re
# 验证密码强度
password = "Passw0rd!"
pattern = r"^(?=.*[A-Z])(?=.*[a-z])(?=.*\d)(?=.*[!@#$%^&*]).{8,}$"
if re.match(pattern, password):
    print("密码强度符合要求。")  # 输出"密码强度符合要求。"
else:
    print("密码强度不符合要求。")
# 验证邮箱地址格式
email = "test@example.com"
pattern = r"^[\w\.-]+@[\w\.-]+\.\w+$"
if re.match(pattern, email):
    print("邮箱地址格式合规。")  # 输出"邮箱地址格式合规。"
else:
    print("邮箱地址格式不合规。")
```

实例 6-8　使用正则表达式进行文本特征提取

使用正则表达式可以从文本中提取统计信息，统计信息包括段落数、行数、句子数、单词数，以及出现频率最高的单词。这些统计信息在语言学研究、商业分析等领域有十分广泛的应用。下面统计马克·吐温的小说《汤姆·索亚历险记》中的段落数、行数、句子数、单词数，以及出现频率最高的 10 个单词。

```
import re, collections                              # 导入模块
def analyze text(text):                              # 定义函数
paragraphs = re.split("\n\n", text)
paragraph count = len(paragraphs)
print("段落数:{0}".format(paragraph_count))
lines = re.split("\n",text)
line count = len(lines)                              # 统计行数
print("行数:{0}".format(line_count))
sentences = re.split("[.?!]",text)
sentence count=len(sentences)                        # 统计句子数
print("句子数:{0}".format(sentence_count))
words = re.split(r"\W+",text)
word count = len(words)                              # 统计单词数
print("单词数:{0}".format(word count))
fregs =collections.Counter(words)                    # 统计出现频率最高的 10 个单词
print("出现频率最高的 10 个单词:")
for (w,n) in fregs.most_common(10):
print("{0:10}:{1:10}".format(w, n))
if __name__ == "__main__":                           # 若独立运行，则运行测试代码
filename ="tomsawyer.txt"
with open(filename, "r") as f:                       # 打开文件
text = f.read( )
analyze text(text)
```

6.5　项目实训：随机故事生成器设计——创意创作

6.5.1　项目背景

在当今数字化时代，创意内容的需求日益增长，尤其是在娱乐、教育、广告和游戏等领域。无论是小说创作、剧本编写，还是游戏剧情设计，都需要大量有趣且连贯的故事。然而，人工创作故事往往耗时耗力，且难以满足快速生成多样化内容的需求。

随机故事生成器作为一种基于规则或模型的文本生成工具，能够根据预设的模板、词汇库和语法规则，自动生成有趣且连贯的故事。它不仅能为创作者提供灵感，还能在教育中帮助学生理解语言结构和逻辑关系。

6.5.2 项目任务

本项目实训的主要任务包括设计故事模板、构建词汇库、初步生成故事、优化故事逻辑和实现扩展功能。

6.5.3 项目分析

本项目实训主要通过字符串操作和正则表达式等，实现一个随机故事生成器，具体分为以下步骤。

（1）设计故事模板：格式化字符串和拼接构建故事模板，支持动态插入随机词汇。

（2）构建词汇库：使用列表存储角色、地点、事件和结果等词汇，通过 random 模块随机选择词汇生成动态内容。

（3）初步生成故事：将随机选择的词汇填充到故事模板中，初步生成故事。

（4）优化故事逻辑：通过正则表达式检查故事的连贯性，确保角色与场景的逻辑合理。例如，角色和事件的匹配，如“巫师”应出现在“城堡”中；时间或数字的连贯性，如“2025 年”需与事件合理关联。

（5）实现扩展功能：支持用户自定义词汇、动态扩展模板和词汇库，提升生成故事的多样性和趣味性。

6.5.4 项目实现

```
import random
import re
# 设计故事模板
characters = ["小明", "小红", "巫师", "勇士"]
places = ["森林", "城堡", "沙漠", "海边"]
events = ["一只巨龙", "一场暴风雨", "一个神秘的宝箱", "一位迷路的旅人"]
outcomes = ["成功找到了宝藏", "迷失了方向", "遇到了新的朋友", "发现了隐藏的秘密"]
story_template = "{character}在{place}遇到了{event}，结果{outcome}。"
# 构建词汇库
def add_custom_words():
    """允许用户添加自定义词汇"""
    new_character = input("请输入新角色（例如：机器人）：")
    characters.append(new_character)
    print("角色库已更新！")
# 初步生成故事
def generate_story():
    # 随机选择词汇
    character = random.choice(characters)
    place = random.choice(places)
    event = random.choice(events)
    outcome = random.choice(outcomes)
    # 填充模板生成故事
    story = story_template.format(
        character=character,
```

```
            place=place,
            event=event,
            outcome=outcome
        )
        return story
# 优化故事逻辑
def check_story_logic(story):
    """检查角色与场景逻辑的合理性"""
    # 实例规则：巫师应出现在城堡或森林中
    if re.search(r'巫师', story):
        if not re.search(r'(城堡|森林)', story):
            return "逻辑错误：巫师不应出现在当前场景中！"
    return "故事逻辑合理！"
# 实现扩展功能
if __name__ == "__main__":
    # 用户扩展词汇库
    add_custom_words()
    # 生成并检查故事
    story = generate_story()
    print("\n 生成的故事：", story)
    logic_result = check_story_logic(story)
    print("逻辑检查结果：", logic_result)
```

程序运行结果如下。

```
生成的故事： 机器人在沙漠遇到了一位迷路的旅人，结果发现了隐藏的秘密。
逻辑检查结果： 故事逻辑合理！
```

6.5.5　项目优化

目前已实现基础的随机故事生成器，能够根据预设的词汇库和模板生成简单的故事。然而，仍存在一些不足之处，可以通过一些优化进一步提升项目的灵活性和实用性。

1. 词汇库固定，灵活性不足

目前，词汇库（角色、地点、事件等）是硬编码在代码中的，无法动态更新或扩展。这限制了生成故事的多样性和用户的参与感。

优化方案：将词汇库存储为外部文件，如 words.json 文件，通过读取文件加载词汇，以便随时修改和扩展。提供 GUI，允许用户实时添加新词汇并将其保存到文件中，以提高灵活性。

2. 逻辑检查过于简单

当前逻辑检查仅通过简单的正则表达式验证角色与场景是否匹配，无法处理更复杂的逻辑关系。

优化方案：使用正则表达式定义更复杂的规则，如检查时间与事件逻辑是否合理。引入判断条件，确保事件与场景逻辑合理，如“暴风雨”不应出现在“沙漠”中。

3. 故事模板单一

目前仅支持单一的故事模板，生成的故事结构的重复性较高，缺乏多样性。

优化方案：设计多段落模板，随机组合不同模板以生成更丰富的故事结构。支持嵌套模板，如“{事件}导致{结果}，但{转折事件}”，以提高故事的复杂度和趣味性。

下面是一个优化后的代码实例，用于展示如何从文件中加载词汇并随机选择多个模板。

```
# 从文件中加载词汇
import json
with open("words.json", "r") as f:
    words = json.load(f)
    characters = words["characters"]
# 随机选择多个模板
templates = [
    "很久以前，{character}在{place}发现了{event}，最终{outcome}。",
    "突然，{character}在{place}遭遇了{event}，没想到{outcome}！"]
story_template = random.choice(templates)
```

6.5.6 总结和启示

本项目实训实现了一个基于 Python 的随机故事生成器，应用了字符串操作和正则表达式等核心编程技术。本项目实训展示了如何通过代码生成动态内容，体现了 Python 编程在创意领域的应用潜力。同时，本项目实训的优化过程表明，Python 编程不只用于实现功能，还需要考虑灵活性、逻辑性和用户体验。掌握本项目实训的内容可以为读者后续学习更复杂的 Python 应用奠定坚实的基础。未来，读者可以结合自然语言处理技术，从本项目实训扩展到更复杂的文本生成系统的设计。

6.6 巩固练习

（1）编写一个 Python 程序，实现验证码的判断，验证码 code = 'q3sE '，网页上显示的校验码 verification_code = 'Q3Se'。使用 str.lower()方法将验证码与校验码转换为同类字母，校验用户输入的验证码。如果将用户输入的验证码转换为大写字母后与验证码相同，那么输出“验证码正确”，反之输出“验证码错误”。

（2）编写一个 Python 程序，移除字符串开头和结尾的空白字符，校验用户输入的验证码。用户输入的验证码 inputcode= "python"、imagecode= "PyThOn"。移掉用户输入的字符串开头和结尾的空白字符，并将其转换为大写字母或小写字母。如果用户输入的字符串与验证码相同，那么输出“验证码正确”，反之输出“验证码错误”。

（3）编写一个 Python 程序，输入字符串 2024/03/15，分别获取年、月、日。

（4）编写一个 Python 程序，统计并输出“编程”一词在文本中出现的次数。测试文本如下。

```
我喜欢编程，编程很有趣，我每天都在编程
```

（5）编写一个 Python 程序，在配置文件中查询是否存在密码子串。测试文本如下。

```
configText ="""
[Database]
Host = localhost
Port = 3306
Username = rootadmin
```

```
Password = admin123"""
```

（6）编写一个 Python 程序，检查输入的数字是否为水仙花数（narcissistic number）。水仙花数是一个 3 位数，它的各位上数字的 3 次幂之和等于它本身。例如，因为 $1^3 + 5^3 + 3^3 = 153$，所以 153 是水仙花数。

（7）编写一个 Python 程序，输入一个字符串，分别统计其中小写字母、大写字母、数字、空格和其他字符的个数，并在一行内输出小写字母、大写字母、数字、空格和其他字符的个数。测试文本如下

```
The Japanese attack on Pearl Harbor 1941. 一九四一年十二月七日，日本海军袭击珍珠港。
```

第 7 章　元组和列表

7.1　元　　组

元组的主要优点在于，内存占用小、处理速度快，以及不可变，即元素不可修改。其适用场景为需要不可变数据保证安全性、固定配置参数或常量的集合。

7.1.1　元组的创建与访问

微课视频

元组可以通过以下几种方式创建。

（1）使用一对空的圆括号可以创建空元组。

（2）在元素后添加逗号可以创建单元素元组，如“a,”或“(a,)”。

（3）使用逗号分隔的多个元素可以创建多元素元组，如“a,b,c”或“(a,b,c)”。

（4）使用内置的 tuple()函数可以创建元组。tuple()函数的参数可以为空，也可以传入一个可迭代对象。

```
t1 = (1, 2, 3, 4, 5)        # 创建元组(1, 2, 3, 4, 5)并给 t1 赋值
t2 = 1, 2, 3, 4, 5          # 创建元组(1, 2, 3, 4, 5)并给 t2 赋值
print(type(t2))             # 输出“<class 'tuple'>”
t3 = (1, )                  # 创建单元素元组 (1, )，并给 t3 赋值
t4 = 1,                     # 创建单元素元组 (1, )，并给 t4 赋值
print(t3,t4)                # t3,t4 相同，输出“(1,) (1,)”
t5 = ()                     # 创建空元组 ()，并给 t5 赋值
t6 = tuple()                # 使用元组生成器创建空元组()，并给 t6 赋值
print(t5,t6)                # t5,t6 相同，输出“() ()”
t7 = tuple([0,1,2])         # 将一个列表转换为元组(1, 2, 3)，并给 t7 赋值
t8 = tuple(range(3))        # 将一个可遍历对象转换为元组(0, 1, 2)，并给 t8 赋值
print(t7,t8)                # t7,t8 相同，输出“(0, 1, 2) (0, 1, 2)”
```

元组支持通过索引或切片访问元素，但不支持通过切片修改、增加或删除元素。

```
ta = ('小明', '花', '树', '草','小亮','果')
print(ta[2])                # 输出“树”
print(ta[0::2])             # 输出“('花', '树', '小亮')”
```

7.1.2　嵌套元组

当元组中的元素是另一个元组时就形成了嵌套元组。在访问嵌套元组时，每多一层嵌套，在实施索引时就需要多使用一组方括号。

```
contacts= (('John',13800123456),('Mary', 15600125566), ('Bob', 18800127878))
print(contacts[1])          # 输出“('Mary', 15600125566)    ”
print(contacts[1][0])       # 输出“Mary”
```

7.1.3　元组的操作

元组支持序列的通用操作，如 s.index(x[, i[, j]])等。

```
contacts = (('John', 13800123456), ('Mary', 15600125566))
print(contacts[0].index("John"))          # 输出“0”
x=contacts[0].index("John")
print(contacts[0][x+1])                   # 输出“13800123456”
```

实例 7-1　在通讯录中按姓名查询电话号码

在通讯录中，联系人的姓名和电话号码通常以元组形式存储，多个联系人被存储在嵌套元组中。要快速查询某个联系人的电话号码，可以先通过元组推导式展开嵌套元组，然后使用 str.index()方法查询目标联系人的电话号码。

```
contacts= (('John',13800123456),('Mary', 15600125566), ('Bob', 18800127878))
flat_tuple = tuple(element for item in contacts for element in item)
print(flat_tuple)
x="Bob"                          # 查询 Bob 的电话号码
result=flat_tuple.index(x)
print(flat_tuple[result+1])      # 输出“1880012347878”
```

实例 7-2　分数的记录、访问与统计

在各类比赛或评审活动中，评委打分是常见的环节。要高效地记录和管理分数，可以使用元组。元组具有不可变性，适用于存储不可更改的分数。通过序列解包，可以很方便地访问和处理元组中的分数。

（1）使用元组保存用户输入的评委姓名和分数。

```
score=()                         # 创建空元组
for i in range(3):
    name=input("评委姓名：")
    num=eval(input("分数："))
    score+=(name,num)            # 将评委姓名和分数加入元组 score
    print(id(score),score)       # 查看元组 score 的内存地址
```

（2）按评委姓名查询分数。

```
x=input("按评委姓名查询分数：")
result= score.index(x)           # 查询该姓名的对应序号
print("分数:",score[result+1])   # 查询该姓名的对应序号的下一个元素，即分数
score_name= score[0::2]          # 切片，列出所有姓名
print("全部评委姓名：",score_name)
score_num= score[1::2]           # 切片，列出所有分数
print("全部分数：",score_num)
```

（3）求最高分、最低分。

```
print(max(score_num))            # 求最高分
print(min(score_num))            # 求最低分
```

实例 7-3 **模型参数的配置**

在机器学习和深度学习任务中，配置模型参数是一个关键步骤。模型参数通常包括学习率、批量大小、迭代次数等，这些参数在模型训练过程中是不可变的。为了确保模型参数在传递和使用过程中不被意外修改，可以使用元组存储这些参数。

```
# 存储模型参数：使用元组存储模型参数
model_params = (0.001, 32, 50)                          # 定义学习率、批量大小、迭代次数
def train_model(learning_rate, batch_size, epochs):  # 定义模型训练函数
    print(f"开始训练模型：学习率={learning_rate}，批量大小={batch_size}")
    for epoch in range(epochs):
        print(f"第{epoch + 1}轮训练中...")
    print("训练完成！")
train_model(*model_params)                              # 将元组作为参数传递给模型训练函数
lr, bs, ep = model_params                               # 通过序列解包访问元组中的参数
print("解包后的参数：", lr, bs, ep)                      # 输出“解包后的参数： 0.001,32,50”
```

7.2 列　　表

列表元素可以为任意类型，包括数字（整数、浮点数等）、字符串、列表、元组等。列表支持通过索引和切片访问或修改元素。

7.2.1 列表的创建

微课视频

列表的创建主要有以下几种方法。

1. 直接赋值

要创建列表，可以用方括号括起一组数据，并将其赋给变量，数据可以为空（创建空列表）或多个。

```
ls1 = []                    # 创建空列表 []
ls2 = [3, 4, 5, 6, 7]       # 创建列表 [3, 4, 5, 6, 7]
```

2. 使用 list()函数

使用 list()函数可以将元组、range 对象、字符串等转换为列表。当参数为空时，创建一个空列表。

```
print(list())               # 创建空列表
L1= list((1,2,3,4,5))       # 将元组(1,2,3,4,5) 转换为列表
print(L1)                   # 输出“[1, 2, 3, 4, 5]”
L2 = list(range(5))         # 将 range 对象转换为列表
print(L2)                   # 输出“[0, 1, 2, 3, 4]”
L3 = list('56789')          # 将字符串转换为列表
print(L3)                   # 输出“['5', '6', '7', '8', '9']”
```

3. 使用 str.split()方法

使用 str.split()方法可以将字符串按指定分隔符切分后转换为列表。

```
s = '我,是,中,国,人'
```

```
L = s.split(',')              # 使用逗号对字符串 s 进行切分并将其转换为列表
print(L)                      # 输出结果为“['我', '是', '中', '国', '人']”
```

7.2.2　嵌套列表的创建与访问

在访问嵌套列表时，每多一层嵌套，在实施索引时就需要多使用一组方括号。

```
scores = [['罗明', 95], ['金川', 85], ['戈扬', 80], ['罗旋', 78]]
print(scores[1])              # 输出“['金川', 85]”
print(scores[2:4])            # 输出“[['戈扬', 80], ['罗旋', 78]]”
print(scores[1][0])           # 输出“'金川'”（等价于 scores[1]的子列表中的第 0 个元素）
scores = [['罗明', 95], ['金川', 85], ['戈扬', 80], ['罗旋', 78]]
for item in scores:           # 读取二维列表中的某列
    print(item[1],end = ' ')  # 输出“95 85 80 78”
```

7.2.3　列表的遍历和列表元素的转换

列表采用动态分配的内存管理方式，列表元素被存储在大小不一且不连续的内存单元中。虽然这种设计提高了内存利用率，但在数据较多时，遍历效率可能较低。为了提高遍历效率，可以采取如下优化措施。

（1）减少循环次数。

（2）将列表转换为集合或字典。

（3）使用内置函数（map()函数、filter()函数等）或工具优化操作。

下面展示如何处理字符串列表中的数字计算问题。

```
score_ls=['94', '89', '96', '88', '92', '86', '69', '95', '78', '85']
newls=list(map(int,score_ls))      # 使用 map() 函数将列表元素转换为整数
print('总分：', sum(score_ls)      # 输出“总分： 872”
```

7.2.4　列表元素的添加

微课视频

列表支持动态添加元素。常用的添加列表元素的方法包括 append()方法、extend()方法和 insert()方法。这些方法进行的均为原地操作，不会改变列表在内存中的起始地址。

1. append()方法

append()方法用于向列表末尾追加一个元素。其语法如下。

```
ls.append(x)
```

其中，ls 为列表名，x 为要添加的元素。

```
ls = [10, 20, 30, 40]         # 创建列表 ls
ls.append(100)                # 在列表末尾添加元素 100
print(id(ls), ls)             # 输出“<内存地址> [10, 20, 30, 40, 100]”
ls.append('python')           # 在列表末尾添加元素 'python'
print(id(ls), ls)             # 输出“<内存地址> [10, 20, 30, 40, 100, 'python']”
```

2. extend()方法

extend()方法用于将另一个可迭代对象中的所有元素添加到当前列表末尾。其语法如下。

```
ls.extend(L)
```

其中，L 为可迭代对象，如列表、元组、字符串等。

```
ls = [10, 20, 30, 40]
L = [99, 77, 88]
ls.extend(L)                 # 将列表 L 中的元素添加到当前列表 ls 末尾
print(id(ls), ls)            # 输出"<内存地址> [10, 20, 30, 40, 99, 77, 88]"
```

extend()方法的功能类似于运算符"+="，但使用运算符"+="可以接收任意可迭代对象，如集合、range 对象、字符串等，并将其转换为列表后添加。

```
ls = [10, 20, 30, 40]
L1 = {99, 88}                # 定义集合
L2 = range(86, 90, 2)        # 定义 range 对象
L3 = "ab"                    # 定义字符串
ls += L1                     # 添加集合元素
print(ls)                    # 输出"[10, 20, 30, 40, 88, 99]"
ls += L2                     # 添加 range 对象元素
print(ls)                    # 输出"[10, 20, 30, 40, 88, 99, 86, 88]"
ls += L3                     # 添加字符串元素
print(ls)                    # 输出"[10, 20, 30, 40, 88, 99, 86, 88, 'a', 'b']"
```

3. insert()方法

insert()方法用于在列表的指定位置插入一个元素。

其语法如下。

```
ls.insert(i, x)
```

其中，i 为插入位置对应的序号，x 为要插入的元素。

```
ls = [10, 20, 30, 40, 50, 60]
ls.insert(2, 99)             # 在序号为 2 的位置插入元素 99
print(id(ls), ls)            # 输出"<内存地址> [10, 20, 99, 30, 40, 50, 60]"
```

7.2.5 列表元素的删除

微课视频

使用 pop()方法、remove()方法、clear()方法可以删除列表元素。此外，使用 del 命令也可以删除列表元素。

1. pop()方法

pop()方法用于删除列表中指定位置的元素，并返回被删除的元素。

其语法如下。

```
ls.pop(i)
```

其中，ls 为列表名，i 为要删除元素对应的序号。若未指定序号，则默认删除最后一个元素。

```
ls = [10, 20, 30, 40, 50]        # 创建列表 ls
ls.pop()                         # 删除列表中的最后一个元素
print(ls)                        # 输出"[10, 20, 30, 40]"
s = ls.pop()                     # 删除列表中的最后一个元素，并将删除的元素赋给列表 s
print(ls, s)                     # 输出"[10, 20, 30] 40"
ls.pop(1)                        # 删除序号为 1 的元素
print(ls)                        # 输出"[10, 30]"
```

2. remove()方法

remove()方法用于删除列表中第 1 个与指定值匹配的元素。

其语法如下。

```
ls.remove(x)
```

其中，ls 为列表名，x 为要删除的元素的值。如果列表中不存在该值，那么会抛出 ValueError 异常。

```
ls = [10, 20, 30, 40, 50]          # 创建列表 ls
ls.remove(30)                      # 删除列表中值为 30 的元素
print(ls)                          # 输出“[10, 20, 40, 50]”
ls.remove(max(ls))                 # 删除列表中的最大值（当前为 50）
print(ls)                          # 输出“[10, 20, 40]”
# ls.remove(1)                     # 尝试删除元素 1（不存在的元素），抛出 ValueError 异常
```

3. clear()方法

clear()方法用于清空列表中的所有元素。

其语法如下。

```
ls.clear()
```

该方法的功能与 del ls[:]的功能相同。

```
ls = [10, 20, 30, 40, 50]          # 创建列表 ls
ls.clear()                         # 清空列表中的所有元素
print(ls)                          # 输出“[]”
```

4. 使用 del 命令

del 命令用于删除部分列表元素或整个列表。其语法灵活，支持索引、切片或直接删除对象。

```
ls = [10, 20, 30, 40, 50]          # 创建列表 ls
del ls[1]                          # 删除序号为 1 的元素（单个元素）
print(ls)                          # 输出“[10, 30, 40, 50]”
del ls[1:3]                        # 删除序号为 1 和 2 的元素（多个元素）
print(ls)                          # 输出“[10, 50]”
del ls                             # 删除列表本身 ls（整个列表），该列表不再存在
print(ls)                          # 抛出 NameError 异常
```

7.2.6　列表元素的修改

微课视频

列表支持通过索引赋值或切片赋值来修改元素。

1. 索引赋值

通过索引赋值可以直接修改列表中指定位置的元素。其语法如下。

```
ls[i] = x
```

其中，i 为元素对应的序号，x 为新值。新值 x 可以为任意类型，包括数字（整数、浮点数等）、字符串、列表、元组等。序号 i 必须在有效范围内，否则会抛出 IndexError 异常。

```
ls = [10, 20, 30, 40, 50]          # 创建列表 ls
ls[2] = 66                         # 修改序号为 2 的元素
print(ls)                          # 输出“[10, 20, 66, 40, 50]”
ls[3] = '缺考'                     # 修改序号为 3 的元素
print(ls)                          # 输出“[10, 20, 66, '缺考', 50]”
ls[4] = ['补考', 60]               # 修改序号为 5 的元素
print(ls)                          # 输出“[10, 20, 66, '缺考', ['补考', 60]]”
```

2. 切片赋值

通过切片赋值可以一次性修改多个元素。其语法如下。

```
ls[i:j] = new_list
```

其中，i、j 分别为切片的起始索引和结束索引，new_list 为替换的新列表。切片赋值分为两种情况。

一种是连续切片赋值，即新列表的长度可以与切片的长度不同，原列表的长度会根据新列表的长度自动调整。

```
ls = [10, 20, 30, 40, 50]               # 创建列表 ls
ls[1:4] = [99, 88]                      # 替换序号为 1～3 对应的元素，列表长度从 5 变为 4
print(ls)                               # 输出“[10, 99, 88, 50]”
ls[1:4] = [99, 88, 77, 66]              # 替换序号为 1～3 对应的元素，并扩展列表
print(ls)                               # 输出“[10, 99, 88, 77, 66]”
```

另一种是步长切片赋值，即当切片包含步长时，新列表的长度必须与切片的长度一致，按顺序使用新元素一一替换原元素。

```
ls = [10, 20, 30, 40, 50, 60]           # 创建列表 ls
ls[0:6:2] = [99, 88, 77]                # 替换序号 0、2、4 对应的元素
print(ls)                               # 输出“[99, 20, 88, 40, 77, 60]”
ls[0:6:2] = ['Python', 'C 语言', 'VB']   # 替换为不同类型的数据
print(ls)                               # 输出“['Python', 20, 'C 语言', 40, 'VB', 60]”
```

实例 7-4　分数的预处理

在评委打分或比赛评分场景中，为了公平计算最终分数，通常需要去除极端分数（最高分和最低分）。本实例实现了一个分数预处理程序：用户输入若干分数，输入完成后，输入“q”结束；程序自动删除分数列表中的最高分和最低分，并输出修改后的分数列表。该程序适用于各类评分系统，用于确保评分结果的公正性和准确性。

```
# 功能描述：用户输入若干分数，删除最高分和最低分，输出修改后的分数列表
# 用户输入若干分数
scores = []                             # 用列表存储用户输入的分数
while True:
    try:
        score = input("请输入分数（0～100），或输入'q'结束输入：")
        if score.lower() == 'q':
            break
        score = float(score)            # 将用户输入的分数转换为浮点数
        if 0 <= score <= 100:           # 检查分数是否在有效范围内
            scores.append(score)        # 将有效分数添加到列表中
        else:
            print("无效分数，请输入 0～100 范围内的数字。")
    except ValueError:                  # 处理非数字输入
        print("无效输入，请输入一个有效的分数或'q'结束。")
print("原始分数列表：", scores)         # 输出原始分数列表
if len(scores) > 2:                     # 确保列表中有足够多的分数
    scores.remove(max(scores))          # 删除最高分
    scores.remove(min(scores))          # 删除最低分
print("修改后的分数列表：", scores)
```

程序运行结果如下。

```
请输入分数（0~100），或输入'q'结束输入：85
请输入分数（0~100），或输入'q'结束输入：92
请输入分数（0~100），或输入'q'结束输入：78
请输入分数（0~100），或输入'q'结束输入：88
请输入分数（0~100），或输入'q'结束输入：q
原始分数列表： [85.0, 92.0, 78.0, 88.0]
修改后的分数列表： [85.0, 88.0]
```

实例 7-5　使用列表管理人工智能数据集中的样本和标签

在机器学习和深度学习任务中，人工智能数据集通常由样本（数据输入）和标签（目标输出）组成。为了高效地管理人工智能数据集中的样本和标签，可以使用列表存储、修改、筛选标签，从而为模型训练提供有力的数据支撑。

```
labels = ['cat', 'dog', 'bird', 'fish', 'rabbit']
labels[2] = "parrot"                                    # 将序号为 2 的标签由 bird 修改为 parrot
print("修改后：", labels)                                # 输出“修改后：['cat', 'dog', 'parrot', 'fish', 'rabbit']”
filtered_labels = [label for label in labels if "a" in label]   # 筛选
print("包含字母'a'的标签：", filtered_labels)  # 输出“包含字母'a'的标签：['cat', 'parrot', 'rabbit']”
```

7.3　列表推导式

推导式（comprehensions）又称解析式，是一种集合了变换和筛选功能的方法，能把一个序列转换为另一个序列。推导式共有 3 种：列表推导式、字典推导式、集合推导式。

微课视频

列表推导式（list comprehensions）是 Python 中一种简洁、高效的创建列表的方法。它通过简洁的语法，根据现有列表元素生成新列表，支持对元素进行运算和筛选。使用列表推导式不仅能使代码更简洁，而且通常比传统的循环方法的执行效率更高。

列表推导式由 1 个表达式跟 1 个或多个 for 从句、0 个或多个 if 从句构成。其语法如下。

```
[expression for item in iterable    if condition]
```

expression：生成列表元素的表达式，可以是运算、函数调用或其他操作。

item：迭代变量，表示 iterable 中的元素。

iterable：可迭代对象，如列表、元组、字符串、range 对象等。

if condition（可选）：过滤条件，只有满足过滤条件的元素才会被包含在最终列表中。

列表推导式的应用有数据转换、数据过滤、生成多维列表、处理嵌套列表等。

1. 数据转换

数据转换是指将可迭代对象中的元素通过某种计算转换为其他形式或值，最终生成一个新列表。

基于 range(10)，生成 0~9 的平方数列表的实例代码如下。

```
squares = [x**2 for x in range(10)]        # 生成 0~9 的平方数列表
print(squares)                             # 输出“[0, 1, 4, 9, 16, 25, 36, 49, 64, 81]”
```

将字符串列表元素转换为大写字母的实例代码如下。

```
words = ["hello", "world", "python"]
upper_words = [word.upper() for word in words]
print(upper_words)   # 输出“['HELLO', 'WORLD', 'PYTHON']”
```

2. 数据过滤

数据过滤是指通过 if 条件过滤元素，筛选出满足条件的元素，最终形成新列表。从 0 ~ 9 范围内筛选出偶数，生成 0 ~ 9 的平方数列表的实例代码如下。

```
even_squares = [x**2 for x in range(10) if x % 2 == 0]
print("偶数的平方数列表：", even_squares)
```

筛选出列表中正数的实例代码如下。

```
numbers = [1, -2, 3, -4, 5]
positive_numbers = [x for x in numbers if x > 0]
print(positive_numbers)   # 输出“[1, 3, 5]”
```

3. 生成多维列表

使用嵌套的列表推导式可以生成嵌套列表。生成 1 ~ 6 的乘法运算结果二维列表的实例代码如下。

```
multiplication_table = [[i * j for j in range(1, 6)] for i in range(1, 6)]
print(multiplication_table)
```

4. 处理嵌套列表

使用列表推导式从嵌套列表中筛选指定列的实例代码如下。

```
ls = [['王龙', '94'], ['梁龙', '96'], ['刘雪', '92'], ['刘君', '95']]
ls_score1 = [int(item[1]) for item in ls]
ls_score2 = [int(score) for name, score in ls]
ls_name1 = [ item[0] for item in ls if int(item[1]) >=95 ]
print(ls_name1)          # 过滤 95 分以上的学生姓名，输出“['梁龙', '刘君']”
ls_name2=[ item[0] for item in ls   if item[0][0] =='刘' ]
print(ls_name2)          # 过滤姓罗的学生姓名，输出“['刘雪', '刘君']”
```

实例 7-6　嵌套列表的数据筛选与统计

在学校的信息管理系统中，学生成绩通常以 CSV 文件形式存储，学校经常要根据某些条件筛选特定学生数据，如筛选总分达到一定条件的学生数据。本实例将读取指定文件的内容到二维列表中，筛选满足一定条件（总分大于 320）的学生数据。score2.csv 文件中的学生数据如下。

```
学号,姓名,Python,C,Java,C#,总分
0121801101266,刘雯,93,73,72,64,302
0121801101077,张佳,81,97,61,98,337
0121801101249,张红,88,66,71,85,310
0121813570483,王昊,93,73,71,90,327
0121801101092,曹洋,83,62,71,76,292
0121801101271,徐剑,83,73,97,96,349
```

下面读取指定文件的内容，创建文件对象。

```
def file_to_ls(filename):
    with open(filename) as f:
        score_ls = [x.strip().split(',') for x in f]      #x 为文件中的一行
```

```
    return score_ls                              # 返回值为包含全部成绩的列表
def topscore(scores, num):
     #获取最后一项（总分）在 num 以上的学生数据
    lstop=[ item for item in scores if int(item[-1]) >= int(num) ]
    return lstop
def output(scores):                              # 接收二维列表，逐行输出
    for item in scores:
        print(item)
if __name__ == '__main__':
    file = 'score2.csv'
    scores = file_to_ls(file)
    t=int(input("请输入 top 总分下限:"))
    print(f"总分大于或等于{t}的学生成绩:")
    scores_t= topscore(scores, t)
    output(scores_t)
```

程序运行结果如下。

```
请输入 top 总分下限：320
总分大于或等于 320 的学生成绩:
['0121801101077', '张佳', '81', '97', '61', '98', '337']
['0121813570483', '王昊', '93', '73', '71', '90', '327']
['0121801101271', '徐剑', '83', '73', '97', '96', '349']
```

实例 7-7　图像数据集的标签文件的批量生成

在计算机视觉任务中，图像数据集通常需要与标签一一对应。标签可以是图像的类型、边界框等。为了高效地为大量图像生成标签，可以使用列表推导式和文件操作，批量生成图像数据集的标签文件。图像数据源如图 7-1 所示。

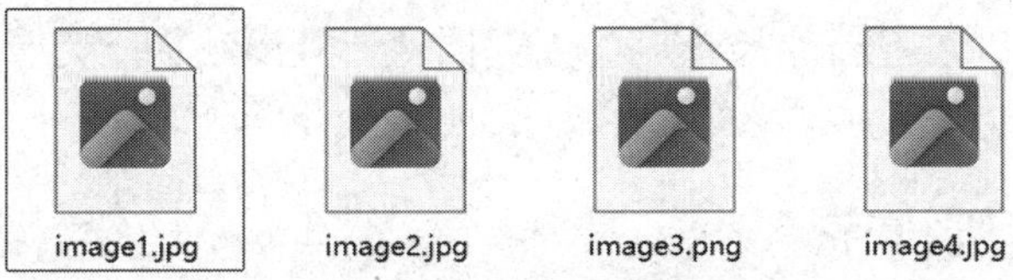

图 7-1　图像数据源

（1）生成图像文件名列表，使用 os 模块获取图像文件夹中的所有图像文件名。

```
import os
image_folder = "images"
image_files = [f for f in os.listdir(image_folder) if f.endswith((".jpg", ".png"))]   # 获取所有图像文件名
# 生成图像文件名列表，即['image1.jpg', 'image2.jpg', 'image3.png', 'image4.jpg']
print("图像文件名列表：", image_files)
```

（2）若每个标签都是图像文件名的一部分，如 image1.jpg 文件的标签是 1，则可以通过字符串操作生成标签列表。

```
labels = [int(f.split(".")[0].replace("image", "")) for f in image_files]
print("标签列表：", labels)                   # 生成标签列表
```

（3）保存标签文件。将生成的标签列表保存到 labels.txt 文件中，每行均包含一个图像文件名和对应的标签。

```
label_file = "labels.txt"                    # 获取标签文件名
with open(label_file, "w", encoding="utf-8") as f:
    for image, label in zip(image_files, labels):
        f.write(f"{image} {label}\n")  # 将图像文件名和标签写入文件
print(f"标签已被保存到 {label_file} 文件中。")
"""
生成的 labels.txt 文件的内容：
image1.jpg 1
image2.jpg 2
image3.png 3
image4.jpg 4
"""
```

7.4 列表的排序

列表的排序是 Python 中常见的操作，用于将列表元素按特定规则重新排列。Python 提供了 sorted()函数和 sort()方法用于排序。二者均支持升序、降序功能，并允许通过 key 参数自定义排序规则。

微课视频

1. sorted()函数

sorted()函数用于返回一个新的已排序的列表，原列表不变。sorted()函数的语法如下。

```
sorted(iterable, key=None, reverse=False)
```

（1）iterable：表示可迭代对象，如列表、元组、字符串等。

（2）key：自定义排序规则，默认值为 None，按元素的值排序。

（3）reverse：自定义排序顺序，值为 False 表示升序，值为 True 表示降序。

2. sort()方法

sort()方法用于对列表进行原地排序，无返回值。其语法如下，参数解析同上。

```
ls.sort(key=None, reverse=False)
```

7.4.1 默认规则排序

在默认情况下，sorted()函数和 sort()方法会根据元素的自然顺序排序。

1. 数字列表排序

对于包含数字的列表，默认按数字从小到大排序，即升序。

```
numbers = [100, -10, 9, 97, -77, 57, 15]
# 使用 sorted()函数排序
sorted_numbers = sorted(numbers)          # 返回一个新的已排序的列表
print("排序结果：", sorted_numbers)       # 输出“排序结果：[-77, -10, 9, 15, 57, 97, 100]”
print("原列表：", numbers)                # 输出原列表，发现原列表没有发生变化
# 使用 sort() 方法排序
numbers.sort()                            # 原地排序，无返回值
print("sort() 排序结果：", numbers)       # 输出“排序结果：[-77, -10, 9, 15, 57, 97, 100]”
```

2. 字符串列表排序

对于包含字符串的列表，默认按 Unicode 值排序。大写字母的 Unicode 值小于小写字

母的 Unicode 值。

```
fruits = ["apple", "Banana", "cherry", "Date"]
# 使用 sorted() 函数排序
sorted_fruits = sorted(fruits)          # 返回一个新的已排序的列表
print(sorted_fruits)                    # 输出“['Banana', 'Date', 'apple', 'cherry']”
# 使用 sort() 方法排序
fruits.sort()                           # 原地排序
print(fruits)                           # 输出“['Banana', 'Date', 'apple', 'cherry']”
```

7.4.2 降序

通过设置 reverse=True，可以将顺序改为降序。

```
numbers = [100, -10, 9, 97, -77, 57, 15]
# 使用 sorted() 函数降序
sorted_numbers_desc = sorted(numbers, reverse=True)
print("降序结果：", sorted_numbers_desc)
# 使用 sort() 方法降序
numbers.sort(reverse=True)
print("降序结果：", numbers)  # 输出“降序结果：[100, 97, 57, 15, 9, -10, -77]”
```

7.4.3 自定义排序

通过 key 参数可以指定一个函数来自定义排序规则。该函数作用于各列表元素上，排序依据是函数的返回值。下面以 sorted()函数为例展示自定义排序的应用。

```
words = ["apple", "banana", "cherry", "date"]
print("按长度排序：", sorted(words, key=len))
fruits = ["apple", "Banana", "cherry", "Date"]
print("按小写字母排序：", sorted(fruits, key=str.lower))
ls = ['100', '10', '9', '97', '77', '57', '15']
print("按整数大小排序：", sorted(ls, key=int))
numbers = [100, -10, 9, 97, -77, 57, 15]
print("按绝对值大小排序：", sorted(numbers, key=abs))
```

程序运行结果如下。

```
按长度排序： ['date', 'apple', 'banana', 'cherry']
按小写字母排序： ['apple', 'Banana', 'cherry', 'Date']
按整数大小排序： ['9', '10', '15', '57', '77', '97', '100']
按绝对值大小排序： [9, -10, 15, 57, -77, 97, 100]
```

7.4.4 复杂排序

对于更复杂的排序，可以通过 key 参数指定排序规则。使用 key 参数可以接收 Lambda 表达式或自定义函数，用于定义排序依据。

使用 lambda x: x[n]可以指定子序列中的第 n 项作为排序依据。当需要根据多个条件排序时，可以使用 lambda x: (x1,x2,x3,...)返回一个元组，元组中的一个元素代表一个排序关键字。

```
words = ["apple", "banana", "cherry", "date"]
print("按第 2 个字符排序：", sorted(words, key=lambda x: x[1]))
```

```
data = [(1, 3), (4, 1), (2, 2), (3, 4)]
print("按元组的第 2 个元素排序：", sorted(data, key=lambda x: x[1]))
orted_data = sorted(data, key=lambda x: (x[0], -x[1]))
# 按元组的第 1 个元素升序，若元组的第 1 个元素相同，则按元组的第 2 个元素降序
print("多关键字排序：", sorted(data, key=lambda x: (x[0], -x[1])))
```

程序运行结果如下：

```
按第 2 个字符排序： ['banana', 'date', 'cherry', 'apple']
按元组的第 2 个元素排序： [(4, 1), (2, 2), (1, 3), (3, 4)]
多关键字排序： [(1, 3), (2, 2), (3, 4), (4, 1)]
```

7.4.5 逆序

列表的逆序是指将列表元素的顺序完全反转。Python 提供了 reversed()函数和 reverse()方法用于实现列表的逆序。reversed()函数和 reverse()方法的对比如表 7-1 所示。

表 7-1 reversed()函数和 reverse()方法的对比

区　分	reversed() 函数	reverse() 方法
语法	reversed(iterable)	ls.reverse()
是否修改原列表	不修改原列表	修改原列表
返回值	返回一个反向的可迭代对象	无返回值
适用对象	适用于任意可迭代对象，如列表、元组、字符串等	仅适用于列表

逆序的实例代码如下。

```
ls_int = [100, -10, 9, 97, -77, 57, 15]
ls_new=list(reversed(ls_int))        # 返回一个反向的可迭代对象
print("逆序：",ls_new)               # 输出“逆序：[15, 57, -77, 97, 9, -10, 100]”
print("原表：",ls_int)               # 输出“原表：[100, -10, 9, 97, -77, 57, 15]”
ls_int.reverse()                     # 原地逆序
print("逆序：",ls_int)               # 输出“逆序：[15, 57, -77, 97, 9, -10, 100]”
```

实例 7-8　**学生数据的排序**

在实际应用中，学生数据通常以嵌套列表形式存储，每行数据均包含多个数据项，如姓名、学号、成绩等。为了便于观察和分析，常常需要根据不同的数据项对列表进行排序。通过使用 Lambda 表达式作为 key 参数，可以灵活地指定排序依据。

```
score = [['Angle', '0121701100106', '99'],
         ['Jack', '0121701100107', '86'],
         ['Tom', '0121701100109', '77'],
         ['Smith', '0121701100111', '100'],
         ['Bob', '0121701100115', '77'],
         ['Lily', '0121701100117', '59']]
print('根据姓名排序:',sorted(score,key=lambda x: x[0]))
print('根据学号排序:',sorted(score,key=lambda x: x[1]))
print('根据成绩排序:',sorted(score,key=lambda x: int(x[2])))
print('根据成绩和学号排序:')
newScore=sorted(score,key=lambda x: (int(x[2]),x[1]))
for item in newScore:
    print(item)
```

程序运行结果如下。

```
根据姓名排序: [['Angle', '0121701100106', '99'], ['Bob', '0121701100115', '77'], ['Jack', '0121701100107', '86'], ['Lily', '0121701100117', '59'], ['Smith', '0121701100111', '100'], ['Tom', '0121701100109', '77']]
根据学号排序: [['Angle', '0121701100106', '99'], ['Jack', '0121701100107', '86'], ['Tom', '0121701100109', '77'], ['Smith', '0121701100111', '100'], ['Bob', '0121701100115', '77'], ['Lily', '0121701100117', '59']]
根据成绩排序: [['Lily', '0121701100117', '59'], ['Tom', '0121701100109', '77'], ['Bob', '0121701100115', '77'], ['Jack', '0121701100107', '86'], ['Angle', '0121701100106', '99'], ['Smith', '0121701100111', '100']]
根据成绩和学号排序:
['Lily', '0121701100117', '59']
['Tom', '0121701100109', '77']
['Bob', '0121701100115', '77']
['Jack', '0121701100107', '86']
['Angle', '0121701100106', '99']
['Smith', '0121701100111', '100']
```

实例 7-9　数据集中数据的排序与筛选

微课视频

数据集中的数据通常以 CSV 文件形式存储。假设有一个包含学生成绩的 score.csv 文件。score.csv 文件的内容如下。

```
学号,姓名,Python,C,Java,C#,总分
0121801101266,刘雯,93,73,72,64,302
0121801101077,张佳,81,97,61,98,337
0121801101249,张红,88,66,71,85,310
0121813570483,王昊,93,73,71,90,327
0121801101092,曹洋,83,62,71,76,292
0121801101271,徐剑,83,73,97,96,349
```

读取上述文件的内容到二维列表中，并完成以下任务。

（1）根据 Python 课程成绩升序输出，当 Python 课程成绩相同时，根据总分升序输出。Python 课程成绩在第 3 列，总分在最后一列。

（2）根据总分降序输出。

（3）根据 Java 课程成绩升序输出，当 Java 课程成绩相同时，根据总分升序输出。

```python
def file_to_ls(filename):
    """无参函数，读取文件的内容，计算文件中数据的总和与数量，返回二维列表"""
    with open(filename) as f:                    # 读取文件的内容，创建文件对象
        score_ls = [x.strip().split(',') for x in f]    # x 为文件中的一行
    return score_ls                              # 返回值为包含全部成绩的列表
def sort_by_python(score_ls):
    """接收二维列表，根据 Python 课程成绩升序输出，返回排序的二维列表"""
    return sorted(score_ls,key=lambda x: int(x[2]),reverse=False)
# 根据成绩排序
def sort_by_total(score_ls):
    """接收二维列表，根据总分降序输出，返回排序的二维列表"""
    return sorted(score_ls,key=lambda x: int(x[-1]),reverse=True)
def sort_by_java_total_asc(score_ls):
    """接收二维列表，根据 Java 课程成绩升序输出，当 Java 课程成绩相同时，根据总分升序输出，返回排序的二维列表"""
    return sorted(score_ls,key=lambda x: (int(x[4]) , int(x[-1])),reverse=False)
```

```
def output(score_sort):
    """接收二维列表，逐行输出，各元素之间用逗号分隔"""
    for item in score_sort:
        print(item)
if __name__ == '__main__':
    file = 'score2.csv'
    score = file_to_ls(file)
    output(score)
    print('根据 Python 课程成绩升序输出:')
    output(sort_by_python(score[1:]))
    print('根据总分降序输出:')
    output(sort_by_total(score[1:]))
    print('根据 Java 课程成绩升序输出，当 Java 课程成绩相同时，根据总分升序输出:')
    output(sort_by_java_total_asc(score[1:]))
```

7.5 项目实训：工程能力画像系统构建——科学规划

7.5.1 项目背景

随着工程领域的快速发展，企业对工程师能力的要求越来越高。传统的查看简历和面试方式往往难以全面评估工程师的综合能力，尤其是在复杂的项目管理和技术决策中。为了更好地评估工程师的能力，许多企业开始引入工程能力画像系统。该系统通过多个维度的数据分析，生成能力画像，帮助企业科学地规划人才培养方面的内容和进行项目分配。

7.5.2 项目任务

本项目实训旨在使用 Python 中的元组和列表，构建一个工程能力画像系统。通过采集和分析工程师的技能、项目经验、学习能力等数据，生成个性化的能力画像，为企业提供科学的决策支持。本项目实训的主要任务包括数据采集、数据存储、数据分析、能力评估，以及数据排序与筛选。

7.5.3 项目分析

首先，采集工程师多个维度的数据，包括工程师的基本信息、技能、项目经验和学习能力等。

其次，使用元组和列表对数据进行存储。元组用于存储不可变的基本信息，如工程师的姓名和工号，而列表则用于存储可变的技能、项目经验和学习能力。

再次，通过数据分析，计算各工程师的综合能力评分，生成个性化的能力画像。能力画像将工程师根据评分分为初级工程师、中级工程师和高级工程师 3 种。根据能力画像为企业提供相应的人才规划建议。

最后，使用列表推导式和排序功能，筛选符合特定条件的工程师，如筛选能力评分高于某一阈值的工程师，并按评分进行排序，以便企业能够快速识别人才。

7.5.4　项目实现

```
# 采集工程师多个维度的数据，包括工程师的基本信息、技能、项目经验和学习能力等，使用元组和列表对数据进行存储
engineers = [("E001", "张三", "软件工程师"),
    ("E002", "李四", "硬件工程师"),
    ("E003", "王五", "项目经理")]
skills = [["Python", "Java", "SQL", "Git"],
    ["C++", "嵌入式开发", "硬件调试"],
    ["项目管理", "团队协作", "沟通能力"]]
projects = [[("项目 A", 6), ("项目 B", 8), ("项目 C", 4)],
    [("项目 D", 5), ("项目 E", 7)],
    [("项目 F", 9), ("项目 G", 10)]]      # 王五的项目
learning = [[("培训 1", 10), ("培训 2", 15), ("证书 1", 5)],
    [("培训 3", 8), ("证书 2", 3)],
    [("培训 4", 20), ("证书 3", 10)]]
# 通过数据分析，计算各工程师的综合能力评分，生成个性化的能力画像
def calculate_score(skills, projects, learning):
    skill_score = len(skills) * 5
    #项目复杂度总和
    project_score = sum(complexity for _, complexity in projects)
    #学习时长总和
    learning_score = sum(duration for _, duration in learning)
    # 综合能力评分
    total_score = skill_score + project_score + learning_score
    return total_score
def generate_ability_profile(total_score):            # 生成个性化的能力画像
    if total_score >= 80:
        return "高级工程师"
    elif total_score >= 50:
        return "中级工程师"
    else:
        return "初级工程师"
engineer_profiles = []
for i, engineer in enumerate(engineers):
    total_score = calculate_score(skills[i], projects[i], learning[i])
    ability_level = generate_ability_profile(total_score)
    engineer_profiles.append((engineer[1], total_score, ability_level))
print("工程师的能力画像：", engineer_profiles)
# 根据能力画像为企业提供相应的人才规划建议
def provide_suggestion(ability_level):
    if ability_level == "高级工程师":
        return "可承担复杂的项目，建议作为技术负责人。"
    elif ability_level == "中级工程师":
        return "可参与中等复杂的项目，建议加强项目管理能力。"
    else:
        return "建议参与基础项目，并加强技能培训。"
for profile in engineer_profiles:
```

```
        name, score, level = profile
        suggestion = provide_suggestion(level)
        print(f"{name}（能力评分：{score}，能力画像：{level}）的建议：{suggestion}")
print(f"人才规划建议：{suggestion}")
# 使用列表推导式和排序功能，筛选符合特定条件的工程师
high_score_engineers = [profile for profile in engineer_profiles if profile[1] >= 60]
print("能力评分大于或等于 80 的工程师：", high_score_engineers)
sorted_engineers = sorted(engineer_profiles, key=lambda x: x[1], reverse=True)
print("按能力评分降序：", sorted_engineers)
```

7.5.5 项目优化

可以引入更多评分维度，如沟通能力、团队合作等，以提升能力评估的准确性。下面根据不同岗位的需求，动态调整各能力的权重，如技术岗位更注重技能评分，管理岗位更注重项目经验评分。

```
weights = {"skill_weight": 0.5,"project_weight": 0.3,"learning_weight": 0.2}
# 计算综合能力评分
def calculate_weighted_score(skills, projects, learning, weights):
        skill_score = len(skills) * 5 * weights["skill_weight"]
        project_score = sum(complexity for _, complexity in projects) * weights["project_weight"]
        learning_score = sum(duration for _, duration in learning) * weights["learning_weight"]
        return skill_score + project_score + learning_score
weighted_profiles = []
for i, engineer in enumerate(engineers):
        weighted_score = calculate_weighted_score(skills[i], projects[i], learning[i], weights)
        ability_level = generate_ability_profile(weighted_score)
        weighted_profiles.append((engineer[1], weighted_score, ability_level))
print("加权能力画像：", weighted_profiles)
```

7.5.6 总结和启示

本项目实训构建了一个工程能力画像系统，能够帮助企业科学评估工程师的综合能力，并为人才规划提供有力的支持。在项目实施过程中，通过科学规划和精准评估，能够帮助工程师更好地发挥他们的潜力，同时为企业创造更大的价值。本项目实训演示了元组和列表的基本操作，以及如何利用这些数据类型解决实际问题。

7.6 巩固练习

（1）编写一个 Python 程序，计算 0 ~ 9 中各数字的立方，将其存储于列表中输出。假设原列表为[0, 1, 2, 3, 4, 5, 6, 7, 8, 9]，推导出的新列表为[0, 1, 8, 27, 64, 125, 216, 343, 512, 729]。

（2）已知 freshfruit = [' banana', ' apple ', 'pear ']，编写一个 Python 程序，调用 str.strip()方法移除每个元素开头和结尾的空白字符，输出['banana', 'apple', 'pear']。

（3）已知 scorels = [94, 89, 88, 92, 86, 69, 95, 78, 85]，编写一个 Python 程序，删除成绩列表中的最低分，并排序输出。

（4）已知 scorels=[92, 86, 69, 95, 78, 85]，编写一个 Python 程序，在原列表中，加入 4 个新数据，即 a,b,c,d=99,88,77,66，要求分别用 append()方法、extend()方法、insert()方法添加元素。

（5）编写一个 Python 程序，访问 scores = [['罗明', 95], ['金川', 85], ['戈扬', 80], ['罗旋', 78], ['蒋维', 99]]，提取第 3 行第 2 列的数据。

（6）编写一个 Python 程序，访问 ls = [['王龙', '84'], ['梁龙', '96'], ['刘雪', '72'], ['刘君', '95'], ['张伟', '86'], ['李莉', '92'], ['吴明', '65']]，提取成绩在 95 分及以上的学生姓名。

（7）已知 ls = ['100', '10', '9', '97', '77', '57', '15']，编写一个 Python 程序，对成绩列表分别进行升序和降序，并输出结果。要求，先将字符串转换为整数，再尝试采用 sort()方法进行排序。

（8）已知原列表为['app', 'Apple', 'at', 'AM']。编写一个 Python 程序，使用 len()函数求字符串的长度，按字符串的长度排序，输出排序后的列表['at', 'AM', 'app', 'Apple']。

（9）已知 s = ['73','13','9','82','6','5','04']，通过赋值方式创建元素为字符串的列表 s，输出原列表；将原列表元素反向排列，输出修改后的列表。

第 8 章　集合与字典

8.1　集　　合

8.1.1　集合的创建

集合用于存储唯一的不重复元素。集合元素可以是任何不可变类型元素，如数字、字符串、元组等。需要注意的是，集合元素必须是不可变的。因此，列表和字典等可变类型元素不能作为集合元素。

1. 使用花括号创建集合

非空集合可以通过将一系列用逗号分隔的元素放在花括号中来创建。

```
image_label_setA = {101, 102, 103, 104, 105}            # 创建包含数字标签的集合
image_label_setB = {'风景', '人物', '动物'}               # 创建包含文字标签的集合
image_label_setC = {(0.1, 0.2, 0.3), 1, 2, 3.14, '模糊'}  # 创建包含多种类型标签的集合
```

创建非空集合代码的可视化执行效果如图 8-1 所示。

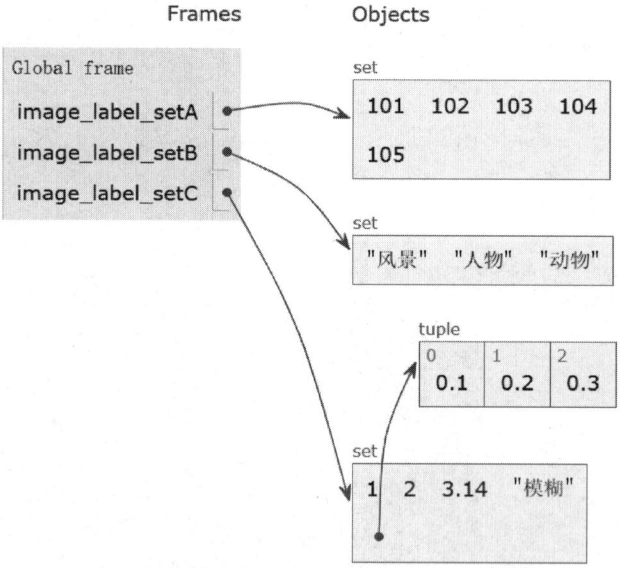

图 8-1　创建非空集合代码的可视化执行效果

需要注意的是，花括号中至少应包含一个元素，否则将创建一个空字典。

```
image_label_setD = {}                # 创建一个空字典
print(image_label_setD)              # 输出“{}”
print(type(image_label_setD))        # 输出类型为字典
```

如果集合中包含可变类型元素，那么将抛出 TypeError 异常。

```
image_label_setC = {[0.1, 0.2, 0.3], 1, 2, '模糊'}
```

2. 使用 set()函数和 frozenset()函数创建集合

除可以使用花括号创建集合外，还可以使用 set()函数和 frozenset()函数创建集合。set()函数用于创建可变集合，该函数的参数必须是一个可迭代对象，如列表、元组等。而 frozenset()函数用于创建不可变集合。

```
image_label_list = ["风景", "动物", "人物"]
set_image_label = set(image_label_list)              # 将图像标签列表转换为集合，去除重复元素
image_pixel_str = "12345"
set_image_pixel = set(image_pixel_str)               # 将字符串转换为可变集合，去除重复元素
print(set_image_pixel)                               # 输出“{'1', '2', '3', '4', '5'}”
directors_tuple = ("诺兰", "斯皮尔伯格", "卡梅隆")
directors_frozenset = frozenset(directors_tuple)     # 创建不可变集合
print(directors_frozenset)                           # frozenset({'诺兰', '斯皮尔伯格', '卡梅隆'})
```

3. 使用集合推导式创建集合

集合推导式的使用方法与列表推导式的使用方法类似，区别在于集合推导式使用花括号。

```
model_evaluations = [
    ['模型 A', '准确率', '0.85'],
    ['模型 A', '召回率', '0.78'],
    ['模型 B', '准确率', '0.82'],
    ['模型 B', 'F1 值', '0.75'],
    ['模型 C', '召回率', '0.80'],
    ['模型 C', 'AUC', '0.88']
]    # 二维列表中包含不同人工智能模型及其对应的评估指标名和指标值
evaluation_metric_set = {x[1] for x in model_evaluations}
print(evaluation_metric_set)    # 输出“{'召回率', 'F1 值', 'AUC', '准确率'}”
```

8.1.2　集合的访问

集合是无序的数据类型，这意味着集合元素没有固定的顺序。因此，不能像列表或元组那样通过索引来访问集合元素。然而，可以通过遍历集合来访问集合元素。

```
number_set = {1, 2, 3, 4, 5}
for num in number_set:
    print(num)
```

上述代码会依次输出各集合元素。需要注意的是，基于集合的无序性，每次运行程序时输出的集合元素的顺序可能会有所不同。

8.1.3　集合的去重

微课视频

在 Python 中，所有创建集合的方法都会自动去重，这是因为集合本质上是存储唯一元素的容器。

集合的去重在数据分析与处理中有着十分广泛的应用。例如，在实际的数据分析任务中，原始数据中往往包含大量的重复值，这些重复值可能会影响分析结果的准确性。使用集合可以快速去除重复数据，从而简化数据清洗过程。

```
user_ids = [101, 102, 103, 101, 104, 102, 105]
unique_user_ids = set(user_ids)    # 将列表转换为集合，去除重复值
print(unique_user_ids)             # 输出“{101, 102, 103, 104, 105}”
```

实例 8-1 优惠券重复领取数据分析

某品牌店铺为促销发放优惠券，因系统缺陷导致部分客户可跨店重复领取优惠券，这严重影响了成本与其他客户体验。下面用给定的领券手机号列表，借助集合特性，统计总领券次数、唯一客户数、重复领券次数及重复领券客户比例，为活动评估和系统优化提供依据。

```
# 假设这是店铺收集的领取过优惠券的客户手机号列表
coupons_issued_to_phone_numbers = input().split()
# 使用集合记录已经发放过优惠券的手机号，自动去重
issued_to_phone_numbers = set(coupons_issued_to_phone_numbers)
# 计算总领券次数和唯一客户数
total_issued = len(coupons_issued_to_phone_numbers)
unique_customers = len(issued_to_phone_numbers)
# 计算重复领券次数
repeated_customers = total_issued - unique_customers
# 计算重复领券客户比例
repeated_ratio = repeated_customers / total_issued if total_issued > 0 else 0
# 输出结果
print(f"总共有 {total_issued} 次优惠券领取记录。")
print(f"其中，有 {unique_customers} 个唯一客户领取了优惠券。")
print(f"有 {repeated_customers} 次重复领取了优惠券。")
print(f"重复领券客户比例为：{repeated_ratio:.2%}")
```

用户在输入时需使用空格分隔多个手机号，如在运行程序时可输入“13800138001 13900139001 13800138001 13700137001 13800138001 13500135001 13900139001 13400134001 13900139001”。

程序运行结果如下。

```
总共有 9 次优惠券领取记录。
其中，有 5 个唯一客户领取了优惠券。
有 4 次重复领取了优惠券。
重复领券客户比例为：44.44%
```

8.1.4 集合元素的添加

在向集合中添加元素时，只能使用 s.add()方法。该方法会将指定元素添加到集合中，如果指定元素已存在，那么集合不会发生变化。

```
s = set('python')        # 创建集合 {'p', 'y', 't', 'h', 'o', 'n'}
s.add('1000')            # 将字符串 '1000' 作为一个元素添加到集合中
print(s)                 # 输出“{'p', 'y', 't', 'h', 'o', 'n', '1000'}”
```

8.1.5 集合元素的删除

Python 提供了一系列用于删除集合元素的方法和命令。这些方法和命令使集合在数据处理中更加灵活和高效。

微课视频

1. remove()方法

remove()方法用于从集合中删除指定元素。如果指定元素不存在于集合中，那么会抛出 KeyError 异常。因此，要使用 remove()方法删除指定元素，建议先进行存在性检测。

```
city = {'北京', '上海', '广州', '深圳'}
target_city = '重庆'
if target_city in city:              # 检查指定元素是否存在
    city.remove(target_city)         # 如果存在，那么删除
else:
    print(f"'{target_city}' 不存在于集合中，无法删除。")
```

2. discard()方法

discard()方法的功能与 remove()方法的功能类似，但使用 discard()方法从集合中删除指定元素时，如果指定元素不存在，那么不会抛出 KeyError 异常。

```
city = {'北京', '上海', '广州', '深圳'}
city.discard('重庆')                 # 尝试删除不存在的元素
print(city)                          # 输出“{'北京', '上海', '广州', '深圳'}”
city.discard('广州')                 # 尝试删除已存在的元素
print(city)                          # 输出“{'北京', '上海', '深圳'}”
```

3. pop()方法

pop()方法用于随机删除并返回集合中的一个元素。如果集合为空，那么会抛出 KeyError 异常。

```
city = {'北京', '上海', '广州', '深圳'}
x = city.pop()                       # 随机删除一个元素
print(x)                             # 输出“北京”(具体删除的元素可能不同)
print(city)                          # 输出“{'上海', '广州', '深圳'}”
```

4. clear()方法

clear()方法用于删除集合中的所有元素，使其变为空集合

```
city = {'北京', '上海', '广州', '深圳'}
city.clear()                         # 清空集合
print(city)                          # 输出“set()”
```

5. del 命令

del 命令用于删除整个集合。与 clear()方法不同，使用 del 命令会彻底删除整个集合，后续再次访问该集合时会抛出 NameError 异常。

```
city = {'北京', '上海', '广州', '深圳'}
del city                             # 删除整个集合
# print(city)                        # 抛出 NameError 异常
```

8.1.6 集合的成员测试

在集合中，可通过 x in s 和 x not in s 测试成员是否存在，判断指定元素是否为集合的成员。其具体规则如下。

在 x in s 中，若 x 是集合 s 的成员，则返回 True，否则返回 False。

x not in s 返回 x in s 取反的值，即若 x 不是集合 s 的成员，则返回 True，否则返回 False 。

```
s = set('Programming')               # 定义集合 s = {'P', 'a', 'i', 'n', 'm', 'r', 'o', 'g'}
```

```
print('P' in s)                # 集合 s 中存在成员'P'，返回 True
print('k' not in s)            # 集合 s 中不存在成员'k'，返回 True
```

实例 8-2　新客户识别

在实际业务场景中，企业通常需要快速判断某个客户是否为新客户，以便进行针对性的营销或服务。编写一个 Python 程序，接收用户输入的客户 ID，并判断其是否存在于预定义的客户集合中，从而输出该客户是否为新客户。本实例将使用集合的哈希表特性实现 O(1)时间复杂度的查询，而非使用 O(n)时间复杂度的循环判断，以显著提升查询效率。

```
# 假设这是从数据库或文件中读取的客户 ID 列表
customer_ids = ['12345', '67890', '11223', '44556', '77889']
customer_set = set(customer_ids)         # 将客户 ID 列表转换为集合，以加速查询过程
customer_id = input("请输入客户信息：")
if customer_id in customer_set:          # 判断客户 ID 是否存在于集合中
    print(f"该客户不为新客户"  )
else:
    print(f"该客户为新客户"  )
```

8.1.7　集合运算

微课视频

集合运算是 Python 中处理集合数据的重要工具，支持多种操作，包括并集、交集、差集和对称差集等，如图 8-2 所示。

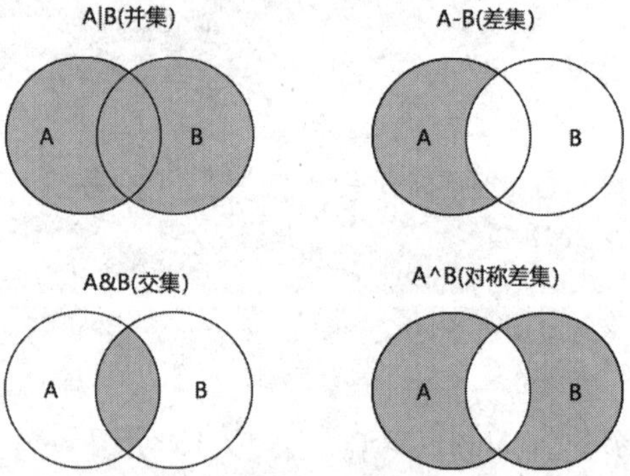

图 8-2　集合运算

集合运算可通过方法或运算符实现，以高效处理集合之间的关系。集合运算的方法和运算符如表 8-1 所示。

表 8-1　集合运算的方法和运算符

方　法	运 算 符	说　明
s.union(t)	s | t	返回集合 s 和集合 t 的并集
s.intersection(t)	s & t	返回集合 s 和集合 t 的交集
s.difference(t)	s –t	返回集合 s 和集合 t 的差集，即集合 s 中有而集合 t 中没有的元素
s.symmetric_difference(t)	s ^ t	返回集合 s 和集合 t 的对称差集，即集合 s 和集合 t 中非共有的元素
s.update(t)	s = s | t	将集合 s 更新为集合 s 和集合 t 的并集

续表

方 法	运 算 符	说 明
s.intersection_update(t)	s = s & t	将集合 s 更新为集合 s 和集合 t 的交集
s.difference_update(t)	s = s − t	将集合 s 更新为集合 s 和集合 t 的差集
s.symmetric_difference_update(t)	s = s ^ t	将集合 s 更新为集合 s 和集合 t 的对称差集

需要注意的是，在使用运算符时，参与运算的两个对象必须都是集合；而在使用方法时，参与运算的两个对象可以是集合或任何可迭代对象。

1. 并集

并集（union）是指两个集合中所有元素构成的集合，不包含重复元素。

```
# 定义两个集合
set1 = {1, 2, 3, 4, 5}
set2 = {4, 5, 6, 7, 8}
union_set1 = set1.union(set2)                # 计算集合 set1 和集合 set2 的并集
print(union_set1)                            # 输出“{1, 2, 3, 4, 5, 6, 7, 8}”
union_set2 = set1 | set2                     # 计算集合 set1 和集合 set2 的并集
print(union_set2)                            # 输出“{1, 2, 3, 4, 5, 6, 7, 8}”
set1.update(set2)                            # 直接修改集合 set1
print(set1)                                  # 输出“{1, 2, 3, 4, 5, 6, 7, 8}”
```

2. 交集

交集（intersection）是指两个集合中共同存在的元素构成的集合。

```
set1 = {1, 2, 3, 4, 5}
set2 = {4, 5, 6, 7, 8}
intersection_set1 = set1.intersection(set2)  # 计算集合 set1 和集合 set2 的交集
print(intersection_set1)                     # 输出“{4, 5}”
intersection_set2 = set1 & set2              # 计算集合 set1 和集合 set2 的交集
print(intersection_set2)                     # 输出“{4, 5}”
set1.intersection_update(set2)               # 直接修改集合 set1
print(set1)                                  # 输出“{4, 5}”
```

3. 差集

差集（difference）是指在一个集合中存在而在另一个集合中不存在的元素构成的集合。

```
set1 = {1, 2, 3, 4, 5}
set2 = {4, 5, 6, 7, 8}
difference_set1 = set1.difference(set2)      # 计算集合 set1 和集合 set2 的差集
print(difference_set1)                       # 输出“{1, 2, 3}”
difference_set2 = set1 - set2                # 计算集合 set1 和集合 set2 的差集
print(difference_set2)                       # 输出“{1, 2, 3}”
set1.difference_update(set2)                 # 直接修改集合 set1
print(set1)                                  # 输出“{1, 2, 3}”
```

4. 对称差集

对称差集（symmetric difference）是指两个集合中非共有的元素构成的集合。

```
set1 = {1, 2, 3, 4, 5}
set2 = {4, 5, 6, 7, 8}
symmetric_difference_set1 = set1.symmetric_difference(set2) # 计算集合 set1 和集合 set2 的对称差集
print(symmetric_difference_set1)                            # 输出“{1, 2, 3, 6, 7, 8}”
symmetric_difference_set2 = set1 ^ set2                     # 计算集合 set1 和集合 set2 的对称差集
print(symmetric_difference_set2)                            # 输出“{1, 2, 3, 6, 7, 8}”
```

```
set1.symmetric_difference_update(set2)        # 直接修改集合 set1
print(set1)                                   # 输出"{1, 2, 3, 6, 7, 8}"
```

实例 8-3 汽车品牌市场热度变化分析情况

在实际业务中，企业需要跟踪市场趋势，了解哪些产品品牌为持续热门的品牌、哪些产品品牌为新晋热门的品牌或将逐渐退出市场。本实例将使用集合的交集、并集、差集和对称差集操作，高效地提取两年内热门汽车品牌的共同点、差异点及变化趋势。

```
cars_2022 = {'本田', '比亚迪', '宝马', '奔驰', '特斯拉', '大众' }
cars_2023 = {'比亚迪', '宝马', '特斯拉', '奥迪', '现代'}
print(f'两年都热门的汽车品牌:\n        {cars_2022 & cars_2023}')
print(f'两年内热门的全部汽车品牌:\n        {cars_2022 | cars_2023}')
print(f'2023 年新热门的汽车品牌:\n        {cars_2023 - cars_2022}')
print(f'2023 年不再热门的汽车品牌:\n        {cars_2022 - cars_2023}')
print(f'新热门与不再热门的汽车品牌:\n        {cars_2022 ^ cars_2023}')
```

程序运行结果如下。

```
两年都热门的汽车品牌:
    {'宝马', '比亚迪', '特斯拉'}
两年内热门的全部汽车品牌:
    {'比亚迪', '现代', '本田', '奥迪', '宝马', '奔驰', '特斯拉', '大众'}
2023 年新热门的汽车品牌:
    {'现代', '奥迪'}
2023 年不再热门的汽车品牌:
    {'奔驰', '本田', '大众'}
新热门与不再热门的汽车品牌:
    {'本田', '奥迪', '奔驰', '现代', '大众'}
```

实例 8-4 阅读偏好分析

阅读偏好分析是推荐系统中的核心任务，旨在通过分析读者的阅读数据，挖掘读者的共同兴趣和独特偏好，从而为个性化推荐提供依据。本实例将通过模拟生成两个读者的阅读数据，计算其阅读数量和阅读比例，并基于统计结果为读者提供个性化推荐建议。

```
import random
# 模拟生成两个读者的阅读数据
random.seed(int(input("请输入随机种子: ")))              # 设置随机种子
# 随机生成读者 A 和读者 B 的阅读集合
total_A_read, total_B_read = random.randint(0, 100), random.randint(0, 100)
all_books = [f"Book{i}" for i in range(1, 101)]         # 生成 100 本图书列表
set_A = set(random.sample(all_books, total_A_read))     # 随机生成读者 A 的阅读集合
set_B = set(random.sample(all_books, total_B_read))     # 随机生成读者 B 的阅读集合
# 计算阅读数量
both_read = len(set_A & set_B)                          # 计算读者 A 和读者 B 的共同阅读数量
only_A_read = len(set_A - set_B)                        # 计算读者 A 的独自阅读数量
only_B_read = len(set_B - set_A)                        # 计算读者 B 的独自阅读数量
# 计算阅读比例
# 计算读者 A 和读者 B 的共同阅读比例
common_ratio = both_read / max(total_A_read, total_B_read) if max(total_A_read, total_B_read) else 0
```

```
only_A_ratio = only_A_read / total_A_read if total_A_read else 0      # 计算读者 A 的独自阅读比例
only_B_ratio = only_B_read / total_B_read if total_B_read else 0      # 计算读者 B 的独自阅读比例
# 输出统计结果
print(f"读者 A 总共阅读{total_A_read}本，独自阅读{only_A_read}本，占比{only_A_ratio:.2%}")
print(f"读者 B 总共阅读{total_B_read}本，独自阅读{only_B_read}本，占比{only_B_ratio:.2%}")
print(f"共同阅读{both_read}本，占比{common_ratio:.2%}")
# 基于统计结果提供个性化推荐建议
if common_ratio > 0.5:
    print("\n 两个读者阅读兴趣高度重叠，可推荐更多共同感兴趣的图书。")
elif common_ratio > 0.25:
    print("\n 两个读者阅读兴趣部分重叠，可推荐共同感兴趣和个性化的图书。")
else:
    print("\n 两个读者阅读兴趣差异较大，需分别推荐个性化的图书。")
```

程序运行结果如下。

```
请输入随机种子: 42
读者 A 总共阅读 42 本，独自阅读 20 本，占比 47.62%
读者 B 总共阅读 56 本，独自阅读 34 本，占比 60.71%
共同阅读 22 本，占比 39.29%

两个读者阅读兴趣部分重叠，可推荐共同感兴趣和个性化的图书。
```

8.2 字　典

字典是 Python 中内置的唯一可变映射类型。由于通过键可以高效地访问、修改或删除对应的值，因此字典在数据存储和检索中应用广泛。字典的存储顺序与字典元素的添加顺序一致，但不支持通过索引或切片访问元素。

8.2.1 字典的创建

创建字典的方法灵活多样。常用的创建字典的方法主要有以下几种。

1. 创建空字典

（1）直接赋值法：使用空的花括号创建空字典。

```
D1 = {}          # 使用空的花括号创建空字典
print(D1)        # 输出“{}”
```

（2）函数创建法：使用 dict()函数创建空字典。

```
D2 = dict()      # 使用 dict() 函数创建空字典
print(D2)        # 输出“{}”
```

2. 创建非空字典

（1）直接赋值法：使用花括号直接定义键值对创建非空字典。

```
D1 = {'name': '张三', 'age': 19, 'gender': 'M'}
```

（2）函数创建法：使用 dict()函数创建非空字典，键名无须加引号。

```
fruit_info = dict(name='苹果', color='红色', price=5.5)
```

创建非空字典代码的可视化执行效果如图 8-3 所示。

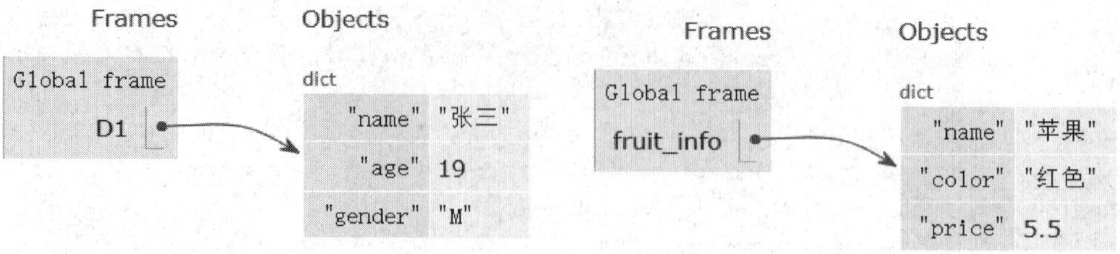

图 8-3　创建非空字典代码的可视化执行效果

3. 使用可迭代对象创建字典

使用 dict()函数传入一个可迭代对象，如列表、元组等，其中的每个元素都必须是一个包含两个元素的子可迭代对象，第 1 个元素为键，第 2 个元素为值。

```
pet_info = dict([('name', '布丁'), ('species', '猫'), ('age', 2)])
print(pet_info)                          # 输出“{'name': '布丁', 'species': '猫', 'age': 2}”
```

先使用 zip()函数生成键值对的可迭代对象，再使用 dict()函数创建字典。

```
course = dict(zip(('course', 'teacher', 'credit'), ('Python', '李老师', 3)))
print(course)                            # 输出“{'course': 'Python', 'teacher': '李老师', 'credit': 3}”
```

使用 dict.fromkeys(iterable[, value])方法创建字典。其中，iterable 是键的可迭代对象，value 是可选参数，用于设置所有键的值，默认值为 None。

```
course = ('Python', 'Java', 'C')
score1 = dict.fromkeys(course)           # 设置默认值均为 None
print(score1)                            # 输出“{'Python': None, 'Java': None, 'C': None}”
score2 = dict.fromkeys(course, 60)       # 设置所有键的值均为 60
print(score2)                            # 输出“{'Python': 60, 'Java': 60, 'C': 60}”
```

4. 使用字典推导式创建字典

使用字典推导式可以快速生成字典，这适用于将其他数据类型（列表、元组等）转换为字典的场景。

```
phone_ls = [('李明', '13988887777'), ('张宏', '13866668888')]
dict1 = {k: v for k, v in phone_ls}      # 使用字典推导式将列表转换为字典
print(dict1)                             # 输出“{'李明': '13988887777', '张宏': '13866668888'}”
```

8.2.2　字典视图

微课视频

字典视图是 Python 提供的一种动态查看字典元素的方法，包括键、值及键值对。字典视图是动态的，会随字典元素的变化而更新。常用的获取字典视图的方法如表 8-2 所示。

表 8-2　常用的获取字典视图的方法

方　法	说　明
dict.keys()	获取字典中的所有键组成一个可迭代对象
dict.values()	获取字典中的所有值组成一个可迭代对象
dict.items()	获取字典中的所有键值对，两两组成元组，形成一个可迭代对象

下面展示如何使用字典视图动态查看和操作通讯录。

```
# 定义通讯录字典，键为姓名，值为电话号码
contact_book = {
    '张三': '13800138000',
```

```
    '李四': '13900139000',
    '王五': '13700137000'
}
names_view = contact_book.keys()          # 获取字典中的所有键（姓名）
print(f'所有姓名: {list(names_view)}')
numbers_view = contact_book.values()      # 获取字典中的所有值（电话号码）
print(f'所有电话号码: {list(numbers_view)}')
contacts_view = contact_book.items()      # 获取字典中的键值对（姓名和电话号码）
print(f'所有联系人: {list(contacts_view)}')
# 动态更新通讯录
contact_book['赵一'] = '13400134000'      # 添加一个新联系人
del contact_book['李四']                  # 删除一个联系人
# 查看更新后的字典视图
print(f'更新后的通讯录中的姓名: {list(names_view)}')
print(f'更新后的通讯录中的电话号码: {list(numbers_view)}')
print(f'更新后的通讯录中的联系人: {list(contacts_view)}')
```

程序运行结果如下。

```
所有姓名: ['张三', '李四', '王五']
所有电话号码: ['13800138000', '13900139000', '13700137000']
所有联系人: [('张三', '13800138000'), ('李四', '13900139000'), ('王五', '13700137000')]
更新后的通讯录中的姓名: ['张三', '王五', '赵一']
更新后的通讯录中的电话号码: ['13800138000', '13700137000', '13400134000']
更新后的通讯录中的联系人: [('张三', '13800138000'), ('王五', '13700137000'), ('赵一', '13400134000')]
```

8.2.3　字典的成员访问

微课视频

与列表、元组等有序序列不同，字典通过键值对存储数据，键值对之间没有固定的排列顺序，也无法通过连续的序号访问。因此，字典的成员访问方式与列表等有序序列的成员访问方式有显著区别。

1. 通过键访问对应的值

字典的核心特性是通过键访问对应的值，这种设计以空间换时间，具有极高的查询效率。其语法如下。

```
dict[key]
```

其中，key 是字典中存在的键。如果访问的键不存在，那么程序会抛出 KeyError 异常。需要注意的是，dict[key]的访问方式与列表的 list[index]的访问方式有本质区别。

```
model_params = {
    'learning_rate': 0.001,
    'batch_size': 32,
    'num_epochs': 100,
    'hidden_units': 128
}                                  # 存储人工智能模型参数字典
param_name = 'learning_rate'       # 通过键访问对应的值
print(f"{param_name}: {model_params[param_name]}")
# print(model_params['ooo'])       # 抛出 KeyError 异常，因为 'ooo' 键不存在
```

2. 使用字典的 get()方法获取数据

为了避免因键不存在而抛出 KeyError 异常，推荐使用字典的 get()方法获取数据。其

语法如下。

```
dict.get(key[, default])
```

如果键已存在，那么返回对应的值。

如果键不存在，且未提供 default 参数，那么返回 None。

如果键不存在，但提供了 default 参数，那么返回 default 参数的值。

```
print(model_params.get('batch_size'))              # 输出"32"
print(model_params.get('ooo'))                     # 输出"None"，因为 'ooo' 键不存在
print(model_params.get('ooo', '参数未设置'))        # 输出"参数未设置"
```

实例 8-5 人工智能模型参数查询

在查询人工智能模型参数时，推荐使用 get()方法，确保程序的健壮性。

```
model_params = {
    'learning_rate': 0.001,
    'batch_size': 32,
    'num_epochs': 100,
    'hidden_units': 128
}        # 定义人工智能模型参数字典
param_name = input("请输入要查询的参数名: ")
param_value = model_params.get(param_name, '参数未设置')
print(f"{param_name}: {param_value}")
```

8.2.4 字典元素的添加与修改

微课视频

1. 单个元素的添加与修改

字典元素可以以 dict[key] = value 的方式进行添加与修改。

如果键已存在，那么执行该操作会更新键对应的值。

如果键不存在，那么执行该操作会添加一个键值对到字典中。

```
model_params = {'learning_rate': 0.001,'batch_size': 32}
print("当前学习率:", model_params.get('learning_rate'))
model_params['learning_rate'] = 0.01    # 修改操作：更新学习率
print("修改后的模型参数:", model_params)
model_params['optimizer'] = 'Adam'      # 添加操作：添加优化器及键值对
print("添加优化器及键值对后的模型参数:", model_params)
```

2. 使用 update()方法批量添加与修改字典元素

使用 update()方法可以批量更新与添加键值对。

如果键已存在，那么更新其对应的值。

如果键不存在，那么添加键值对。

```
model_params = { 'learning_rate': 0.001, 'batch_size': 32}
# 批量更新：更新学习率并添加新参数
model_params.update(learning_rate=0.01, num_epochs=100, optimizer='Adam')
print("批量更新后的模型参数:", model_params)    # 输出"批量更新后的模型参数: {'learning_rate':
# 0.01, 'batch_size': 32, 'num_epochs': 100, 'optimizer': 'Adam'}"
```

使用 update()方法还可以接收另一个字典或可迭代的键值对作为参数。

```
additional_params = {'dropout_rate': 0.5, 'hidden_units': 128}
```

```
model_params.update(additional_params)          # 接收另一个字典
print("更新后:", model_params)  # 输出“更新后: {'learning_rate': 0.01, 'batch_size': 32, 'num_epochs':
# 100, 'optimizer': 'Adam', 'dropout_rate': 0.5, 'hidden_units': 128}”
```

3. 使用 setdefault()方法添加字典元素

使用 setdefault()方法可以安全地添加字典元素。

如果键已存在，那么返回其对应的值。

如果键不存在，那么添加键值对到字典中（若未提供值，则默认值为 None）。

```
model_params = { 'learning_rate': 0.001, 'batch_size': 32}
model_params.setdefault('num_epochs', 100)                  # 添加新参数（键不存在）
print(model_params) # {'learning_rate': 0.001, 'batch_size': 32, 'num_epochs': 100}
learning_rate = model_params.setdefault('learning_rate')  # 访问已存在的键
print("当前学习率:", learning_rate)                          # 输出“当前学习率: 0.001”
```

4. 字典的合并

Python 3.9 引入了运算符“|”和“|=”，用于合并字典。

（1）d1 | d2：合并两个字典，生成一个新字典。如果键重复，那么以字典 d2 的值为准。

（2）d1 |= d2：用字典 d2 的键值对更新字典 d1。如果键重复，那么以字典 d2 的值为准。

```
model_params1 = {'learning_rate': 0.001, 'batch_size': 32}
model_params2 = { 'learning_rate': 0.01, 'num_epochs': 100}
merged_params = model_params1 | model_params2    # 合并字典
print("合并后:", merged_params)
# 输出“合并后: {'learning_rate': 0.01, 'batch_size': 32, 'num_epochs': 100}model_params1 |= model_
params2”
print("新模型 1:", model_params1)
# 输出“新模型 1: {'learning_rate': 0.01, 'batch_size': 32, 'num_epochs': 100}”
```

8.2.5 字典元素的删除

微课视频

Python 提供了多种删除字典元素的方法和命令，包括 pop()方法、popitem()方法、clear()方法、del 命令等。

1. pop()方法

pop()方法的语法如下。

```
pop(key[, default])
```

pop()方法用于删除字典中指定键对应的键值对，并返回该键对应的值。如果键不存在，那么当提供了 default 参数时，返回 default 参数的值；当未提供 default 参数时，抛出 KeyError 异常。

```
model_params = { 'learning_rate': 0.001,'batch_size': 32}
deleted_value = model_params.pop('batch_size')      # 尝试删除
print(f"删除的参数的值是: {deleted_value}")          # 输出“删除的参数的值是: 32”
print("删除后:", model_params)                       # 输出“删除后: {'learning_rate': 0.001}”
deleted_value = model_params.pop('ooo', '参数不存在')   # 尝试删除
print(f"删除不存在的键时返回: {deleted_value}")  # 输出“删除不存在的键时返回：参数不存在”
```

2. popitem()方法

popitem()方法用于删除并返回字典中的最后一个键值对（遵循 LIFO 原则，即“后进

先出”)。如果字典为空，那么调用 popitem()方法会抛出 KeyError 异常。

```
model_params = { 'learning_rate': 0.001,'batch_size': 32}
deleted_item = model_params.popitem()        # 删除最后一个键值对
print(f"删除的是: {deleted_item}")             # 输出“删除的是: ('batch_size', 32)”
print("模型参数:", model_params)              # 输出“模型参数: {'learning_rate': 0.001}”
```

3. clear()方法

clear()方法用于清空字典中的所有键值对，但保留字典本身。清空后，字典将变为空字典。

```
model_params = {'learning_rate': 0.001,'batch_size': 32}
model_params.clear()                          # 清空字典中的所有键值对
print("清空后的模型参数:", model_params)  # 输出“清空后的模型参数: {}”
```

4. del 命令

使用 del 命令可以直接删除字典中指定键对应的键值对。如果指定键不存在，那么会抛出 KeyError 异常。

```
model_params = { 'learning_rate': 0.001,'batch_size': 32}
del model_params['batch_size']                # 删除指定键对应的键值对
print("删除后:", model_params)                # 输出“删除后: {'learning_rate': 0.001}”
```

使用 del 命令还可以直接删除整个字典。删除后，如果再次访问该字典，那么会抛出 NameError 异常。

```
model_params = { 'learning_rate': 0.001,'batch_size': 32}
del model_params                              # 删除整个字典
print(model_params)                           # 再次访问已删除的字典，抛出 NameError 异常
```

8.2.6 字典元素的排序输出

微课视频

1. 按键排序输出

字典中的键可以使用 sorted()函数进行排序，返回一个排序后的键列表。结合列表推导式或循环，可以按排序后的键顺序输出对应的值。

2. 按值排序输出

字典中的值可以使用 sorted()函数结合 dict.items()方法进行排序。通过指定 key 参数，可以按值对键值对进行排序。

实例 8-6　基于字典的人工智能数据集标签排序

在自然语言处理任务中，新闻分类数据集通常以键值对形式存储，其中键表示新闻类标签，值表示该类对应的新闻文本数量。为了高效管理和分析数据分布情况，开发者需要对标签进行排序，以便快速了解各类的数据量，为数据采样、模型训练和结果分析提供支持。本实例将通过字典的排序操作，展示如何按标签名或新闻文本数量对人工智能数据集进行排序。本实例将实现按标签名排序输出、按新闻文本数量升序输出及按新闻文本数量降序输出 3 个功能。

```
# 定义基于字典的人工智能数据集标签
news_dataset_labels = {"体育": 80, "科技": 60, "娱乐": 90, "财经": 70, "时政": 50}
```

```
    # 按标签名排序输出
    sorted_labels_by_name = sorted(news_dataset_labels.keys())
    print("按标签名排序输出:")
    for label in sorted_labels_by_name:
        print(f"标签: {label}, 新闻文本数量: {news_dataset_labels[label]}")
    # 按新闻文本数量升序输出
    sorted_labels_by_count = sorted(news_dataset_labels.items(), key=lambda item: item[1])
    print("\n 按新闻文本数量升序输出:")
    for label, count in sorted_labels_by_count:
        print(f"标签: {label}, 新闻文本数量: {count}")
    # 按新闻文本数量降序输出
    sorted_labels_by_count_desc = sorted(news_dataset_labels.items(), key=lambda item: item[1], reverse=
True)
    print("\n 按新闻文本数量降序输出:")
    for label, count in sorted_labels_by_count_desc:
        print(f"标签: {label}, 新闻文本数量: {count}")
```

程序运行结果如下。

```
按标签名排序输出:
标签: 体育, 新闻文本数量: 80
标签: 娱乐, 新闻文本数量: 90
标签: 时政, 新闻文本数量: 50
标签: 科技, 新闻文本数量: 60
标签: 财经, 新闻文本数量: 70

按新闻文本数量升序输出:
标签: 时政, 新闻文本数量: 50
标签: 科技, 新闻文本数量: 60
标签: 财经, 新闻文本数量: 70
标签: 体育, 新闻文本数量: 80
标签: 娱乐, 新闻文本数量: 90

按新闻文本数量降序输出:
标签: 娱乐, 新闻文本数量: 90
标签: 体育, 新闻文本数量: 80
标签: 财经, 新闻文本数量: 70
标签: 科技, 新闻文本数量: 60
标签: 时政, 新闻文本数量: 50
```

8.3　项目实训：智能图书推荐系统构建——价值引领

8.3.1　项目背景

在图书馆丰富的馆藏资源面前，读者常面临“信息过载，无明确目标”的困扰，难以快速找到与自身专业相关或符合个人兴趣的图书。与此同时，图书馆管理员也期望能有方法为馆内优质图书引流，以提升资源利用率。在此背景下，构建智能图书推荐系统显得尤为必要。它旨在帮助读者精准地发现好书，助力图书馆优化服务，实现读者与图书馆的双赢。

8.3.2 项目任务

本项目实训聚焦于如何使用 Python 构建智能图书推荐系统，借助协同过滤推荐算法，依据读者的阅读偏好为其提供个性化的图书推荐服务。通过收集和分析读者对图书的评分数据，挖掘广大读者的相似偏好关系，从而为目标读者推荐可能感兴趣的图书，提升图书推荐的精准度和读者的满意度。

8.3.3 项目分析

首先，收集读者对图书的评分数据，这是构建智能图书推荐系统的基础。收集后，设计合理的数据结构存储评分数据，以实现高效管理与调用。其次，运用集合运算、差值平方和等方法，分析读者对图书的相似偏好关系，计算图书的相似度，找出相似读者。最后，从相似读者阅读的图书集合中，筛选出目标读者未读且评分最高的图书进行推荐。整个过程要兼顾数据的准确性、算法的合理性、技术的可行性与推荐效果，确保智能图书推荐系统满足广大读者的需求。

8.3.4 项目实现

项目实现的主要技术路线围绕存储数据、找出相似读者和推荐图书 3 个核心环节展开。

1. 存储数据

采用字典存储读者对图书的评分数据。单个评分数据以“图书名称：评分”的键值对形式存储在字典中。

```
user0={'Book21': 5, 'Book8': 3, 'Book3': 3, 'Book9': 1, 'Book1': 1}
```

多个评分数据使用嵌套字典存储，外层字典中的键为用户名，值为对应的图书评分数据。

```
data={'user1': {'Book5': 1, 'Book9': 3, 'Book6': 2},
      'user2': {'Book10': 1, 'Book12': 5, 'Book11': 4, 'Book7': 5, 'Book5': 2, 'Book13': 1, 'Book8': 2},
      'user3': {'Book3': 4, 'Book4': 4, 'Book12': 3, 'Book10': 5, 'Book2': 1, 'Book1': 5, 'Book13': 2},
      'user4': {'Book10': 3, 'Book9': 3, 'Book7': 2, 'Book4': 1, 'Book2': 3},
      'user5': {'Book3': 5, 'Book4': 1, 'Book12': 1, 'Book6': 4},
      'user6': {'Book7': 2, 'Book9': 2, 'Book3': 4, 'Book10': 2, 'Book2': 4},
      'user7': {'Book6': 3, 'Book2': 4, 'Book13': 2, 'Book5': 4, 'Book1': 4, 'Book10': 4},
      'user8': {'Book9': 4, 'Book1': 1},
      'user9': {'Book14': 4, 'Book8': 4, 'Book4': 2},
      'user10': {'Book1': 5, 'Book12': 1}}
```

2. 找出相似读者

分析读者对图书的相似偏好关系：通过集合的交集运算，找出两个读者共同阅读的图书。

```
user1={'Book11': 5, 'Book8': 5, 'Book3': 3, 'Book9': 1, 'Book1': 1}
```

```
user2= {'Book10': 1, 'Book12': 5, 'Book11': 4, 'Book7': 5, 'Book5': 2, 'Book13': 1, 'Book8': 2}
sameBook=user1.keys() & user2.keys()
sameBookLen=len(sameBook)
```

计算图书的相似度：从相似读者阅读的图书集合中，获取两个读者对各图书的评分数据，通过差值平方和来衡量评分差距。

```
for book in sameBook:
    score1=user1.get(book)
    score2=user2.get(book)
    score=(score1-score2)**2
```

找出相似读者：在多个读者阅读的图书集合中，通过遍历计算每个读者与目标读者的评分差距，找出评分差距最小的读者作为相似读者。可以使用序列结合流程控制实现。

```
scoreSumMin=999
similarUser=()
for x in data.items( ):
    sameBook=user.keys() & x[1].keys()
    sameBookLen= len(sameBook)
    scoreSum=0
    for book in sameBook:
        score1=user.get(book)
        score2=x[1].get(book)
        score=(score1-score2)**2
        scoreSum+= score
    if scoreSum<scoreSumMin :
        scoreSumMin=scoreSum
        similarUser=x
```

也可以使用 Python 生成器表达式结合 Lambda 表达式实现更简洁的计算。

```
f = lambda x:(sum(((x[1].get(book)-user.get(book))**2 for book in user.keys()&x[1].keys())))
similarUser, similarUserBooks = min(data.items(), key=f)
```

3. 推荐图书

推荐一本图书：从相似读者阅读的图书集合中，筛选出目标读者未读且评分最高的图书进行推荐。

```
user0={'Book11': 5, 'Book8': 3, 'Book3': 3, 'Book9': 1, 'Book1': 1}
userX= {'Book10': 1, 'Book12': 5, 'Book11': 4, 'Book7': 5, 'Book5': 2, 'Book13': 1, 'Book8': 2}
noSameBook=userX.keys() - user0.keys()
recommend=max(noSameBook, key=lambda book: userX[book])
```

推荐多本图书：筛选出目标读者未读的图书后，将这些图书及其评分数据整理成列表，按评分逆序排列，选取评分处于一定标准（4 分及以上等）的图书进行推荐。

```
user0={'Book11': 5, 'Book8': 3, 'Book3': 3, 'Book9': 1, 'Book1': 1}
userX= {'Book10': 1, 'Book12': 5, 'Book11': 4, 'Book7': 5, 'Book5': 2, 'Book13': 1, 'Book8': 2,'Book6': 4}
noSameBook=userX.keys() - user0.keys()
userX_list=[ item for item in userX.items() for k in item if k in noSameBook ]
userX_list.sort(key=(lambda x:x[1]),reverse=True)
result=[ item[0] for item in userX_list if item[1]>=4]
print("为读者推荐的图书为：",result)      # 输出推荐结果
```

程序运行结果如下。

```
为读者推荐的图书为： ['Book12', 'Book7', 'Book11']
```

8.3.5 项目优化

项目原型实现了智能图书推荐系统的构建，但有优化空间。当前仅依据评分数据判断读者偏好，数据维度单一，推荐欠精准，可拓展借阅、浏览、收藏等多个维度的数据刻画读者偏好。计算相似度时用的差值平方和法较为简单，可引入余弦相似度、皮尔逊相关系数等复杂算法提升识别精度。推荐图书仅按评分筛选，缺乏多样性，时效性较低，可增加策略，兼顾相关性、多样性，推荐不同类型、年代的图书，实时更新，将推荐图书纳入热门图书。

8.3.6 总结和启示

本项目实训通过构建智能图书推荐系统，展示了 Python 在数据处理和算法实现中的强大能力。基于协同过滤算法，智能图书推荐系统能够根据读者的评分数据，精准推荐其感兴趣的图书，这有效解决了读者常面临的“信息过载，无明确目标”的困扰。在项目实现过程中，充分运用了字典、集合、列表等数据类型，以及流程控制、函数封装等 Python 编程技巧，体现了 Python 编程简洁、高效的特点。未来可通过引入更多维度的数据、优化相似度计算方法，以及丰富推荐策略，进一步提升智能图书推荐系统的推荐效果和用户体验。通过本项目实训的学习，读者能够深入理解智能图书推荐系统的基本原理，并掌握 Python 在实际问题中的应用。

8.4 巩固练习

（1）假设在文本分类任务中已收集一批描述文档主题的关键字列表，该列表中存在重复词汇。请使用集合对该列表进行去重，并输出去重后的关键字。关键字列表为 ["人工智能", "机器学习", "人工智能", "深度学习", "机器学习"]。

（2）假设在图像标注任务中有两个集合，分别存储了不同人员标注的图像标签。请将这两个集合合并，并去除重复标签，输出合并及去重后的标签。两个集合分别为 {"猫", "狗", "鸟"}和{"狗", "兔子", "猫"}。

（3）假设在训练一个神经网络模型时使用字典存储模型的超参数，包括学习率（learning_rate）、批次（batch_size）、训练轮数（num_epochs）等。现在需要修改学习率为 0.0001，并添加一个新的超参数正则化系数（regularization_coefficient，为 0.01）。请完成对字典的修改和添加操作，并输出修改后的字典。初始字典为{"learning_rate": 0.001, "batch_size": 32,"num_epochs": 10}。

（4）假设在情感分析任务中已使用字典记录不同文本的情感倾向及对应的数量，键为情感倾向，值为该情感倾向的文本数量。现在需要从字典中删除中性情感倾向的记录，并输出删除后的字典。初始字典为 {"正向": 50,"负向": 30,"中性": 20}。

（5）假设在图像识别模型评估任务中使用字典存储不同评估指标及对应的值，如准确率（accuracy）、召回率（recall）、F1 值（f1_score）等。请按评估指标从高到低对字典进行排序，并输出排序结果。初始字典为{"accuracy": 0.85,"recall": 0.8,"f1_score": 0.82}。

第 9 章　文件操作

9.1　文件的基本概念与操作

文件是存储数据的重要载体，无论是文本、图像、音频还是视频，都以文件形式存在。Python 提供了丰富的文件操作功能，便于数据的持久化存储和读取。

9.1.1　文件的基本概念

文件是计算机系统中存储数据的基本单位，包括文本文件、二进制文件、图像文件、音频文件等。每种类型的文件都有其特定格式和编码方式。其中，TXT 文件、PY 文件等文本文件的内容可用文本编辑器查看和编辑。而 JPG 文件、MP3 文件等二进制文件的内容需用特定软件解析。

Python 主要通过内置的文件操作函数来访问和处理文件，包括文件的打开和关闭、文件的读取、文件的写入和文件的搜索。

9.1.2　文件的打开和关闭

操作文件一般分为以下 3 步。

（1）打开文件并创建文件对象。

（2）通过文件对象读取和写入文件。

（3）关闭并保存文件。

1. 文件的打开

使用 open()函数可以打开文件，返回文件对象。

open()函数的语法如下。

```
file_object = open(filename, mode, encoding)
```

（1）filename：文件名（包含路径）。路径可为绝对路径或相对路径。

① 绝对路径：从根目录开始，如'c:\temp\temp.txt'。

② 相对路径：相对当前文件位置，更常用，如 './temp.txt' 或 '../data/temp.txt'。

注意，在 Python 的字符串中，\ 是转义字符，可能会与后续字符形成转义序列。为了避免出现这个问题，可以使用 \\ 或原始字符串 r'...'。

（2）mode：文件打开模式，决定文件可读、可写或可追加等。

① 'r'：只读模式（默认）。

② 'w'：写入模式，会覆盖文件的内容。

③ 'a'：追加模式，在文件末尾添加内容。

④ 'b'：二进制模式，读写二进制文件。此模式可与其他模式结合使用，如'rb'、

'wb'等。

（3）encoding：在默认情况下，使用操作系统默认编码（Windows 一般为 GBK，macOS 和 Linux 一般为 UTF-8）。此参数在二进制模式下不可用。

```
file_read = open('example.txt')                     # 打开一个文件进行读取
file_write = open('./data/temp.txt', 'w', encoding='utf-8')
```

2. 文件的关闭

文件使用完成后，必须关闭以释放系统资源。Python 提供了以下两种关闭文件的方法。

（1）显式关闭。

通过文件对象的 close()方法可以手动关闭文件。

close()方法的语法如下。

```
file_object.close()
```

实例 9-1　打开和关闭中文文件

```
fr = open('/data/bigfiles/出塞.txt', 'r', encoding='utf-8')    # 打开中文文件
print(fr.read())                                              # 读取文件的内容，将其以字符串形式输出
fr.close()                                                    # 关闭中文文件
```

（2）隐式自动关闭。

在使用 with 语句时，文件会在语句结束后自动关闭，无须调用 close()方法。

```
with open(file, mode='r', encoding=None) as fr:              # 打开文件并创建文件对象
    pass
```

实例 9-2　使用上下文管理器自动关闭中文文件

```
with open('/data/bigfiles/出塞.txt','r',encoding = 'utf-8') as poem:
    print(poem.read())                                       # 离开 with 语句自动关闭
```

9.1.3　文件的读取

微课视频

打开文件并获取文件对象后，可以使用多种方法读取文件的内容。Python 中的文件对象提供了几个读取文件的方法，如表 9-1 所示。

表 9-1　读取文件的方法

方　法	说　明
read(size)	在无参或 size 参数的值为-1 时，读取整个文件的内容，将其以字符串形式输出；当 size 参数的值为大于或等于 0 的整数时，读取 size 个字符
readline(size)	在无参或 size 参数的值为-1 时，读取并返回文件对象中的一行数据，包括行末的换行符，将其以字符串形式输出。当 size 参数的值为大于或等于 0 的整数时，从文件指针所在处向后最多读取当前行的前 size 个字符，在当前行的剩余字符少于 size 个时，读取到行末
readlines(hint)	在无参时，读取整个文件的内容，返回一个列表，该列表中的每个元素都是文件中的一行数据，包括行末的换行符。当 hint 参数的值为大于或等于 0 的整数时，返回文件从头到第 hint 个字符所在的行末

续表

方　法	说　明
seek(offset,whence)	改变当前文件指针的位置，offset 参数表示指针偏移量，whence 参数表示参照物，有 3 个值。其中，0 表示文件开头，1 表示当前位置，2 表示文件结尾。在文本文件（字符串未使用 'b' 模式时打开的文件）中，只允许相对于文件开头搜索
tell()	返回文件指针当前的位置，返回值与编码有关

实例 9-3　一次性读取并输出整个文件的内容

使用 file.read()方法可以一次性读取整个文件的内容到内存中，并返回一个字符串。

```
with open('example.txt', 'r') as file:
    content = file.read()              # 一次性读取整个文件的内容，适用于文件较小的情况
    print(content)
```

实例 9-4　读取并输出文件的特定内容

使用 file.seek()方法可以移动文件指针到指定位置，使用 file.read()方法可以读取文件指针指向位置的内容。

```
with open('example.txt', 'r') as file:
    file.seek(10)                      # 移动文件指针到文件的第 10 字节
    partial_content = file.read(20)    # 读取接下来的 20 字节内容
    print(partial_content)
```

实例 9-5　读取文件的所有行并将其转换为列表

使用 file.readlines()方法可以读取文件的所有行并将其转换为列表。

```
with open('example.txt', 'r') as file:
    lines = file.readlines()           # 读取文件的所有行并将其转换为列表
print('Lines:', lines)
```

实例 9-6　逐行读取并统计文件的内容

对于大文件，逐行读取更高效。假设文件的部分内容如下。

```
 王龙  94
 张龙  89
…
```

下面读取文件的内容并将其转换为二维列表，统计指定内容的分数总和。

```
# 使用列表推导式将文件中的数据转换为二维列表
with open('./score.txt','r',encoding='utf-8') as data:
    ls = [line.strip().split() for line in data]
print(sum([ int(item[1]) for item in ls ]))    # 统计第 2 列的分数总和
```

实例 9-7 筛选文件中的特定内容

读取成绩（与上述文件一致）并将其保存到二维列表中，使用列表推导式筛选成绩大于或等于 90 分的学生数据。本实例将读取文件的代码定义为函数，以便修改和维护。

```
def file_to_ls(filename):
    """无参函数，读取文件的内容，计算文件中数据的总和与数量，返回二维列表"""
    with open(filename) as data:                    # 读取文件的内容，创建文件对象
        ls = [ line.strip().split() for line in data]     # 用空格分隔文件中的各数据
    return ls                                       # 返回值为包含全部成绩的列表
def output(scores):
    """接收二维列表，逐行输出，各元素之间用空格分隔"""
    for item in scores:
        print(*item)
if __name__ == '__main__':
    file = '/data/bigfiles/score.txt'
    scores = file_to_ls(file)
    # 获取最后一列成绩在 90 分以上的学生数据
    scores_top=[ item for item in scores if int(item[-1])>=90 ]
    print(f"成绩大于或等于 90 分的学生数据:")
    output(scores_top)
```

实例 9-8 在中英文版的故事文件中提取英文

假设有一个 example.txt 文件，其中存储了故事的中文与英文内容。

```
Twinkle, twinkle, little star
一闪一闪亮晶晶
How i wonder what you are
我多想知道你是什么
```

过滤中文内容（中文字符及全角符号的 Unicode 值都大于 256），只输出英文内容。

```
def read_file(file):
    with open(file, 'r', encoding='utf-8') as novel:
        txt = novel.read()          # 读取整个文件的内容，将其以字符串形式输出
    # 使用列表推导式，过滤中文内容
    english_txt = ''.join([x for x in txt if ord(x) < 256])
    return english_txt              # 返回英文内容
if __name__ == '__main__':
    filename =   'example.txt'
    print(read_file(filename))
```

9.1.4 文件的写入

微课视频

文件的写入是指将数据保存到文件中的过程。在 Python 中，使用 open() 函数写入文件时，需设置 mode 参数为具有写权限的模式，如'w'、'x'、'a'或'r+'。注意，使用'r+'模式可以为读模式打开的文件增加写权限，会覆盖文件起始位置的数据。

Python 提供了 write()方法和 writelines()方法，用于写入文件，如表 9-2 所示。

表 9-2　写入文件的方法

方　法	说　明
write(b)	将给定字符串或字节流对象写入文件
writelines(lines)	将一个元素全为字符串的列表写入文件。在构造列表时，应在需要换行的位置加入换行符，以控制写入时换行

实例 9-9　写入字符串到文件

使用 write() 方法将字符串写入文件，并在每次写入后自动添加换行符。

```
with open('output.txt', 'w') as file:    # 若文件已存在，则使用'w'模式覆盖原有内容
    file.write('Hello, World!\n')
    file.write('This is a test.\n')
```

实例 9-10　持久化模型参数（在文件中写入多行）

假设模型参数被存储在字符串列表中，现在需要将每个参数均独占一行写入文件。要使用 writelines()方法一次性写入多行，需要手动添加换行符。使用'a'模式可追加内容。

```
model_parameters = ["param1", "param2", "param3", "param4"]
# 打开文件，使用'a'模式追加内容（如果文件不存在，那么创建文件）
with open("model_parameters.txt", "a") as file:
    # 为每个字符串末尾均添加换行符
    parameters_with_newlines = [param + "\n" for param in model_parameters]
    file.writelines(parameters_with_newlines)    # 一次性写入多行
print("模型参数已成功写入文件（或追加到文件末尾）。")
```

实例 9-11　将嵌套列表数据写入 TXT 文件

假设数据被存储在嵌套列表中，现在需要将其写入 TXT 文件。每个子列表均作为一行，元素之间用逗号分隔。

```
data = [['姓名', 'C 语言', 'Java', 'Python'],['罗明', '95', '96', '85'],
    ['王雪', '99', '96', '91']]
# 打开或创建一个 TXT 文件用于写入数据
with open('scores.txt', mode='w', encoding='utf-8') as file:
    for row in data:
        line = ','.join(row)         # 子列表元素用逗号分隔并被拼接成一个字符串
        file.write(line + '\n')      # 在 TXT 文件中写入一行
print("数据已成功写入 TXT 文件。")
```

程序运行结果如下。

```
姓名,C 语言,Java,Python,C#,C++
罗明,95,96,85
王雪,99,96,91
```

9.1.5 文件的搜索

微课视频

实例 9-12 搜索日志文件关键信息并另存

下面从一个包含服务器日志的 log.txt 文件中提取所有包含 ERROR 的行，并将这些行写入 error_log.txt 文件。假设 log.txt 文件的内容如下。

```
2023-04-01 10:00:00 INFO Starting server...
2023-04-01 10:01:00 DEBUG Connecting to database...
2023-04-01 10:02:00 ERROR Failed to connect to database.
2023-04-01 10:04:00 WARNING Low disk space.
2023-04-01 10:05:00 ERROR Unable to process request.
```

逐行遍历 log.txt 文件的内容，使用 in 检查每行是否均包含 ERROR。若某行包含 ERROR，则将该行添加到列表中，并将列表另存。

```
error_lines = []
with open('log.txt', 'r', encoding='utf-8') as log_file:
    for line in log_file:
        if 'ERROR' in line:
            error_lines.append(line)        # 若某行包含 ERROR，则将该行添加到列表中
with open('error_log.txt', 'w', encoding='utf-8') as error_file:
    error_file.writelines(error_lines)      # 将列表另存
print("所有包含'ERROR'的行已写入 error_log.txt 文件。")
```

程序运行结果如下。

```
2023-04-01 10:02:00 ERROR Failed to connect to database.
2023-04-01 10:05:00 ERROR Unable to process request.
```

在更复杂的情况下，可能需要使用更精确的字符串匹配方法，如 startswith()方法、endswith()方法等。这些方法可以帮助查询特定模式的错误提示，或区分错误提示在行中的位置（开头、中间或结尾）。

9.2 文件的高级操作

9.2.1 文件的异常处理与错误捕获

微课视频

文件操作中可能会遇到各种错误，如日志文件不存在、权限不足、磁盘空间不足等。采用 Python 的异常处理机制可以捕获错误并采取措施，使程序在遇到错误时不会崩溃。

实例 9-13 人工智能模型日志文件的异常处理

定义 write_log()函数，负责将日志写入指定的日志文件。尝试使用 try 块打开日志文件并将日志写入，使用多个 except 块捕获并处理文件操作中可能会遇到的错误。

```
import os
# 将日志（message 参数）写入指定的日志文件（log_file 参数）
def write_log(message, log_file='model_training.log'):
    try:
        with open(log_file, 'a', encoding='utf-8') as file:
            file.write(message + '\n')  # 追加写入日志文件
        print(f"日志已成功写入 {log_file}")
    except FileNotFoundError:
        print(f"错误：日志文件 {log_file} 不存在，无法写入日志。")
    except PermissionError:
        print(f"错误：没有权限写入日志文件 {log_file}。")
    except IOError as e:
        print(f"错误：写入日志文件 {log_file} 时发生 I/O 错误：{e}")
    except Exception as e:
        print(f"错误：写入日志文件 {log_file} 时发生未知错误：{e}")
# 模拟人工智能模型训练过程中的日志
write_log("模型训练开始。")
write_log("模型训练完成。")
```

9.2.2　二进制文件的处理

微课视频

二进制文件是以二进制格式存储的文件，通常用于存储图像、音频、视频等。在 Python 中处理二进制文件时，需要使用'b'模式打开文件。

1. 读取二进制文件

```
with open('image.png', 'rb') as file:
    binary_data = filc.rcad()
    print(binary_data[:100])        # 输出图片的前 100 字节
```

2. 写入二进制文件

```
data_to_write = b'Hello, binary world!'
with open('output.bin', 'wb') as file:
    file.write(data_to_write)
```

注意，在处理二进制文件时，需要关注数据格式和结构，以确保正确读取和写入数据。

在处理图像文件时，通常会借助第三方库，其中 Pillow 是一个被广泛使用且功能强大的选择。Pillow 是 PIL（Python Imaging Library）的继承者，在使用前需确保已被安装，通过 pip install Pillow 命令可以轻松安装 Pillow。Pillow 中的 Image 模块提供了图像读取和保存的基本功能。使用 Image.open(path)方法可打开指定路径的图像文件，并返回一个 Image 对象以供后续处理；而使用 Image.save(path)方法则可将处理后的图像保存到指定路径下。

实例 9-14　**图片文件的读取、处理和保存**

```
from PIL import Image, ImageFilter
input_image_path = 'example.jpg'
output_image_path = 'processed_example.jpg'
with Image.open(input_image_path) as img:                # 读取图片文件
    img.show()                                            # 显示原始图片
```

```
        blurred_img = img.filter(ImageFilter.BLUR)              # 应用模糊滤镜
        blurred_img.save(output_image_path)                     # 保存图片文件
        blurred_img.show()                                      # 显示处理后的图片
    print(f"处理后的图片已保存为 {output_image_path}")
```

9.2.3 CSV 文件的处理

微课视频

CSV（Comma-Separated Values，逗号分隔值）文件是电子表格数据的一种常见纯文本存储格式的文件。CSV 文件中的每行均表示一条记录，字段之间用逗号分隔。CSV 文件的结构简单、可读性强。与 Excel 文件相比，CSV 文件仅包含纯数据，不支持格式化样式、公式、图形等功能。因此，CSV 文件更适合用于简单数据的交换和存储。

```
姓名,年龄,城市
张三,25,北京
李四,30,上海
```

在上述代码中，第 1 行为表头，包含字段名；后续每行均表示一条记录。

在处理 CSV 文件时通常涉及读取、写入、清洗和转换等操作。在 Python 中，可以使用 csv 模块或 Pandas 来处理 CSV 文件。

1. 使用 csv 模块读取 CSV 文件

```
import csv
with open('example.csv', newline='', encoding='utf-8') as file:
    reader = csv.reader(file)              # 返回一个迭代器
    for row in reader:
        print(row)
```

2. 使用 csv 模块写入 CSV 文件

```
import csv
data = [['Name', 'Age', 'City'],['Charlie', '35', 'Chicago']]
with open('output.csv', 'w', newline='', encoding='utf-8') as file:
    writer = csv.writer(file)
    writer.writerows(data)                 # 写入数据
```

3. 使用 Pandas 的 read_csv()函数读取 CSV 文件

Pandas 的 read_csv()函数用于自动处理 CSV 文件中的分隔符、引号、换行符等，将数据加载到 DataFrame 中。DataFrame 是 Pandas 的核心数据结构，类似于二维表格。read_csv()函数提供了许多参数用于控制输出格式，如 sep 参数用于指定分隔符，header 参数用于指定标题行等，以满足不同的读取需求。

```
import pandas as pd
df = pd.read_csv('file.csv')               # 读取 CSV 文件到 DataFrame 中
print(df.head())                           # 查看 DataFrame 的前几行
```

4. 使用 Pandas 的 to_csv()函数写入 CSV 文件

在写入 CSV 文件时，Pandas 的 to_csv()函数也提供了许多参数用于控制输出格式，如 sep 参数用于指定分隔符，index 参数用于指定是否写入索引，header 参数用于指定是否写入列名等。

```
df.to_csv('output.csv', index=False)       # 将 DataFrame 写入 CSV 文件
```

实例 9-15　统计 CSV 文件中的数据并将结果写入新的 CSV 文件

假设有一个包含销售数据的 data.csv 文件。

```
Date,Product,Quantity,Price
2024-10-01,ProductA,10,20.5
2024-10-01,ProductB,5,30.0
2024-10-02,ProductC,8,25.0
2024-10-03,ProductA,7,20.5
2024-10-03,ProductB,6,30.0
```

统计每种产品的总销售数量和销售总额，并将结果写入 summary.csv 文件。

```
# 方法 1，使用 csv 模块实现
import csv
from collections import defaultdict
product_stats = defaultdict(lambda: [0, 0.0])                # 初始化数据字典
# 读取 CSV 文件并统计 CSV 文件中的数据
with open('data.csv', newline='') as csvfile:
    reader = csv.DictReader(csvfile)
    for row in reader:
        product = row['Product']
        quantity = int(row['Quantity'])
        price = float(row['Price'])
        product_stats[product][0] += quantity
        product_stats[product][1] += quantity * price
# 将结果写入新的 CSV 文件
with open('summary_csv.csv', 'w', newline='') as csvfile:
    fieldnames = ['Product', 'TotalQuantity', 'TotalSales']
    writer = csv.DictWriter(csvfile, fieldnames=fieldnames)
    writer.writeheader()
    for product, (total_quantity, total_sales) in product_stats.items():
        writer.writerow({'Product': product, 'TotalQuantity': total_quantity, 'TotalSales': total_sales})
```

此外，可以使用 Pandas 实现。

```
# 方法 2，使用 Pandas 实现
import pandas as pd
df = pd.read_csv('data.csv')                                 # 读取 CSV 文件
# 统计每种产品的总销售数量和销售总额
summary = df.groupby('Product').agg({
    'Quantity': 'sum',
    'Price': lambda x: (x * df.loc[df['Product'] == x.name, 'Quantity']).sum()
}).rename(columns={'Quantity': 'TotalQuantity', 'Price': 'TotalSales'}).reset_index()
summary.to_csv('summary_pandas.csv', index=False)       # 将结果写入新的 CSV 文件
```

无论使用哪种方法，生成的 summary.csv 文件的内容均应如下。

```
Product,TotalQuantity,TotalSales
ProductA,17,389.5
ProductB,11,330.0
ProductC,8,200.0
```

9.2.4　JOSN 文件的处理

微课视频

JSON（JavaScript Object Notation）是一种轻量级数据交换格式，既易读易写，又便于处理。它支持两种基本结构：对象（用花括号表示）和数组（用方括号表示）。图 9-1 所示为 JSON 文件样例，以花括号开始，表示一个 JSON 对象。该对象中的键（"name"、"age"等）与值（字符串、数字、布尔值等）相对应。"courses"键对应一个数组，包含课程及其成绩；"address"键则对应一个嵌套对象，用于提供详细的地址信息。

```
{
    "name": "John Doe",
    "age": 30,
    "isStudent": false,
    "courses": [
        {
            "courseName": "Mathematics",
            "grade": "A"
        },
        {
            "courseName": "Physics",
            "grade": "B+"
        },
        {
            "courseName": "Computer Science",
            "grade": "A-"
        }
    ],
    "address": {
        "street": "123 Main St",
        "city": "Anytown",
        "state": "CA",
        "zip": "12345"
    }
}
```

图 9-1　JSON 文件样例

Python 的 json 模块提供了处理 JSON 数据的功能。常用的 json 模块的方法如表 9-3 所示。

表 9-3　常用的 json 模块的方法

方　法	说　明
json.loads(s)	将 JSON 字符串 s 解析为 Python 对象，如字典、列表等
json.dumps(obj)	将 Python 对象 obj 序列化为 JSON 字符串
json.load(fp)	从文件对象 fp 中读取 JSON 对象，并解析为 Python 对象
json.dump(obj, fp)	将 Python 对象 obj 序列化为 JSON 对象，并写入文件对象 fp

实例 9-16　**API 调用数据的提取与存储**

假设获取天气信息的 API 返回一个包含城市天气数据的 JSON 对象。

```
{      "location": {
            "name": "London",
            "lat": 51.5,
            "lon": -0.1,
            "tz_id": "Europe/London",
            "localtime_epoch": 1633072800,
            "localtime": "2024-10-01 8:00"        },
    "current": {
```

```
            "temp_c": 15.0,
            "wind_mph": 10.0,
            "wind_direction": "NE",
            "wind_degree": 45,
            "feelslike_c": 14.0,
            "condition": {
                "text": "Sunny",
                "icon": "//cdn.weatherapi.com/weather/64x64/day/113.png",
                "code": 1000        }      }      }
```

从上述代码中提取地名、温度和天气状况数据，并将其以键值对形式存储到 JSON 文件中。

```
import requests
import json
api_url = 'http://api.weatherapi.com/current.json?key=YOUR_API_KEY&q=London'
response = requests.get(api_url)                        # 发送 GET 请求给 API
if response.status_code == 200:                         # 检查 GET 请求是否发送成功
    weather_data = response.json()                      # 解析 API 响应数据为 Python 字典
    # 提取所需信息
    location = weather_data['location']
    current = weather_data['current']
    city_name = location['name']                        # 地名
    temperature = current['temp_c']                     # 温度
    condition_text = current['condition']['text']      # 天气状况
    data_to_store = {
        "city": city_name,
        "temperature": temperature,
        "condition": condition_text
    }       # 构建要存储的数据结构（地名、温度和天气状况）
    # 将数据写入 JSON 文件
    with open('weather_data.json', 'w') as json_file:
        json.dump(data_to_store, json_file, indent=4)
    print("Weather data has been saved to weather_data.json")
else:
    print(f"Failed to retrieve data. Status code: {response.status_code}")
```

假设 API 密钥有效且 API 服务正常运行，执行上述代码后，将得到一个 weather_data.json 文件。

```
{     "city": "London",
    "temperature": 15.0,
    "condition": "Sunny"      }
```

9.3　项目实训：数据访问日志管理系统构建——匠心守护

9.3.1　项目背景

在现代信息化社会中，数据已成为企业的宝贵资产。随着数据量的激增，数据管理和安全防护愈发重要。数据访问日志管理系统作为记录数据操作的关键工具，在数据安全管理中不可或缺。尤其在涉及敏感数据或关键业务时，需使用精细化、智能化的日志管理系统确保数据安全与合规。通过分析日志，企业可以及时发现安全威胁、异常访问及数据泄露风险，采取防范措施。

9.3.2 项目任务

本项目实训要求构建一个基于 Python 的数据访问日志管理系统，该系统需易于扩展且安全可靠，为企业数据安全管理提供支持。该系统的核心功能如下。

（1）日志记录：自动记录访问时间、访问用户和文件信息。

（2）日志存储：将日志持久化存储到文本文件中，以确保数据的可靠性和可追溯性。

（3）日志查询：提供查询功能，允许用户根据时间范围或访问用户快速查询日志。

9.3.3 项目分析

本项目实训采用模块化设计，将日志记录、存储和查询功能分别封装成独立的函数或类，以便维护和扩展。

1. 日志记录

（1）在数据访问处手动添加日志记录代码。

（2）记录访问时间、访问用户（通过登录信息获取）和文件信息（路径、名称等）。

（3）编写模拟数据访问代码，测试日志记录功能。

2. 日志存储

（1）将日志持久化存储到文本文件中，每行均记录一条日志，以确保日志清晰、可读、易解析。

（2）使用 CSV 或 JSON 格式存储日志，以便后续解析和查询。

3. 日志查询

（1）提供基于时间的查询：读取日志文件，解析其中的日志，通过时间戳找出指定时间范围内的记录。

（2）提供基于用户的查询：读取日志文件，解析其中的日志，找出与指定用户匹配的日志。

9.3.4 项目实现

```
import datetime
import json
LOG_FILE = 'data_access_log.json'
# 初始化日志文件（如果不存在那么创建）
def initialize_log_file():
    try:
        with open(LOG_FILE, 'r') as f:
            json.load(f)
    except (FileNotFoundError, json.JSONDecodeError):
```

```
            with open(LOG_FILE, 'w') as f:
                json.dump([], f)
# 记录日志
def log_access(user, file_path):
    access_time = datetime.datetime.now().isoformat()
    log_entry = {
        'time': access_time,
        'user': user,
        'file': file_path
    }  # 记录访问时间、访问用户和文件信息
    with open(LOG_FILE, 'r') as f:
        logs = json.load(f)
    logs.append(log_entry)
    with open(LOG_FILE, 'w') as f:
        json.dump(logs, f, indent=4)
# 查询日志
def query_logs(start_time=None, end_time=None, user=None):
    with open(LOG_FILE, 'r') as f:
        logs = json.load(f)
    filtered_logs = []
    for log in logs:
        # 使用strptime()函数将字符串解析（或转换）为datetime对象
        log_time = datetime.datetime.strptime(log['time'], "%Y-%m-%dT%H:%M:%S.%f")
        time_match = (start_time is None or start_time <= log_time) and \
                     (end_time is None or log_time <= end_time)
        user_match = user is None or log['user'] == user
        if time_match and user_match:
            filtered_logs.append(log)
    return filtered_logs
# 定义命令行
def main_program():
    initialize_log_file()
    while True:
        print("\n数据访问日志管理系统")
        print("1. 记录日志")
        print("2. 查询日志")
        print("3. 退出系统")
        choice = input("请选择一个选项: ")
        if choice == '1':
            user = input("请输入用户名: ")
            file_path = input("请输入文件路径: ")
            log_access(user, file_path)
            print("日志已记录。")
        elif choice == '2':
            start_time_str = input("开始时间(YYYY-MM-DDTHH:MM:SS,或留空):")
            end_time_str = input("结束时间(YYYY-MM-DDTHH:MM:SS,或留空):")
            user = input("请输入用户名（或留空): ")
            start_time = None if not start_time_str else datetime.datetime.strptime(start_time_str, "%Y-
%m-%dT%H:%M:%S")
            end_time = None if not end_time_str else datetime.datetime.strptime(end_time_str, "%Y-
%m-%dT%H:%M:%S")
```

```
            logs = query_logs(start_time, end_time, user)
            for log in logs:
                print(f"时间: {log['time']}, 用户: {log['user']}, 文件: {log['file']}")
        elif choice == '3':
            print("正在退出系统。")
            break
        else:
            print("无效选项，请重试。")
if __name__ == "__main__":
    main_program()
```

9.3.5 项目优化

上述代码实现了简易的数据访问日志管理系统，通过定义命令行允许用户记录日志、查询日志，以及退出系统。程序运行结果将根据用户的选择，在日志文件中记录新的日志或显示符合条件的日志。

然而，数据访问日志管理系统在安全性与保密性方面仍有提升的空间。为了提高安全性，可以引入用户认证机制。通过维护一个包括用户名和密码的字典，在用户尝试记录或查询日志时进行身份验证，确保只有授权用户才能操作系统。同时，为了保障日志的保密性，可以对日志文件进行加密处理。使用 Python 的 cryptography 实现对称加密，以防出现未经授权的访问或篡改。需注意的是，此处仅为基本实例，实际应用中应采用更安全的密钥管理和加密方法。

```
import datetime
import json
from cryptography.fernet import Fernet
import os
ENCRYPTION_KEY = Fernet.generate_key()          # 生成密钥
cipher_suite = Fernet(ENCRYPTION_KEY)
LOG_FILE = 'data_access_log.json.enc'           # 定义文件路径
USERS = {
    "user1": "password123",               # 密码应为哈希值，这里为简化，直接使用明文实例
    "admin": "adminpass"
}    # 用户认证信息
# 初始化日志文件（如果不存在那么创建）
def initialize_log_file():
    try:
        with open(LOG_FILE, 'rb') as f:          # 尝试解密日志文件
            cipher_text = f.read()
            plain_text = cipher_suite.decrypt(cipher_text)
            json.loads(plain_text.decode('utf-8'))
    except (FileNotFoundError, json.JSONDecodeError, ValueError):
        with open(LOG_FILE, 'wb') as f:          # 初始化为空列表的加密版本
            encrypted_data = cipher_suite.encrypt(json.dumps([]).encode('utf-8'))
            f.write(encrypted_data)
# 记录日志，引入用户认证机制
def log_access(user, file_path):
    if user not in USERS or USERS[user] != input(f"请输入密码 for {user}: "):
        print("认证失败。")
```

```
            Return
        access_time = datetime.datetime.now().isoformat()
        log_entry = {
            'time': access_time,
            'user': user,
            'file': file_path
        }
        with open(LOG_FILE, 'rb') as f:
            cipher_text = f.read()
            plain_text = cipher_suite.decrypt(cipher_text)
            logs = json.loads(plain_text.decode('utf-8'))
        logs.append(log_entry)
        with open(LOG_FILE, 'wb') as f:
            encrypted_data = cipher_suite.encrypt(json.dumps(logs, indent=4).encode('utf-8'))
            f.write(encrypted_data)
        print("日志已记录。")
# 查询日志，引入用户认证机制
def query_logs(start_time=None, end_time=None, user=None):
        if "admin" not in USERS or USERS["admin"] != input("请输入管理员密码: "):
            print("认证失败。")
            return []
        with open(LOG_FILE, 'rb') as f:
            cipher_text = f.read()
            plain_text = cipher_suite.decrypt(cipher_text)
            logs = json.loads(plain_text.decode('utf-8'))
        filtered_logs = []
        for log in logs:
            log_time = datetime.datetime.strptime(log['time'], "%Y-%m-%dT%H:%M:%S.%f")
            time_match = (start_time is None or start_time <= log_time) and \
                         (end_time is None or log_time <= end_time)
            user_match = user is None or log['user'] == user
            if time_match and user_match:
                filtered_logs.append(log)
        return filtered_logs
# 定义命令行
def main_program():
# 省略部分代码，与原始代码相同
if __name__ == "__main__":
        main_program()
```

在记录日志前，需通过预定义的用户名和密码进行认证。例如，可以使用 user1 和 password123，或自行在列表 USERS 中添加其他用户信息。若用户名不在列表 USERS 中，则认证失败，日志操作将被拒绝。

日志文件的读取和写入采用加/解密机制。下面是程序正常运行后，加密的 data_access_log.json.enc 文件的内容。

gAAAAABnbKqWSdapmIPQy-ek0qFDZV5LjWRHjNAOo4XxBexyGDMUNgLwJ_…

9.3.6　总结和启示

本项目实训构建了一个简易的基于 Python 的数据访问日志管理系统。该系统集成了日志记录、存储和查询功能，以全面追踪和记录数据空间的访问情况。本项目实训强调了数据安全管理在现代信息化社会中的重要性。通过数据访问日志管理系统，企业能够有效监控数据访问行为，及时发现安全威胁和异常访问模式，并采取措施进行预防。同时，本项目实训提出了采用用户认证机制和日志文件加密等安全措施，提升系统的安全性和保密性。

展望未来，随着数据量的增长和数据安全威胁的复杂化，数据访问日志管理系统需不断升级和完善。例如，引入更先进的加密技术和智能异常检测算法，提高系统的安全防护能力和加快系统的响应速度。同时，数据访问日志管理系统需具备良好的可扩展性和可定制性，以满足不同行业和企业的多样化需求。

9.4　巩固练习

（1）编写一个 Python 程序，从 data.csv 文件中读取学生数据，该文件中包含两列：姓名和成绩。

要求计算平均分（保留两位小数），并将结果写入 average.txt 文件。假设 data.csv 文件的内容如下。

```
姓名,成绩
Alice,84
Bob,90
```

此时，average.txt 文件中应包含 87。

（2）编写一个 Python 程序，从 students.json 文件中读取学生数据，该文件中包含一个学生列表，每条学生数据均是一个字典，包含"name"和"age"两个键。

要求计算所有学生的平均年龄（保留两位小数），并将结果写入 average_age.txt 文件。假设 students.json 文件的内容如下。

```
[      {"name": "Alice", "age": 20},
       {"name": "Bob", "age": 22},
       {"name": "Charlie", "age": 23}    ]
```

此时，average_age.txt 文件中应包含 21.67。

（3）编写一个 Python 程序，从 log.txt 文件中读取日志，该文件中包含多行日志，每行日志的格式均如[YYYY-MM-DD HH:MM:SS] message。

要求提取所有日志中的时间戳，并将其按从早到晚的顺序写入 timestamps.txt 文件，每行均表示一个时间戳。假设 log.txt 文件的内容如下。

```
[2025-01-01 12:00:00] Server started
[2025-01-01 13:00:00] User logged in
[2024-12-31 23:59:59] System check completed
```

此时，timestamps.txt 文件中应包含如下内容。

```
2022-12-31 23:59:59
2023-01-01 12:00:00
2023-01-01 13:00:00
```

第 10 章　面向对象程序设计

10.1　面向对象程序设计概述

10.1.1　面向对象程序设计和面向过程程序设计的区别

面向对象程序设计（Object-Oriented Programming，OOP）和面向过程程序设计（Procedure-Oriented Programming，POP）是两种截然不同的编程范式，二者在设计思路、适用场景及特性上各有特色，如表 10-1 所示。

表 10-1　面向对象程序设计和面向过程程序设计的区别

区别项	面向对象程序设计	面向过程程序设计
设计思路	着重将问题域中的实体抽象为对象，并从对象的角度出发进行设计，关注“谁”来做，即对象属性和行为及其相互作用	侧重分析问题的具体步骤，采用结构化方法，关注“怎么做”，通过函数来实现每个步骤
适用场景	适用于功能复杂、需要高度抽象和协作的系统，能提高代码的可维护性、可扩展性和可复用性	适用于逻辑简单、步骤明确的程序，尤其在资源受限或性能要求极高的环境中表现出色
特性	具备抽象、封装、继承和多态四大特性，以类/对象为最小单位，通过封装来隐藏内部实现，通过继承来实现代码复用	以函数为最小单位，强调功能的实现，封装性相对较低
优点	易维护，易复用，易扩展，系统灵活且低耦合	因不涉及实例化对象等操作，故性能较高，开销较少
缺点	性能较低，实例化开销大，设计需要更多抽象和建模工作，对开发人员要求较高	代码复用性低，扩展性差，不易维护，可能导致代码结构混乱

10.1.2　面向对象程序设计的四大特性

面向对象程序设计的核心在于其四大特性：抽象、封装、继承和多态。这些特性使程序设计更加模块化、可维护且易扩展。

1. 抽象

抽象（abstraction）通过定义类来为复杂对象创建蓝图，保留其关键特性和行为（姓名、年龄、备课、上课等核心属性和方法），而忽略其次要细节，从而将其简化为可管理的对象模型。以设计教师类（Teacher）为例，面向对象程序设计的抽象和封装实例如图 10-1 所示。图 10-1 重点关注教师类的核心要素，力求构建出清晰、易管理的对象框架。

2. 封装

封装（encapsulation）是将对象的属性和方法紧密结合，形成一个独立单元，并通过访问控制隐藏内部细节，仅对外暴露必要的公共接口。例如，在教师类中，姓名和年龄等属性被设置为私有接口，仅在类内部可访问，而备课和上课等方法则作为公共接口，提供与外部进行交互的桥梁。

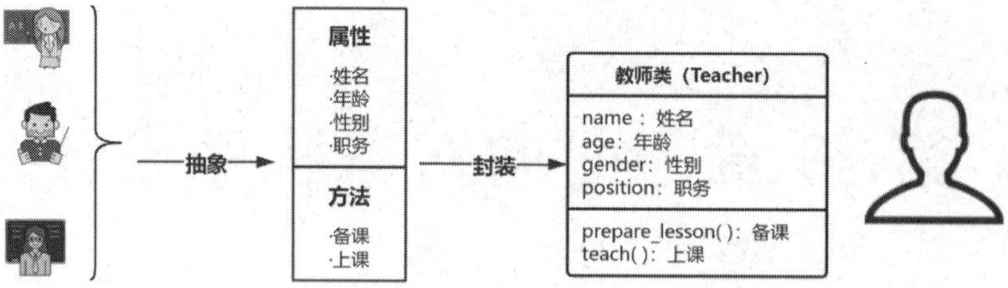

图 10-1　面向对象程序设计的抽象和封装实例

3. 继承

继承（inheritance）是面向对象程序设计中实现代码复用和扩展的重要机制。它允许子类继承父类的所有属性和方法，并在此基础上根据需要进行功能的扩展或重写。图 10-2 所示为面向对象程序设计的继承实例。其中，教师类可以继承员工类，不仅可以获得其所有属性和方法，还可以添加与教师特定相关的功能，如授课、评分等，从而实现代码的复用和扩展。

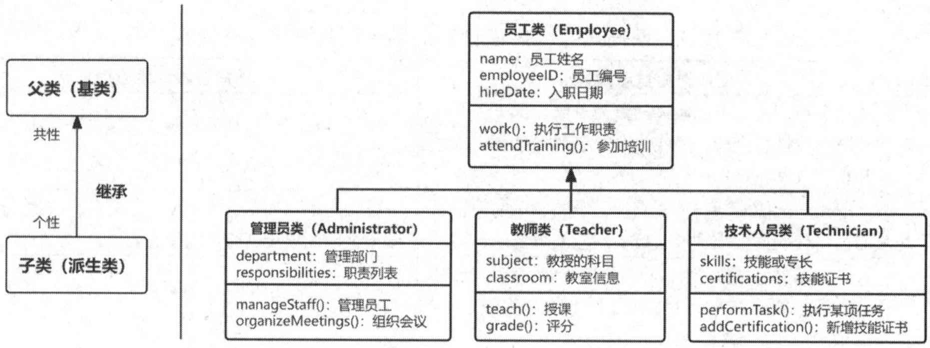

图 10-2　面向对象程序设计的继承实例

4. 多态

多态（polymorphism）允许不同类的对象对同一消息做出不同的响应，依赖于接口（或抽象父类）和继承。具体来说，可以通过定义抽象父类或协议来规定方法签名，而由各子类去实现具体的逻辑。例如，定义抽象父类，如图形类，其中包含一个 draw()方法，而圆类、三角形类、矩形类等子类各自实现自身独特的 draw()方法，如图 10-3 所示。当调用一个 Shape 类的 draw()方法时，实际执行的是该类所属子类的 draw()方法，从而实现多态。

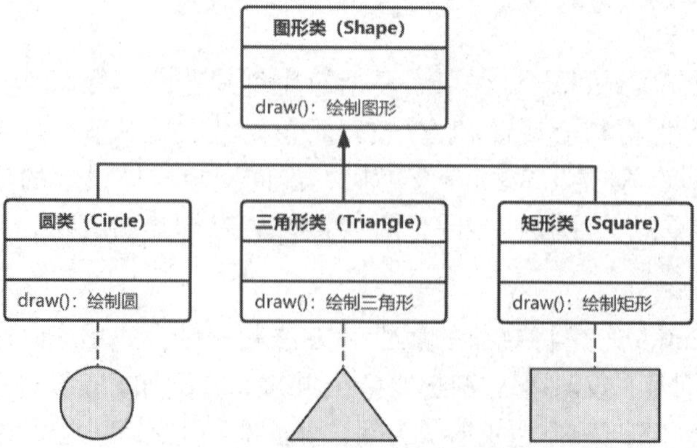

图 10-3　面向对象程序设计的多态实例

10.2　类与对象

10.2.1　类的定义

微课视频

类（class）作为创建对象的蓝图或模板，是面向对象的核心概念。类定义了对象属性（表示状态）和方法（表示行为）。类的定义的语法如下。

```
class ClassName:
    """类的文档字符串，用于描述类的功能和用途。"""
    pass        # 类的主体，此处用 pass 占位，实际代码中将包含属性和方法的定义
```

命名规范：类名采用大驼峰命名法，即每个单词的首字母均大写。

文档字符串：类的文档字符串用于提供类的简要描述，以帮助其他开发者理解类的用途。使用 help()函数可以查看类的文档字符串。

类的主体：在 pass 位置定义类属性和方法。属性是类的数据成员，方法是类的函数成员。类与对象的实例如图 10-4 所示。

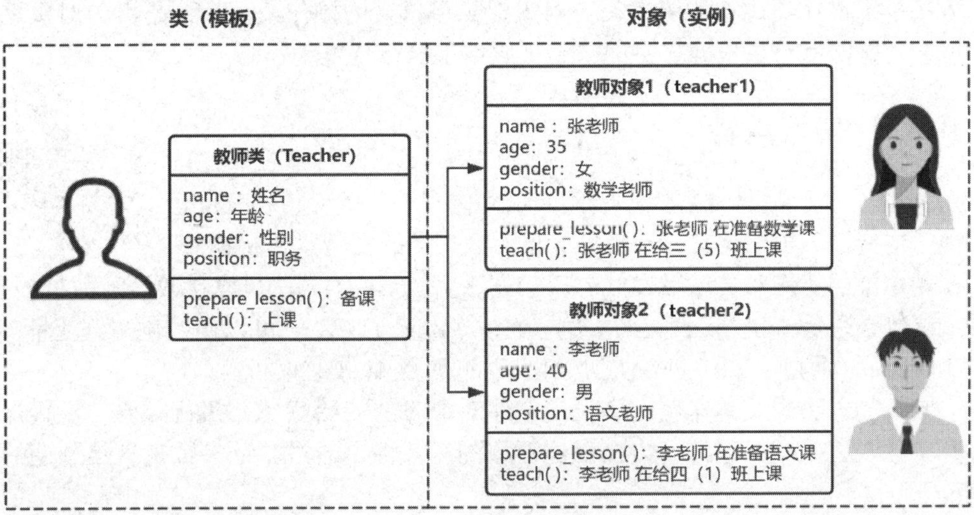

图 10-4　类与对象的实例

10.2.2　类的实例——对象

对象是类的具体实例。定义类并不会直接创建对象，而会根据蓝图生成具有特定属性和方法的实体。要创建对象，可以使用类名并调用其构造方法（Python 中通常为__init__()方法）。其语法如下。

```
对象名 = 类名(参数列表)
```

为教师类创建两个不同对象的实例代码如下。

```
class Teacher:
    """定义教师类。"""
    pass
```

```
teacher1 = Teacher()          # 创建教师对象 1
teacher2 = Teacher()          # 创建教师对象 2
```

教师对象 1 和教师对象 2 都是教师类的实例，各自独立，可拥有不同的属性值，但共享类定义的方法。在创建对象后，使用运算符“.”可以访问对象属性和方法。其语法如下。

```
对象名.属性名
对象名.方法名（参数列表）
```

假设教师类定义了 name 属性和 teach()方法，访问对象属性和方法的实例代码如下。

```
# 访问对象属性和方法
teacher1.name = "Alice"       # 定义教师对象 1 的 name 属性
teacher2.teach()              # 调用教师对象 2 的 teach()方法
```

10.3　属性和方法

在面向对象程序设计中，属性和方法是构成类的两大核心要素。

属性作为类的变量，承载着对象的数据，描绘了对象的状态或特性。

方法是定义在类内部的函数，为对象提供可执行的操作或行为，是类与对象之间交互的桥梁，能够使对象根据自身的状态（属性）执行特定动作。

10.3.1　实例属性

微课视频

在 Python 中，属性往往通过实例变量来体现。这些变量在__init__()方法（类的构造器）中被定义，并借助 self 参数与类的实例紧密相连。

在创建类的实例时自动触发__init__()方法。__init__()方法可以接收任意数量的参数，但首个参数必须是 self，代表类的实例。通过__init__()方法，可以初始化实例变量，如个人类（Person）通过__init__()方法初始化 name 属性和 age 属性。

__init__()方法的关键作用在于设定创建对象时的初始状态，执行必要的设置操作，如打开文件或建立网络连接，以及确保对象的有效性，通过验证参数来满足预期的类型或值范围。

在使用__init__()方法时需注意，__init__()方法不返回值，其职责仅为初始化对象。若类无须初始化，则可省略__init__()方法，但通常不推荐。在__init__()方法内可调用类的其他方法，但应避免调用可能修改对象状态的方法，以防产生副作用或调试困难，同时需谨慎调用可能抛出异常的方法。

实例 10-1　**定义教师类并实例化**

定义教师类，将其作为创建具体教师对象的模板。该类中包含教师对象属性：name 属性、age 属性、gender 属性和 position 属性。基于教师类，创建不同教师对象，要求其具有对应的姓名、年龄、性别和职务。

```
class Teacher:
    def __init__(self, name, age, gender, position):
```

```
        self.name = name              # 姓名
        self.age = age                # 年龄
        self.gender = gender          # 性别
        self.position = position      # 职务
teacher1 = Teacher("张老师", 35, "女", "数学老师")
teacher2 = Teacher("李老师", 40, "男", "语文老师")
# 输出“第 1 位老师的具体信息：张老师,35,女,数学老师”
print(f"第 1 位老师的具体信息：{teacher1.name},{teacher1.age},{teacher1.gender},{teacher1.position}")
# 输出“第 2 位老师的具体信息：李老师,40,男,语文老师”
print(f"第 2 位老师的具体信息：{teacher2.name},{teacher2.age},{teacher2.gender},{teacher2.position}")
```

在上述代码中，教师类中定义了一些属性。这些属性在创建教师对象时被初始化，并在教师对象的整个生命周期中保持可访问。

```
# 访问并修改教师对象属性
teacher1.age=30                                   # 为 age 属性赋值
teacher1.position="音乐老师"                      # 为 position 属性赋值
# 输出“第 1 位老师的具体信息：张老师,30,女,音乐老师”
print(f"第 1 位老师的具体信息：{teacher1.name},{teacher1.age},{teacher1.gender},{teacher1.position}")
```

10.3.2　类属性

微课视频

类属性（class attributes）绑定于类本身，而非类的某个特定实例变量。它们通常用于存储与类整体相关的信息，或当所有实例需共享同一个数据时。

```
class MyClass:
    class_attribute = "I am a class attribute"    # 类属性
obj1 = MyClass()                                  # 创建对象
obj2 = MyClass()                                  # 创建对象
print(obj1.class_attribute)                       # 输出“I am a class attribute”
print(MyClass.class_attribute)                    # 同样输出“I am a class attribute”
```

实例 10-2　**在教师类中添加类属性**

在教师类中添加一个类属性，用于记录该类中的教师数量。

```
class Teacher:
    teacher_count = 0                             # 添加一个类属性
    def __init__(self, name, age, gender, position):
        self.name = name                          # 姓名
        self.age = age                            # 年龄
        self.gender = gender                      # 性别
        self.position = position                  # 职务
        Teacher.teacher_count += 1                # 每次实例化时，教师数量均加 1
teacher1 = Teacher("张老师", 35, "女", "数学老师")  # 创建对象
teacher2 = Teacher("李老师", 40, "男", "语文老师")  # 创建对象
print(f"当前共有{Teacher.teacher_count}位老师。")   # 输出“当前共有 2 位老师”
print(f"第 1 位老师的具体信息：{teacher1.name},{teacher1.age},{teacher1.gender},{teacher1.position}")
# 输出“第 1 位老师的具体信息：张老师,35,女,数学老师”
print(f"第 2 位老师的具体信息：{teacher2.name},{teacher2.age},{teacher2.gender},{teacher2.position}")
# 输出“第 2 位老师的具体信息：李老师,40,男,语文老师”
```

实例 10-3　在金融账户类中添加类属性

定义金融账户类（FinancialAccount），以模拟真实的金融账户。该类中包含一些属性，用于描述金融账户的基本信息和状态。本实例旨在展示如何组织和管理金融账户的数据结构，并为后续添加功能（存款、取款等）奠定基础。

金融账户类中有 1 个类属性和 7 个实例属性。

```
# 定义金融账户类
class FinancialAccount:
    account_count = 0                                  # 类属性，用于统计账户数量
    def __init__(self, account_number, account_type, balance=0.0, currency="USD", is_active=True,
owner_name="", open_date=""):
        # 初始化实例属性
        self.account_number = account_number           # 账户号码（唯一标识）
        self.account_type = account_type               # 账户类型
        self.balance = balance                         # 账户余额
        self.currency = currency                       # 货币类型（USD、CNY 等）
        self.is_active = is_active                     # 账户状态（是否活跃）
        self.owner_name = owner_name                   # 账户所有者姓名
        self.open_date = open_date                     # 开户日期
        FinancialAccount.account_count += 1            # 每次创建实例时，账户数量均加 1
account1 = FinancialAccount(
    # 创建金融账户对象 1
    account_number="1234567890",
    account_type="savings",
    balance=1000.50,
    currency="CNY",
    is_active=True,
    owner_name="张三",
    open_date="2023-04-01"
)
# 创建金融账户对象 2
account2 = FinancialAccount(
    account_number="0987654321",
    account_type="checking",
    balance=5000.00,
    currency="USD",
    is_active=True,
    owner_name="李四",
    open_date="2023-04-02"
)
print(f"当前账户数量: {FinancialAccount.account_count}")   # 输出“当前账户数量: 2”
print(f"账户 1 信息:")
print(f"账户号码: {account1.account_number}")              # 输出“账户号码: 1234567890”
print(f"账户类型: {account1.account_type}")                # 输出“账户类型: savings”
# 可继续输出其他账户信息
print(f"账户 2 信息:")
print(f"账户号码: {account2.account_number}")              # 输出“账户号码: 0987654321”
print(f"账户类型: {account2.account_type}")                # 输出“账户类型: checking”
```

10.3.3　实例方法

微课视频

实例方法是与类的实例紧密相关的方法，至少需接收一个参数，该参数通常为 self。self 参数是对调用该方法的实例本身的引用，能够访问和修改实例属性，以及调用其他实例方法。

实例 10-4　在教师类中添加实例方法

在教师类中定义一些方法以模拟教师的日常活动，如备课和上课。这些方法通过调用与它们相关联的对象属性来执行操作，并使用 print()函数输出模拟的行为消息。

```
class Teacher:
    def __init__(self, name, age, gender, position):
        self.name = name                    # 实例属性：姓名
        self.age = age                      # 实例属性：年龄
        self.gender = gender                # 实例属性：性别
        self.position = position            # 实例属性：职务
    def prepare_lesson(self):               # 实例方法：备课
        print(f"{self.position}{self.name} 正在备课。")
    def teach(self,banji):                  # 实例方法：上课
        print(f"{self.position}{self.name} 在给{banji}上课。")
teacher1 = Teacher("张老师", 35, "女", "数学老师")     # 创建对象
teacher2 = Teacher("李老师", 40, "男", "语文老师")     # 创建对象
# 调用实例方法
teacher1.prepare_lesson()                   # 数学老师张老师正在备课
teacher1.teach("三（5）班")                  # 数学老师张老师 在给三（5）班上课。
teacher2.teach("四（1）班")                  # 语文老师李老师 在给四（1）班上课。
```

10.3.4　类方法

微课视频

与实例方法不同，类方法是通过@classmethod 装饰器定义的方法，至少接收一个参数，该参数通常为 cls。cls 参数是对类本身的引用，而不是对类的某个特定实例的引用。类方法通常用于执行与类本身相关的操作，如创建类的实例、访问或修改类属性等。

实例 10-5　在教师类中添加类方法

```
class Teacher:
    teacher_count = 0
    def __init__(self, name, age):
        self.name = name
        self.age = age
        Teacher.teacher_count += 1
    @classmethod
    def get_teacher_count(cls):             # 添加类方法
        return cls.teacher_count            # 返回类属性的值
```

```
# 使用类方法
print(Teacher.get_teacher_count())        # 输出"0"(在创建任何实例之前)
teacher1 = Teacher("张老师", 35)
teacher2 = Teacher("李老师", 40)
print(Teacher.get_teacher_count())        # 输出"2"(现在有两个实例)
```

10.3.5 静态方法

微课视频

静态方法不依赖于类的实例或类本身，其像普通函数一样，只被定义在类的命名空间中。静态方法通常用于那些逻辑上属于类，但又不需要访问类属性或实例属性的功能。

1. 静态方法的定义

在 Python 中，使用@staticmethod 装饰器可以将一个方法定义为静态方法。静态方法不支持将 self 参数或 cls 参数作为第 1 个参数，因此 self 参数和 cls 参数不能访问或修改实例属性或类属性。

```
class MyClass:
    @staticmethod
    def static_method():              # 定义静态方法
        print("This is a static method.")
```

通过类名可以直接调用静态方法，而不需要创建类的实例。

```
MyClass.static_method()               # 输出"This is a static method."
```

2. 静态方法的使用场景

静态方法的使用场景包括：当函数与类紧密相关但无须访问类属性时，可作为工具函数保持代码的组织性；在设计模式中作为工厂方法灵活创建类的实例或相关对象；当方法在逻辑上属于类但无须成为实例方法时，不使用 self 参数而选择静态方法。

实例 10-6　　在教师类中添加静态方法

在教师类定义两个静态方法：greet_students()方法和 calculate_grade()方法。前者用于输出简单的问候语，不依赖于任何特定教师实例；后者用于根据分数返回成绩等级，同样不依赖于任何特定教师实例。

```
class Teacher:
    def __init__(self, name, subject):
        self.name = name                  # 实例属性
        self.subject = subject            # 实例属性
    def teach(self):                      # 实例方法
        print(f"{self.name}正在教授{self.subject}。")
    @staticmethod
    def greet_students():                 # 静态方法，开场问候
        print("同学们好！我们开始上课吧。")
    @staticmethod
    def calculate_grade(score):           # 静态方法，根据分数返回成绩等级
        if score >= 90:
            return 'A'
        elif score >= 80:
```

```
            return 'B'
        elif score >= 70:
            return 'C'
        elif score >= 60:
            return 'D'
        else:
            return 'F'
# 使用教师类的静态方法
Teacher.greet_students()              # 输出“同学们好！我们开始上课吧。”
# 使用静态方法计算成绩等级
grade = Teacher.calculate_grade(85)
print(f"成绩等级是：{grade}")    # 输出“成绩等级是：B”
```

实例 10-7　在金融账户类中添加静态方法

在金融账户类中，静态方法用于实现一些通用的金融计算、验证规则、提供有关账户的静态描述等。在金融账户类中添加两个静态方法：validate_account_number()方法和calculate_interest 方法。前者用于验证账户号码是否符合特定格式要求（10 位数字）；后者用于计算利息，支持将 principal（本金）、rate（利率）和 time（时间）作为参数，并输出利息。

```
class FinancialAccount:
    def __init__(self, account_number, balance=0.0):
        self.account_number = account_number
        self.balance = balance
    def deposit(self, amount):                          # 定义实例方法
        if amount > 0:
            self.balance += amount
            print(f"存入{amount}。新余额为{self.balance}。")
    def withdraw(self, amount):                         # 定义实例方法
        if 0 < amount <= self.balance:
            self.balance -= amount
            print(f"取出{amount}。剩余余额为{self.balance}。")
        else:
            print("余额不足或金额无效。")
    @staticmethod
    def validate_account_number(account_number):        # 定义静态方法
        # 假设账户号码必须是 10 位数字
        return account_number.isdigit() and len(account_number) == 10
    @staticmethod
    def calculate_interest(principal, rate, time):      # 定义静态方法
        # 简单的利息计算公式
        return principal * rate * time
# 使用金融账户类的实例方法
account = FinancialAccount("1234567890", 1000.0)
account.deposit(200)                       # 输出“存入 200。新余额为 1200.0。”
account.withdraw(150)                      # 输出“取出 150。剩余余额为 1050.0。”
# 使用金融账户类的静态方法
is_valid = FinancialAccount.validate_account_number("1234567890")
print(f"账户号码有效吗？{is_valid}")        # 输出“账户号码有效吗？True”
```

```
interest = FinancialAccount.calculate_interest(1000, 0.05, 1)
print(f"计算得出的利息为：{interest}")        # 输出“计算得出的利息为：50.0”
```

10.3.6 类成员的访问权限

微课视频

在 Python 中，类成员（包括属性和方法）的访问权限主要由其定义位置、命名规则（包括成员名前缀规则）及装饰器决定。其中，关键因素为类成员的定义位置和成员名前缀规则。

1. 定义位置

（1）实例属性：定义在__init__()方法或其他实例方法中的属性，专属于类的实例，每个类的实例均拥有独立的属性值。

（2）类属性：定义在类内部、任何方法之外的属性，属于类本身，被所有类的实例共享。对类属性的修改会影响所有类的实例对该属性的访问。

（3）实例方法：默认以 self 参数为首个参数，能够操作实例属性，通常用于实现对象行为。

（4）类方法：通过@classmethod 装饰器定义，以 cls 参数为首个参数，能够操作类属性，通常用于实现与类相关的功能。

（5）静态方法：通过@staticmethod 装饰器定义，不接收 self 参数或 cls 参数，作为类的普通函数，既不依赖于实例又不依赖于类。

2. 成员名前缀规则

（1）无前缀：表明成员是公开的（public），即可以在类的任何位置被直接访问和使用。

（2）单下划线：表示成员是受保护的（protected），虽可从类外部访问，但约定主要用于类内部或子类。

（3）双下划线：触发名称改写机制，防止子类意外覆盖父类属性，虽技术上可访问，但不鼓励，违背封装原则。

实例 10-8　　将 teacher_count 属性设置为私有属性

将 teacher_count 属性设置为私有属性，以防从类外部直接访问或修改教师数量。可以在属性名前添加双下划线。

```
class Teacher:
    __teacher_count = 0                     # 添加双下划线作为命名约定
    def __init__(self, name, age):
        self.name = name
        self.age = age
        Teacher.__teacher_count += 1        # 访问类属性时仍然使用类名
    @classmethod
    def get_teacher_count(cls):             # 定义类方法
        return cls.__teacher_count          # 通过类方法访问私有属性
# 使用类方法
print(Teacher.get_teacher_count())         # 输出“0”（在创建任何实例之前）
teacher1 = Teacher("张老师", 35)
```

```
teacher2 = Teacher("李老师", 40)
print(Teacher.get_teacher_count())                  # 输出“2”（现在有两个实例）
# 尝试从外部直接访问私有属性（不推荐）
# print(Teacher.__teacher_count)                    # 抛出 AttributeError 异常
```

注意，这种私有属性主要作为命名约定，并不提供真正的封装保护。在 Python 中，仍然可以通过特殊方式（使用_ClassName__private_attribute 等）从外部访问私有属性。

实例 10-9　银行账户管理系统中的访问控制与封装

在金融领域，每个账户中都包含一系列敏感信息，如余额、开户日期、密码等。为了保护这些信息不被非法访问或篡改，需设计一个安全的银行账户管理系统。该系统通过定义 BankAccount 类实现账户信息的封装，使用 Python 命名规则进行访问控制，以确保账户状态的安全性；特别注重密码的安全存储与验证，以确保敏感操作的安全性；同时，提供存款、取款及计算利息等功能，以满足日常账户管理的需求。

```
class BankAccount:
    interest_rate = 0.05                          # 类属性：所有账户共享的利率
    def __init__(self, initial_balance):
        self.public_balance = initial_balance     # 实例属性：余额
        self._open_date = "2023-01-01"            # 受保护属性：开户日期（仅内部使用）
        self.__password = "secret123"             # 私有属性：密码（不应从外部访问）
    def public_deposit(self, amount):             # 公开方法：存款
        self.public_balance += amount
        print(f"存入 {amount}，余额为 {self.public_balance}")
    def public_withdraw(self, amount, password):
        if self.__validate_password(password):    # 需要密码验证
            self.public_balance -= amount
            print(f"取出 {amount}，余额为 {self.public_balance}")
        else:
            print("密码错误！交易失败。")
    def _calculate_interest(self):          # 受保护方法：计算利息（仅内部使用）
        return self.public_balance * self.interest_rate
    def __validate_password(self, input_password):
        return input_password == self.__password
account = BankAccount(1000)
# 访问类属性和实例属性
print(BankAccount.interest_rate)            # 访问类属性：利率。输出“0.05”
print(account.public_balance)               # 访问实例属性：账户余额。输出“1000”
# 调用公开方法
account.public_deposit(200)                 # 输出“存入 200，余额为 1200”
account.public_withdraw(100, "secret123")   # 输出“取出 100，余额为 1100”
# 尝试访问受保护属性和私有属性（不推荐）
print(account._open_date)                   # 可以访问，但违反了约定。 输出“2023-01-01”
# print(account.__password)                 # 抛出 AttributeError 异常，这是因为__password 已被改写
# account._calculate_interest()             # 可以调用，但违反了约定
# account.__validate_password("secret123") # 抛出 AttributeError 异常，这是因为__validate_password
#已被改写，正确的做法是通过公开接口与类交互
```

10.4 继　　承

在自然界中，继承让后代能够继承前辈的某些资源和特性。面向对象程序设计中的继承也遵循这一理念，它允许子类（或派生类）继承父类（或基类）的属性和方法。

继承不仅促进了代码的重用，还提高了程序的可维护性和扩展性。Python 支持两种类型的继承：单继承和多继承。

在 Python 中，继承的语法通过定义类时圆括号中的内容来指定。具体来说，如果定义了一个类，并在类名后的圆括号中指定了另一个类，那么这个新定义的类就是圆括号中类的子类，即它继承了圆括号中的父类。

继承的语法如下。

```
class 子类名(父类名,[父类名]):        # 定义子类属性和方法
```

这里的“子类名”是想要定义的新类的名称，“父类名”是希望新类继承的已有类的名称。多继承需要在圆括号中用逗号隔开多个父类名。

10.4.1 单继承

微课视频

单继承是指一个子类只继承一个父类属性和方法。这种机制让子类能够复用父类的代码，提高了代码的效率和可维护性。在 Python 中，单继承通过简单的定义类的语法来实现，在定义子类时指定父类名即可继承其公有成员和保护成员。

子类可以添加自己的属性或重写父类方法。在子类的构造方法中，通常会先调用父类的构造方法，以确保父类被正确初始化。这是扩展子类或修改父类行为的常见做法。

```
class Parent:                         # 定义父类
    def __init__(self, name):
        self.name = name
    def greet(self):
        print(f"你好，我的名字是 {self.name}")
class Child(Parent):                  # 定义子类
    def __init__(self, name, age):
        super().__init__(name)   # 调用父类的__init__()方法
        self.age = age                # 定义子类属性
    def greet(self):                  # 重写父类方法
        # super().greet()             # 如果需要，那么调用父类方法
        print(f"嗨，我的名字是 {self.name} ，我 {self.age} 岁了。")
# 使用子类
child = Child("明明", 10)
child.greet()                         # 输出“嗨，我的名字是 明明，我 10 岁了。”
```

在上述代码中，子类继承了父类。同时，在子类的构造方法中，通过调用 super().__init__(name)确保了父类被正确初始化。这是子类的构造方法中常见的做法，特别是当子类需要扩展或修改父类的初始化行为时。

此外，在上述代码中，重写了子类的 greet()方法，以提供与父类不同的行为。在子类的 greet()方法中，也可以选择调用父类的 greet()方法，这取决于是否想要包含父类的行为

作为子类行为的一部分。

实例 10-10　教师类的单继承

定义父类，即个人类。该类中包含 name 属性、address 属性和 introduce()方法，用于介绍个人的基本信息。

定义继承自个人类的子类，即教师类。该类中除继承个人类属性外，还添加 subject 属性并具有以下方法。

（1）__init__()方法：构造方法，用于初始化教师的姓名、地址（这里的地址被误用作年龄，应更正为地址或其他合适的属性）和教授的科目。

（2）teach()方法：教师教课的方法，输出教师的姓名和教授的科目。

（3）introduce()方法：重写父类方法。

使用教师类创建教师对象（my_teacher），并调用其 introduce()方法和 teach()方法实现功能。

```
class Person:                          # 定义父类
    def __init__(self, name, address):
        self.name = name
        self.address = address
    def introduce(self):
        print(f"大家好，请叫我{self.name}，我来自{self.address}。")
class Teacher(Person):                 # 定义继承自个人类的子类
    def __init__(self, name, address, subject):
        super().__init__(name, address) # 调用父类的  init  ()方法
        self.subject = subject    # 添加教师类特有的属性
    def teach(self):
        print(f"{self.name}老师正在教{self.subject}课程。")
    def introduce(self):
        super().introduce()       # 调用重写父类的方法，输出自我介绍
        print(f"我是一名教师，我教{self.subject}课程。")  # 包含更多子类信息
# 使用教师类
my_teacher = Teacher('明智', '南宁', 'Python')
my_teacher.introduce()                 # 调用子类方法
my_teacher.teach()                     # 调用子类方法
```

程序运行结果如下。

```
大家好，请叫我明智，我来自南宁。
我是一名教师，我教 Python 课程。
明智老师正在教 Python 课程。
```

实例 10-11　车辆类与汽车类的单继承

定义父类，即车辆类（Vehicle）。该类中包含所有车辆共有的属性和方法。

定义继承自车辆类的子类，即汽车类（Car）。向该类中添加汽车类特有的属性和可能的方法。

```
# 定义父类
class Vehicle:
```

```
    def __init__(self, make, model, year):
        self.make = make
        self.model = model
        self.year = year
        self.odometer_reading = 0  # 里程表读数，所有车辆共有的属性
    def describe_vehicle(self):
        """输出车辆的基本信息"""
        long_name = f"{self.year}年 {self.make} {self.model}"
        print(f"\n 这辆车是 {long_name}。")
    def read_odometer(self):
        """输出当前里程表读数"""
        print(f"这辆车的里程表读数为{self.odometer_reading} 千米。")
    def update_odometer(self, mileage):
        """更新里程表读数"""
        if mileage >= self.odometer_reading:
            self.odometer_reading = mileage
        else:
            print("里程表不能回滚！")
    def increment_odometer(self, miles):
        """增加里程表读数"""
        self.odometer_reading += miles
# 定义继承自车辆类的子类
class Car(Vehicle):
    def __init__(self, make, model, year, engine_type):
        super().__init__(make, model, year)          # 调用父类的__init__()方法
        self.engine_type = engine_type               # 添加子类特有的属性，发动机类型
    def describe_car(self):
        """输出汽车的详细信息，包括发动机类型"""
        super().describe_vehicle()                   # 调用父类的 describe_vehicle()方法
        print(f"这是一辆{self.engine_type}发动机的{self.make} {self.model}。")
# 使用子类
my_new_car = Car('比亚迪', '驱逐舰 05', 2024, '插电式混合动力')
my_new_car.describe_car()                            # 调用 describe_car()方法
my_new_car.increment_odometer(100)                   # 调用 increment_odometer()方法
my_new_car.read_odometer()                           # 调用 read_odometer()方法
```

程序运行结果如下。

```
这辆车是 2024 年 比亚迪 驱逐舰 05。
这是一辆插电式混合动力发动机的比亚迪 驱逐舰 05。
这辆车的里程表读数为 100 千米。
```

在上述代码中，通过继承，汽车类自动获得了车辆类的所有属性和方法，而无须重新编写它们。这有助于降低代码重复率，并使代码更加模块化和易于维护。

10.4.2 多继承

微课视频

多继承是面向对象程序设计中另一种复杂的继承机制，它允许一个子类同时继承多个父类属性和方法。

与单继承不同，多继承涉及多个父类，子类可以继承这些父类的所有公有成员和保护成员。虽然多继承提供了更高的灵活性，但也可能带来方法解析顺序等复杂问题。

方法解析顺序是指在多继承中，当多个父类中包含同名方法时，需要确定哪个父类方法将被调用。Python 使用 C3 线性化算法解决这个问题。

在编写程序时，应注意避免不必要的多继承，这是因为它可能提高代码的复杂度和增加维护难度。可以考虑使用组合代替多继承，以提高代码的可读性和可维护性。

实例 10-12　教师类的多继承

定义父类，即个人类。该类中包含 name 属性和 address 属性，以及 introduce()方法，用于介绍个人的基本信息。

定义父类，即教育者类（Educator）。该类中包含 subject 属性及 teach()方法，用于表示教育者擅长教授的科目。

定义子类，即教师类。该类继承自个人类和教育者类两个父类。

```
# 定义父类
class Person:
    def __init__(self, name, address):
        self.name = name
        self.address = address
    def introduce(self):
        """介绍个人的基本信息"""
        print(f"大家好，请叫我{self.name}，我来自{self.address}。")
# 定义另一个父类
class Educator:
    def __init__(self, subject):
        self.subject = subject

    def teach(self):
        print(f"我擅长教{self.subject}课程。")

# 定义教师类。该类继承自个人类和教育者类两个父类
class Teacher(Person, Educator):
    def __init__(self, name, address, subject):
        # 调用父类的 __init__()方法
        Person.__init__(self, name, address)
        Educator.__init__(self, subject)

    # 重写 introduce() 方法，组合两个父类的信息
    def introduce(self):
        super(Teacher, self).introduce()        # 调用个人类的 introduce() 方法
        super(Teacher, self).teach()            # 调用教育者类的 teach() 方法
        print(f"以下是我的个人信息：姓名：{self.name}，籍贯：{self.address}，课程：{self.subject}。")

# 使用教师类
my_teacher = Teacher('明智', '南宁', 'Python')
my_teacher.introduce()                          # 调用子类的 introduce()方法
# my_teacher.teach()                            # 也可以单独调用继承自教育者类的方法
```

在上述代码中，教师类有自己的构造方法，即__init__()方法，用于初始化继承自个人类和教育者类的属性。此外，重写 introduce()方法，该方法应先调用个人类的 introduce()

方法以介绍个人的基本信息，然后调用教育者类的 teach()方法以介绍擅长的科目，最后输出教师的完整个人信息，包括姓名、籍贯（这里用地址代替）和课程。但在实际设计中，类似的信息重复输出，会显得多余，应避免。

实例 10-13　混合动力汽车类的多继承

定义父类，即传统汽车类（TraditionalCar）。该类中包含__init__()方法，用于接收 engine（发动机排量）作为参数，并将其设置为实例属性；describe()方法，用于描述传统汽车特性，即发动机排量。

定义父类，即电动汽车类（ElectricCar）。该类中包含__init__()方法，用于接收 battery_capacity（电池容量）作为参数，并将其设置为实例属性；describe()方法，用于描述电动汽车特性，即电池容量。

定义子类，即混合动力汽车类（HybridCar）。该类继承自传统汽车类和电动汽车类。该类的__init__()方法接收 make（品牌）、model（型号）、engine（发动机排量）和 battery_capacity（电池容量）作为参数，并分别调用传统汽车类和电动汽车类的__init__()方法设置这些属性。此外，重写 describe()方法，以组合传统汽车类和电动汽车类的功能，描述混合动力汽车的完整特性，包括品牌、型号、发动机排量和电池容量。

```
# 定义传统汽车类
class TraditionalCar:
    def __init__(self, engine):
        self.engine = engine

    def describe(self):
        print(f"传统汽车特性：发动机排量为 {self.engine} L。")

# 定义电动汽车类
class ElectricCar:
    def __init__(self, battery_capacity):
        self.battery_capacity = battery_capacity

    def describe(self):
        print(f"电动汽车特性：电池容量为 {self.battery_capacity} kWh。")

# 定义混合动力汽车类。该类继承自传统汽车类和电动汽车类
class HybridCar(TraditionalCar, ElectricCar):
    def __init__(self, make, model, engine, battery_capacity):
        self.make = make
        self.model = model
        # 初始化传统汽车类部分
        TraditionalCar.__init__(self, engine)
        # 初始化电动汽车类部分
        ElectricCar.__init__(self, battery_capacity)

    # 重写 describe()方法，以组合两个父类的功能
    def describe(self):
        print(f"这是一辆{self.make}{self.model}混合动力汽车。")
```

```
        # 调用第 1 个父类的 describe()方法
        super(HybridCar, self).describe()
        # 直接调用第 2 个父类的 describe()方法，需要指定类名
        ElectricCar.describe(self)

# 使用混合动力汽车类
my_hybrid_car = HybridCar('比亚迪', '驱逐舰',1.5, 18.3)
my_hybrid_car.describe()
```

程序运行结果如下。

```
这是一辆比亚迪驱逐舰混合动力汽车。
传统汽车特性：发动机排量为 1.5 L。
电动汽车特性：电池容量为 18.3 kWh。
```

10.5 多　态

多态意味着“多种形态”，在面向对象程序设计中，多态指的是不同对象对同一消息（或方法调用）可以做出不同的响应。简单来说，就是允许将子类对象视为父类对象处理，从而实现代码的通用性和可扩展性。

多态在面向对象程序设计中的作用主要体现在以下几方面。

（1）提高代码的可扩展性和灵活性：使用多态，可以在不修改现有代码的情况下，轻松添加新子类或修改现有子类的行为。

（2）减少代码冗余：使用多态，允许用统一接口处理不同类型的对象，从而避免编写重复代码的需要。

（3）提高代码的可读性和可维护性：使用多态，可以使代码更加通用和抽象，降低代码之间的耦合度，从而使代码更加易于理解和维护。

多态主要通过方法的重写（overriding）和鸭子类型（duck typing）原则来实现。

10.5.1 方法的重写

方法的重写是指在子类中重新定义与父类方法名相同的方法。这样，当通过子类对象调用该方法时，将执行子类方法而不是父类方法。

方法的重写允许子类对父类方法进行自定义和修改，以满足子类特有的需求。这是面向对象程序设计中实现多态的一种方式。

```
class Animal:                # 父类，动物
    def sound(self):
        pass

class Dog(Animal):           # 子类，狗
    def sound(self):         # 重写父类的 sound()方法
        return "Woof!"

class Cat(Animal):           # 子类，猫
    def sound(self):         # 重写父类的 sound()方法
        return "Meow!"
```

```
# 使用多态
animals = [Dog(), Cat()]
for animal in animals:
    print(animal.sound())  # 调用重写的方法，输出“Woof!”和“Meow!”
```

10.5.2 鸭子类型

微课视频

鸭子类型是动态类型系统的 Python 编程概念。它的核心思想是，如果一个对象“走起来像鸭子，叫起来像鸭子”，那么就可以把它当作鸭子来对待。换句话来说，鸭子类型关注的是对象的行为，即方法和属性的集合，而不是对象的类型。

鸭子类型不需要使用显式语法来定义。它展示的是一种动态的、运行时的关系，这是因为对象的行为只有在运行时才会被检查。

```
class Duck:
    def quack(self):
        print("Quack!")

class Person:
    def quack(self):
        print("I am quacking like a duck!")

def in_the_pond(animal):
    animal.quack()   # 注意，用父类对象做前缀调用 quack()方法

# 创建一个 Duck 对象和一个 Person 对象
duck = Duck()
person = Person()

# 调用 in_the_pond()函数，传入 Duck 对象和 Person 对象
in_the_pond(duck)     # 输出“Quack!”
in_the_pond(person)   # 输出“I am quacking like a duck!”
```

在上述代码中，鸭子类型的多态体现在 in_the_pond()函数的调用上，具体表现在最后两句代码中。因为 in_the_pond()函数接收 animal 作为参数，并没有规定这个参数必须是 Duck 对象。相反，它调用了 animal 参数的 quack()方法，而不管 animal 参数的实际类型是什么，只要传入的对象有一个 quack()方法，这个函数就能正常工作。

在上述代码中，duck 是 Duck 对象，而 person 是 Person 对象。尽管它们属于不同的类，但因为它们都有 quack()方法，所以它们都可以作为 in_the_pond()函数的参数，表现出不同的行为。这就是鸭子类型多态的核心。

实例 10-14　车辆类的多态

定义父类，即车辆类。该类中包含 make（品牌）属性、model（型号）属性和 year（年份）属性，以及用于输出车辆的基本信息的 describe()方法。

定义继承自车辆类的子类：汽车类和卡车类（Truck）。

汽车类中包含 color（颜色）属性、engine_type（发动机类型）属性和 seating_capacity

（座位数）属性。重写 describe()方法，以包含这些额外信息。

卡车类中包含 drive_type（驱动类型）属性、number_of_axles（轮轴数）属性和 capacity（容量）属性。重写 describe()方法，以包含这些额外信息。

定义 print_vehicle_description()函数，该函数接收任何 Vehicle 对象作为参数，并调用其 describe()方法。该函数应能够处理任何 Vehicle 对象，包括 Car 对象和 Truck 对象，而无须知道对象的具体类型。

```
# 定义父类
class Vehicle:
    def __init__(self, make, model, year):
        self.make = make
        self.model = model
        self.year = year

    def describe(self):
        """父类中的 describe()方法，输出车辆的基本信息"""
        print(f"这是一辆{self.year}年的{self.make} {self.model}。")

# 定义汽车类，继承自车辆类
class Car(Vehicle):
    def __init__(self, make, model, year, color, engine_type, seating_capacity):
        super().__init__(make, model, year)
        self.color = color                              # 颜色
        self.engine_type = engine_type                  # 发动机类型
        self.seating_capacity = seating_capacity        # 座位数

    def describe(self):
        """重写父类中的 describe()方法，添加颜色、发动机类型和座位数信息"""
        super().describe()
        print(f" 它 的 颜 色 是 {self.color} ， 发 动 机 类 型 是 {self.engine_type} ， 可 乘 坐
{self.seating_capacity}人。")

# 定义卡车类，继承自车辆类
class Truck(Vehicle):
    def __init__(self, make, model, year, drive_type, number_of_axles, capacity):
        super().__init__(make, model, year)
        self.drive_type = drive_type                    # 驱动类型
        self.number_of_axles = number_of_axles          # 轮轴数
        self.capacity = capacity                        # 容量

    def describe(self):
        """重写父类中的 describe()方法，添加驱动类型、轮轴数和容量信息"""
        super().describe()
        print(f"它的驱动类型是{self.drive_type}，有{self.number_of_axles}个轮轴，载重量为
{self.capacity}吨。")

# 使用多态
def print_vehicle_description(vehicle):
    """这个函数接收任何 Vehicle 对象作为参数，并调用其 describe()方法"""
    vehicle.describe()
```

```
# 创建不同类型的 Vehicle 对象
my_car = Car('比亚迪', '汉', 2024, '红色', '电动', 5)
my_truck = Truck('长城', '炮', 2024, '4×4', 2, 10)

# 使用相同的函数输出不同类型车辆的描述
print_vehicle_description(my_car)
print_vehicle_description(my_truck)
```

程序运行结果如下。

```
这是一辆 2024 年的比亚迪 汉。
它的颜色是红色，发动机类型是电动，可乘坐 5 人。
这是一辆 2024 年的长城 炮。
它的驱动类型是 4×4，有 2 个轮轴，载重量为 10 吨。
```

在上述代码中，print_vehicle_description()函数接收任何 Vehicle 对象作为参数，并调用其 describe()方法。由于汽车类和卡车类都继承自车辆类，并重写了 describe()方法，因此在将不同类型的 Vehicle 对象传递给 print_vehicle_description()函数时，会根据对象的实际类型调用相应的方法，这就是多态的体现。

10.6 模　　块

模块是一种将多个函数、类及变量组织在一起的方式，以文件形式存在，并以.py 为文件扩展名。使用模块可以使代码的结构更加清晰，以及使代码更便于维护和重用。与类不同，模块中的元素（函数、类、变量）之间的联系相对松散，但它们共同构成了模块的整体功能。

10.6.1 系统内置模块

Python 提供了一系列预定义好的系统内置模块，如 math 模块、random 模块和 os 模块等。这些模块中包含了大量实用的函数和常量，无须额外编写即可直接使用。

10.6.2 自定义模块

除可以使用系统内置模块外，用户还可以根据自己的需求编写自定义模块。自定义模块就是一个包含 Python 代码的 PY 文件，其中可以定义常量、变量、函数及类等。通过编写自定义模块，用户可以将常用的代码逻辑封装起来，以便在多个项目中重用。

10.6.3 创建和使用模块

微课视频

1. 创建模块

下面创建一个新的 PY 文件，如 mymodule.py 文件，在该文件中定义函数、类和变量。

```
# mymodule.py 文件
def greet(name):
    return f"Hello, {name}!"
```

2. 导入模块

下面使用 import 语句在其他 Python 文件中导入模块。

```
import mymodule
print(mymodule.greet("Alice"))
```

3. 为模块指定别名

下面使用 as 为模块指定别名，以简化引用。

```
import mymodule as mm
print(mm.greet("Bob"))
```

4. 导入模块中的特定部分

下面使用 from ... import 语句导入模块中的特定函数、类和变量。

```
from mymodule import greet
print(greet("Charlie"))
```

10.6.4　模块搜索路径

Python 的解释器在导入模块时，会按以下顺序搜索模块。

（1）当前目录。

（2）环境变量 PYTHONPATH 中指定的目录。

（3）系统默认的目录，通常包括 Python 安装目录中的 lib 目录。

下面通过 sys.path 查看当前的模块搜索路径。

```
import sys
print(sys.path)
```

10.6.5　模块的特殊变量__name__

每个模块都有一个特殊变量__name__，它用于标识模块名。当直接运行模块时，变量__name__的值会被设置为字符串'__main__'。而当模块被导入其他模块时，变量__name__的值则会变为模块名（不包括扩展名.py）。

利用这一特性，可以编写一些只有模块在被直接运行时才会执行，而在被导入时不会执行的代码。这通常通过以下方式实现。

```
if __name__ == '__main__':
…      # 此处省略只有模块在被直接运行时才会执行的代码
```

实例 10-15　　创建金融账户管理模块

创建金融账户管理模块，并在该模块的底部添加了一些测试代码。使用变量__name__控制代码的执行范围。测试代码只有模块在被直接运行时才会执行，而在被导入时不会执行。

```
# financial_account_module.py 文件
class FinancialAccount:
    def __init__(self, account_number, balance=0.0):
        self.account_number = account_number
        self.balance = balance
```

```
    def deposit(self, amount):
        if amount > 0:
            self.balance += amount
            print(f"存入{amount}。新余额为{self.balance}。")

    def withdraw(self, amount):
        if 0 < amount <= self.balance:
            self.balance -= amount
            print(f"取出{amount}。剩余余额为{self.balance}。")
        else:
            print("余额不足或金额无效。")

    @staticmethod
    def validate_account_number(account_number):
        return account_number.isdigit() and len(account_number) == 10

    @staticmethod
    def calculate_interest(principal, rate, time):
        return principal * rate * time

# 此分支下面的语句仅在文件单独运行时执行
if __name__ == '__main__':
    # 测试 FinancialAccount 类的功能
    account = FinancialAccount("1234567890", 1000.0)
    account.deposit(200)
    account.withdraw(150)

    # 测试静态方法
    is_valid = FinancialAccount.validate_account_number("1234567890")
    print(f"账户号码有效吗？{is_valid}")

    interest = FinancialAccount.calculate_interest(1000, 0.05, 1)
    print(f"计算得出的利息为：{interest}")
```

若在另一个 Python 文件（another_script.py 文件）中导入这个模块，并尝试创建一个金融账户对象，则可编写如下程序。

```
# another_script.py

from financial_account_module import FinancialAccount

# 创建一个金融账户对象
my_account = FinancialAccount("9876543210", 500.0)
my_account.deposit(100)
my_account.withdraw(50)
```

在运行 another_script.py 文件时，只会执行该文件中的代码，而不会执行 financial_account_module.py 文件中的测试代码。这样就成功地使用变量__name__控制了代码的执行范围，使模块既可以作为独立的测试代码执行，又可以作为其他程序的一部分被导入和使用。

10.7 包

10.7.1 包的基本概念

包（package）是一个包含多个模块的文件夹，其中必须包含一个__init__.py 文件。包是 Python 层面的代码组织单元。使用包可以使 Python 项目的组织结构更加清晰，以便管理大型项目。第三方库（由 pip/conda 管理的库等）在技术上都是由包组成的集合。

例如，常用的 Matplotlib 就是一个包，其中包含了 axes、backends 等多个子包，还包含了 pyplot、pylab 等多个模块，pyplot 模块又包含了 plot()、show()、xlim()、xticks()等多个函数，如图 10-5 所示。

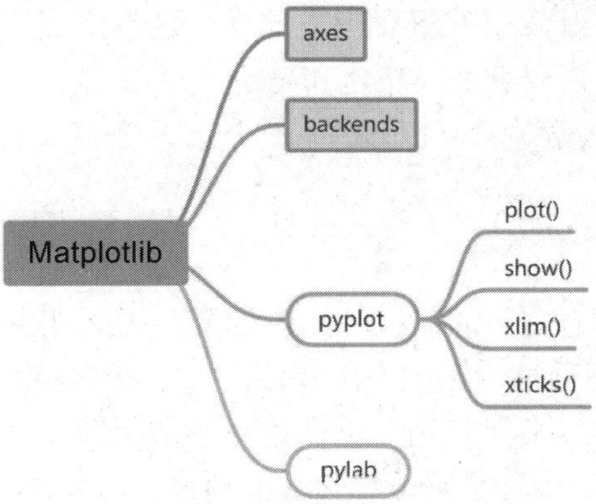

图 10-5　包的组成

包中有__init__.py 文件，在首次导入包时，会执行__init__.py 文件中的代码，进行一些初始化的工作，包括给特殊变量 all 赋值，这个变量是在 from ...import 语句中使用的，表示要导入的内容的列表。

10.7.2 创建和使用包

1. 创建包

（1）创建包，如 mypackage。

（2）在该包中创建一个__init__.py 文件（可以为空）。

（3）在该包中创建 module1.py 文件和 module2.py 文件。

```
mypackage/
├── __init__.py
├── module1.py
└── module2.py
```

2. 导入包中的模块

使用 import 语句导入包中的模块。

```
import mypackage.module1
from mypackage import module2
```

```
print(mypackage.module1.some_function())
print(module2.another_function())
```

3. 包中的__init__.py 文件

__init__.py 文件可以为空，也可以包含初始化代码。

可以在__init__.py 文件中定义列表__all__，指定当使用 from ... import 语句时应该导入哪些模块。

```
# __init__.py 文件
__all__ = ["module1", "module2"]
```

10.8 库

库（library）是一组预编译且可重用的模块集合，提供了特定功能或服务，以便在多个程序中共享。库是软件开发中的重要组成部分，这是因为使用库可以显著提高开发效率，减少重复劳动，并使代码更加模块化和易于维护。

在 Python 中，库通常以模块或包的形式存在。

10.8.1 标准库

标准库是随解释器一起安装的一组库，提供了 Python 的核心功能，涵盖了从文件处理、网络通信到日期/时间处理、正则表达式匹配等。标准模块是标准库中的具体实现单元，用户通过“import 模块名”使用。下面是一些常用的标准模块。

sys：提供与 Python 运行时环境交互的变量和函数，如命令行参数、退出状态码等。

os：提供与操作系统交互的功能，如文件路径操作、进程管理、环境变量访问等。

math：提供数学函数（math.sqrt()、math.sin()等）和数学常量（math.pi、math.e 等）。

datetime：提供用于处理日期/时间的类，如 datetime.date、datetime.timedelta 等。

re：提供正则表达式匹配功能，如 re.match、re.findall 等。

10.8.2 第三方库

除存在 Python 自带的标准库外，还存在一个庞大的第三方库。这些库由全球各地的开发者贡献，提供了从简单工具函数到复杂应用开发框架的各种功能。例如，NumPy 为科学计算提供了高效的多维数组操作功能，Pandas 是数据分析的利器，而 Matplotlib 和 Seaborn 则擅长数据可视化。对于机器学习和深度学习，TensorFlow 和 PyTorch 是当下较流行的库。

PyPI（The Python Package Index，Python 包索引）是这些第三方库的集散地，目前收录了数十万个项目。通过 PyPI，可以轻松地找到并安装所需的库。

10.8.3 安装第三方库

通常使用 Python 的包管理工具 pip 安装第三方库。pip 由 Python 3.4 及以上版本一起提供，用于查询、下载、安装和卸载 Python 包。

1. 查看 pip 的版本

在命令行中输入“pip --version”可以查看当前安装的 pip 的版本。

2. 安装库

在命令行中使用 pip install 命令可以安装库。例如，要安装 NumPy，可以在命令行中输入并运行以下命令。

```
pip install numpy
```

在安装成功后，会看到提示“Successfully installed numpy-x.y.z”。

3. 安装特定版本的库

要安装特定版本的库，可以在命令行中使用“==”指定版本。

```
pip install numpy==1.19.5。
```

4. 使用国内镜像源

由于 PyPI 服务器位于国外，使用时可能存在下载速度较慢的问题。为此，国内一些机构提供了 PyPI 的镜像源，如阿里云等。通常在安装命令时，使用-i 参数指定镜像源。使用国内镜像源安装 NumPy 的命令如下。

```
pip install -i http://指定国内镜像源地址/库名，如 NumPy
```

10.8.4 导入库

在使用库之前，需要先将其导入程序。Python 提供了 import 语句用于导入库。例如，要导入标准库中的 math 模块，可以使用以下语句。

```
import math
```

在导入后，可以通过模块名来访问其提供的函数和变量。例如，要计算平方根，可以使用 math.sqrt()函数。

```
import math
result = math.sqrt(16)
print(result)   # 输出“4.0”
```

对于经常使用的模块，还可以为其指定一个别名，以简化代码。

```
import numpy as np
```

这样，在后续代码中就可以通过别名 np 来访问 NumPy 的功能了。

10.8.5 自定义库和包

除可以使用现有库外，用户还可以根据自己的需求创建自定义库和包。一个库通常是一个包含多个模块的文件夹，而一个包则是包含__init__.py 文件的文件夹，它可以包含多个子模块和子包。创建自定义库和包的步骤如下。

（1）创建一个文件夹用于存放库或包的代码。

（2）在该文件夹中创建 PY 文件用于定义模块。

（3）如果需要创建包，那么在该文件夹中添加__init__.py 文件（即使它是空的）。

（4）使用 import 语句导入自定义库或包。

10.9 模块、包、库的关系和区别

在 Python 中，模块、包、库是组织代码的不同层次，它们各自扮演着独特的角色，共同构成了 Python 的生态系统。模块、包、库的区别如表 10-2 所示。

表 10-2 模块、包、库的区别

区别项	模 块	包	库
定义	单个 PY 文件	包含__init__.py 文件的文件夹	预先编写的、可重用的代码集合，通常提供特定功能或服务
内容	函数、类、变量等	多个子模块和子包	多个模块或包的集合，通常用于实现特定功能或服务
作用	封装代码，避免命名产生冲突，允许代码重用	组织和管理大型项目中的代码，提供命名空间	提供特定功能或服务，简化代码
关系	代码的最小组织单位	模块的集合	模块、包或它们的集合
实例	mymodule.py 文件	包含一个__init__.py 文件和多个 PY 文件的文件夹	NumPy、Django、Pandas

模块是 Python 代码的最小组织单位，属于技术实现层面的概念。

模块同时是功能单元的载体，包含函数、类、变量等，用于实现特定功能。

包是模块的集合，用于组织和管理大型项目中的代码。

库是模块或包的集合，提供了丰富的功能，用于简化编程任务。

在实际编程中，开发者通常会根据项目规模和需求选择使用模块、包和库中的哪一个。例如，在开发小型项目时，可能只需要使用单个模块；在开发中型项目时，可能需要将相关模块组织成包以便更好地管理；而在开发大型项目或需要特定功能时，则可能需要使用现成的库，以简化开发工作。

10.10 项目实训：金融账户管理系统构建——工程素养

10.10.1 项目背景

随着金融行业的快速发展和数字化转型的深入，金融账户管理系统的需求日益增长。金融账户管理系统是金融机构用于管理客户账户信息、交易记录、资金流动等核心数据的关键系统。构建一个稳定、可靠、易用的金融账户管理系统，对提升金融机构的服务质量、增强市场竞争力具有重要意义。

10.10.2 项目任务

本项目实训旨在基于面向对象程序设计思想，构建功能完善的金融账户管理系统。该系统将模拟真实金融环境中的账户管理流程，不仅涵盖账户创建、存款、取款、余额查

询等基本功能，还将融入账户安全验证、交易记录查询、利息计算等高级功能。

10.10.3　项目分析

本项目实训的功能需求划分如表 10-3 所示。

表 10-3　本项目实训的功能需求划分

功　能		说　明
基本功能	账户创建	创建新账户，包括设置账户类型（储蓄账户、信用卡账户等）、账户名称、账户余额等
	存款	向指定账户存入资金，系统应更新账户余额并记录存款交易
	取款	从指定账户中取出资金，系统应检查余额是否足够，更新账户余额并记录取款交易
	余额查询	查询指定账户中的当前余额
高级功能	账户安全验证	在登录或进行敏感操作（取款、转账等）时，系统应进行身份验证，如密码验证、验证码校验等
	交易记录查询	查询指定账户的历史交易记录，包括交易时间、交易类型、交易金额等
	利息计算	系统应根据账户类型和余额，自动计算并更新利息，支持定期存款和活期存款的利息计算

在面向对象程序设计思想的指导下，类的设计如下。

（1）定义账户类，封装账户的基本属性（账户 ID、账户类型、账户名称、账户余额等）和方法（存款、取款、查询余额等）。一个账户中包含多条交易记录。

（2）定义储蓄账户类，该类继承自账户类，并添加利息计算功能。

（3）定义用户类，封装用户的基本属性（用户 ID、用户名、密码等）和方法（登录账户、注册账户、修改密码、添加账户等）。一个用户可以拥有多个账户。

（4）定义交易记录类，封装交易记录的基本属性（交易 ID、交易时间、交易类型、交易金额等）和方法（查询交易记录等）。

此外，通过继承账户类，可以创建不同类型的账户（储蓄账户、信用卡账户等）。根据需求，可以在子类中重写或扩展方法。例如，封装利息计算方法，根据账户类型和余额自动计算利息。使用多态，可以在不同类型的账户中调用相同的方法，实现不同行为，进而提高代码的灵活性和可扩展性。

10.10.4　项目实现

（1）定义账户类（Account），封装账户的基本属性和方法。

```
class Account:
    def __init__(self, account_id, account_type, account_name, balance=0.0):
        self.account_id = account_id              # 账户 ID
        self.account_type = account_type          # 账户类型
        self.account_name = account_name          # 账户名称
        self.balance = balance                    # 账户余额
    def deposit(self, amount):
        if amount > 0:
            self.balance += amount
            print(f"存款成功。新余额：{self.balance}")
        else:
            print("存款金额必须为正数。")
    def withdraw(self, amount):
```

```
        if 0 < amount <= self.balance:
            self.balance -= amount
            print(f"取款成功。新余额：{self.balance}")
        else:
            print("余额不足或金额无效。")
    def check_balance(self):
        print(f"当前余额：{self.balance}")
        return self.balance
```

（2）定义储蓄账户类（SavingsAccount），该类继承自账户类，并添加利息计算功能。

```
class SavingsAccount(Account):
    def __init__(self, account_id, account_name, balance=0.0, interest_rate=0.01):
        # 调用父类的构造方法，设置账户类型为储蓄账户
        super().__init__(account_id, '储蓄账户', account_name, balance)
        self.interest_rate = interest_rate   # 利率
    def calculate_interest(self):
        interest = self.balance * self.interest_rate
        self.balance += interest
        print(f"利息已计算。新余额：{self.balance}")
        return interest
```

（3）定义用户类（User），封装用户的基本属性和方法。一个用户可以拥有多个账户。

```
class User:
    def __init__(self, user_id, username, password):
        self.user_id = user_id                # 用户 ID
        self.username = username              # 用户名
        self.password = password              # 密码（注意，在实际应用中，密码应加密存储）
        self.accounts = []                    # 用户账户列表
    def add_account(self, account):
        self.accounts.append(account)         # 添加账户到用户账户列表中
    def login(self, password):
        if self.password == password:
            print("登录成功。")
            return True
        else:
            print("密码错误。")
            return False
    def register(self, new_username, new_password):
        # 假设注册逻辑，在实际应用中应检查用户名是否已存在等
        self.username = new_username
        self.password = new_password
        print("注册成功。")
    def change_password(self, old_password, new_password):
        if self.password == old_password:
            self.password = new_password
            print("密码修改成功。")
        else:
            print("旧密码错误。")
```

（4）定义交易记录类（TransactionRecord），封装交易记录的基本属性和方法。

```
class TransactionRecord:
    def __init__(self, transaction_id, transaction_time, transaction_type, amount):
```

```
            self.transaction_id = transaction_id          # 交易 ID
            self.transaction_time = transaction_time      # 交易时间
            self.transaction_type = transaction_type      # 交易类型
            self.amount = amount                          # 交易金额
        def display(self):
            print(f"交易 ID：{self.transaction_id}，交易时间：{self.transaction_time}，交易类型：
{self.transaction_type}，交易金额：{self.amount}")
```

（5）创建账户，实现存款、取款、余额查询、利息计算及交易记录查询等。

```
    # 实例用法
    if __name__ == "__main__":
        user1 = User(user_id=1, username="Alice", password="password123")  # 创建账户
        savings_account = SavingsAccount(account_id=101, account_name="Alice 的储蓄账户", balance=
1000.0)  # 创建储蓄账户
        user1.add_account(savings_account)
        if user1.login("password123"):                    # 尝试登录
            savings_account.deposit(200)                  # 向储蓄账户中存款
            savings_account.withdraw(150)                 # 从储蓄账户中取款
            savings_account.check_balance()               # 查询储蓄账户的余额
            savings_account.calculate_interest()          # 计算储蓄账户的利息
            # 假设有一个交易记录（这里为了简化直接创建）
            transaction = TransactionRecord(transaction_id=1, transaction_time="2023-04-01 12:00",
transaction_type="存款", amount=200)
            transaction.display()                         # 显示交易记录
        user1.change.password("password123","newpassword456")   # 修改密码
```

程序运行结果如下。

```
    登录成功。
    存款成功。新余额：1200.0
    取款成功。新余额：1050.0
    当前余额：1050.0
    利息已计算。新余额：1060.5
    交易 ID：1，交易时间：2023-04-01 12:00，交易类型：存款，交易金额：200
    密码修改成功。
```

10.10.5　项目优化

上述代码展示了面向对象程序设计的简单应用，且构建了一个实现基本功能的金融账户管理系统。然而，任何项目都有改进的空间，以下是一些可能的优化方向和创新点子。

1. 安全性提高

（1）密码加密存储：目前用户的密码是以明文形式存储的，这是非常不安全的。应该使用哈希算法（SHA-256 等）对密码进行加密存储，并在用户登录时进行对比。

（2）双因素认证：为了提高账户的安全性，可以引入双因素认证机制，如短信验证码、邮箱验证码、生物识别等。

（3）异常登录检测：记录用户的登录 IP 地址和登录时间，对异常登录行为（频繁登录失败、异地登录等）进行监控和报警。

2. 功能完善

（1）转账：目前系统只支持存款和取款，可以进一步添加转账功能，允许用户在不同账户之间转移资金。

（2）账户明细查询：除可以查询余额外，用户还可以查询账户的详细交易记录，包括每笔交易的日期、时间、类型和金额等。

（3）账户冻结与解冻：为了应对账户安全问题或用户需求，可以添加账户冻结与解冻功能。

3. 用户体验优化

（1）GUI：目前的系统是基于命令行的，可以开发一个 GUI，使操作更加直观和便捷。

（2）错误处理与提示：优化错误处理机制，对于用户的错误操作给出更加友好和明确的提示。

（3）个性化设置：允许用户自定义交易提醒方式等，以提升用户体验。

4. 性能优化

（1）数据存储优化：随着用户数量和交易数量的增加，可能需要考虑使用数据库存储用户信息和交易记录，以提高数据查询和处理效率。

（2）并发处理：对于多个用户同时操作的情况，需要引入并发处理机制，以确保数据的完整性和一致性。

5. 创新点子

（1）智能理财建议：根据用户的账户余额、交易记录和风险偏好，提供个性化的理财建议。

（2）社交金融：结合社交媒体元素，允许用户分享自己的理财经验、成就或挑战，提高用户的黏性。

（3）积分与奖励：引入积分系统，用户通过存款、转账或参与活动等方式获得积分，积分可以用于兑换礼品或享受优惠服务。

下面将在 10.10.4 节的基础上，增加不同类型的用户（普通用户和管理员用户），以及高级功能（账户安全验证、交易记录查询等）。

定义用户类（User），以表示普通用户，定义交易类（Transaction），以表示交易记录，以及定义管理员用户类（AdminUser），以表示拥有额外权限的管理员用户。

增加密码哈希、密码验证、交易记录添加和查询、权限管理，以及多态体现等功能。

```
import hashlib
from datetime import datetime
  # 定义用户类
class User:
    def __init__(self, username, password):
        self.username = username
        # 使用 SHA-256 算法对密码进行哈希处理后存储
        self.password_hash = self.hash_password(password)
        self.transactions = []
    def hash_password(self, password):        # 使用 SHA-256 算法对密码进行哈希处理
        return hashlib.sha256(password.encode()).hexdigest()
    def verify_password(self, password):      # 验证密码方法
        # 验证输入的密码是否与存储的哈希值匹配
```

```
            return self.password_hash == self.hash_password(password)
        def add_transaction(self, amount):          # 添加交易记录方法
            transaction = Transaction(amount)
            self.transactions.append(transaction)
        def get_transactions(self, start_date=None, end_date=None):
            # 根据日期范围筛选交易记录
            if start_date and end_date:
                return [t for t in self.transactions if start_date <= t.timestamp <= end_date]
            elif start_date:
                return [t for t in self.transactions if start_date <= t.timestamp]
            elif end_date:
                return [t for t in self.transactions if t.timestamp <= end_date]
            else:
                return self.transactions
    # 定义交易类
    class Transaction:
        def __init__(self, amount):
            self.amount = amount
            self.timestamp = datetime.now()
    # 定义管理员用户类，继承自用户类
    class AdminUser(User):
        def __init__(self, username, password):
            super().__init__(username, password)
            self.privileges = ['view_all_transactions', 'manage_users']
        def grant_privilege(self, privilege):              # 定义授予权限方法
            if privilege not in self.privileges:
                self.privileges.append(privilege)
                print(f"已授予权限: {privilege}")
        def revoke_privilege(self, privilege):             # 定义撤销权限方法
            if privilege in self.privileges:
                self.privileges.remove(privilege)
                print(f"已撤销权限: {privilege}")
        def has_privilege(self, privilege):                # 定义检查权限方法
            return privilege in self.privileges

    def check_user(user):                                  # 定义检查用户类型的函数，以体现多态
        if isinstance(user, AdminUser):
            print(f"管理员用户 {user.username} 拥有权限: {user.privileges}")
        else:
            print(f"普通用户 {user.username}")
    if __name__ == "__main__":
        admin = AdminUser("admin1", "adminpass")           # 创建管理员用户
        user = User("user1", "password123")                # 创建普通用户
        print("\n 管理员功能测试:")
        admin.grant_privilege('delete_transactions')       # 输出“已授予权限: delete_transactions”
        print(admin.has_privilege('delete_transactions'))  # 输出“True”
        print("检查用户类型:")
        check_user(admin)  # 输出“管理员用户 admin1 拥有权限: ['view_all_transactions', 'manage_
# users', 'delete_transactions']”
        check_user(user)   # 输出“普通用户 user1”
        print("验证普通用户密码:")
```

```
    print(user.verify_password("wrongpass"))          # 输出 "False"
    print(user.verify_password("password123"))        # 输出 "True"
    user.add_transaction(100)
    user.add_transaction(200)
    print("查询普通用户交易记录:")
    transactions = user.get_transactions()
    for t in transactions:
        print(f"交易金额: {t.amount}, 交易时间: {t.timestamp}")
```

程序运行结果如下。

```
管理员功能测试:
已授予权限: delete_transactions
True
检查用户类型:
管理员用户 admin1 拥有权限: ['view_all_transactions', 'manage_users', 'delete_transactions']
普通用户 user1
验证普通用户密码:
False
True
查询普通用户交易记录:
交易金额: 100, 交易时间: 2024-12-20 21:30:17.957315
交易金额: 200, 交易时间: 2024-12-20 21:30:17.957315
```

10.10.6 总结和启示

本项目实训基于面向对象程序设计思想，构建了一个功能相对完善的金融账户管理系统。该系统不仅实现了账户创建、存款、取款、余额查询等基本功能，还融入了账户安全验证、交易记录查询、利息计算等高级功能。通过类的设计、继承与多态、封装与隐藏等面向对象程序设计技术手段，确保了系统的模块化、高内聚低耦合，提升了代码的可读性和可维护性。从功能实现的角度来看，该系统基本符合预期的设计要求，能够模拟真实金融环境中的账户管理流程。

然而，该系统与实际应用中的金融账户管理系统相比仍存在差距。首先，在系统性能和稳定性方面，实际应用中需要处理海量数据和高并发请求，对系统的响应速度和稳定性的要求极高。而本项目实训主要关注功能的实现，对系统的响应速度和稳定性的优化考虑不足。其次，在安全性与合规性方面，实际应用中需要严格遵守金融行业的安全标准和法规，确保用户数据的安全。而该系统虽然采取了一些基本的安全措施，但与实际应用中对安全性的要求相比仍存在差距。

10.11 巩固练习

（1）定义个人类，该类中包含 name（姓名）属性、age（年龄）属性和 gender（性别）属性，以及一个用于显示个人信息的方法；创建个人类的实例，并调用用于显示个人信息的方法。

（2）定义汽车类，该类中包含 make（品牌）属性、model（型号）属性和 price（价格）属性；创建汽车类的实例，修改其 price 属性，并输出修改后的价格。

（3）定义矩形类（Rectangle），该类中包含 length（长度）属性和 width（宽度）属性，以及一个用于计算面积的方法；创建一个矩形类的实例，并调用用于计算面积的方法。

（4）定义父类，即动物类（Animal），该类中包含 speak()方法；定义狗类（Dog），该类继承自动物类；重写 speak()方法。创建狗类的实例，并调用 speak()方法。

（5）定义地址类（Address），该类中包含 stress（街道）属性、country（城市）属性和 post（邮箱）属性；定义个人类（Person），该类中包含 name（姓名）属性和 address（地址）属性。创建个人类的实例，并设置其 name（姓名）属性和 address（地址）属性。

第 11 章　Matplotlib 数据可视化

11.1　Matplotlib 基础知识

11.1.1　Matplotlib 的简介与安装

数据可视化是将数据通过直观的图形展示出来，帮助人们更好地理解数据的内在规律和特征的重要手段。Matplotlib 作为 Python 中常用的数据可视化库之一，在数据分析和科学计算中扮演着十分关键的角色。从技术实现上来看，它是一个包含多个模块和子包的 Python 包；从功能上看，它提供了绘图、图形渲染等一整套工具，可以帮助用户实现数据可视化。

在使用 Matplotlib 之前，需要将其安装到 Python 中。安装 Matplotlib 通常有以下两种方式。

1．使用 pip 安装

使用 pip 是安装 Matplotlib 十分常用的方法。在命令行中输入以下命令。

```
pip install matplotlib
```

执行上述命令后，pip 会自动通过 PyPI 下载并安装 Matplotlib 及其依赖项。在安装过程中，pip 会提示安装进度和相关信息。如果安装成功，那么命令行不会报错，并会显示安装完成的提示。

2．使用 conda 安装

如果使用的是 Anaconda 或 Miniconda 环境，那么可以使用 conda 安装。在 Anaconda Prompt（Windows）或终端（macOS/Linux）中输入以下命令。

```
conda install matplotlib
```

执行上述命令后，conda 会自动处理 Matplotlib 的依赖关系，并将其安装到当前的 conda 中。使用 conda 安装的好处是，可以很好地管理不同项目的 Python，避免出现包版本冲突。

在安装完成后，可以通过编写简单的 Python 程序来验证 Matplotlib 是否安装成功。

```
import matplotlib.pyplot as plt
import numpy as np
x = np.linspace(0, 10, 100)
y = np.sin(x)
plt.plot(x, y)
plt.show()
```

运行上述代码，如果成功弹出一个显示正弦曲线的界面，那说明 Matplotlib 安装成功并可以正常使用。

11.1.2　基本绘图流程

微课视频

在使用 Matplotlib 的 pyplot 模块进行数据可视化时，通常应实施以下 3 个步骤。

1. 创建画布与子图

在数据可视化中，创建画布与子图是构建空白绘图区域的起始环节。用户可按需将画布切分为多个子区域，以便在同一个图形中展示多个子图，对比分析多元数据。若仅绘制单一的简单图形，则这一步可以省略。在 Matplotlib 的 pyplot 模块中，创建画布与子图的常用函数如表 11-1 所示。

表 11-1　创建画布与子图的常用函数

函　数	说　明
plt.figure()	创建空白画布，可以指定画布的大小等参数
figure.add_subplot()	创建子图，可以指定子图的行数、列数和选中子图的序号等参数

2. 添加画布内容

在使用 pyplot 模块绘图时，标题、坐标轴标签与图形的绘制顺序不限，但图例需在图形生成后添加。相关操作通过 pyplot 模块的内置函数实现。添加画布内容的常用函数如表 11-2 所示。

表 11-2　添加画布内容的常用函数

函　数	说　明
plt.title()	添加标题，可以指定标题的名称、位置、颜色、字号等参数
plt.xlabel()	添加 x 轴标签，可以指定 x 轴标签的位置、颜色、字号等参数
plt.ylabel()	添加 y 轴标签，可以指定 y 轴标签的位置、颜色、字号等参数
plt.xlim()	指定 x 轴范围，只能确定一个数字区间，无法使用字符串标识
plt.ylim()	指定 y 轴范围，只能确定一个数字区间，无法使用字符串标识
plt.xticks()	设置 x 轴刻度的位置和标签
plt.yticks()	设置 y 轴刻度的位置和标签
plt.legend()	添加图例，可以指定图例的大小、位置等参数

3. 保存与显示图形

保存与显示图形的常用函数仅有两个，且其参数极少，如表 11-3 所示。

表 11-3　保存与显示图形的常用函数

函　数	说　明
plt.savefig()	保存绘制的图形，可以指定图形的分辨率、边缘的颜色等参数
plt.show()	在本机显示图形

对于较为简单的绘图任务，可以省略创建画布与子图的步骤，直接在默认画布上绘图。

实例 11-1　**模型准确率折线图**

随着人工智能语音助手的广泛应用，分析不同地区用户的使用行为成为优化产品策略的重要依据。本实例将通过绘制折线图，对比地区 A 和地区 B 人工智能语音助手在一周内的每日使用次数，直观地展示用户的使用行为趋势。本实例将使用 Matplotlib 实现数据可视化，支持以中文字体显示，并添加坐标轴标签、图例等信息，以便分析人工智能语音助手的使用规律，为产品优化和资源分配提供数据支持。

```
import matplotlib.pyplot as plt
from matplotlib import rcParams
from matplotlib.font_manager import FontProperties

# 全局设置（若已设置 rcParams 字典，则此步骤可省略）
rcParams['font.sans-serif'] = ['SimHei']                # 设置中文字体
rcParams['axes.unicode_minus'] = False                  # 设置正常显示负号

# 模拟数据（训练轮数、模型准确率、模型损失率）
epochs = range(1, 11)
accuracies = [0.5, 0.55, 0.6, 0.65, 0.7, 0.72, 0.75, 0.78, 0.8, 0.82]
losses = [0.6, 0.58, 0.55, 0.52, 0.49, 0.47, 0.45, 0.42, 0.4, 0.38]

# 绘制图形
plt.figure()
plt.title('模型训练过程中的准确率与损失率')               # 使用指定字体
plt.xlabel('训练轮数')                                  # 添加 x 轴标签
plt.ylabel('值')                                        # 添加 y 轴标签
plt.xlim(0, 11)                                         # 指定 x 轴范围
plt.ylim(0.3, 0.9)                                      # 指定 y 轴范围
plt.xticks(range(1, 11))                                # 设置 x 轴刻度的位置和标签
plt.yticks([0.3, 0.4, 0.5, 0.6, 0.7, 0.8, 0.9])         # 设置 y 轴刻度的位置和标签
plt.plot(epochs, accuracies, label='准确率')             # 绘制准确率曲线
plt.plot(epochs, losses, label='损失率')                 # 绘制损失率曲线
plt.legend()                                            # 添加图例
plt.savefig('model_accuracy_loss_single.png')           # 保存图形
plt.show()                                              # 显示图形
```

程序运行结果如图 11-1 所示。

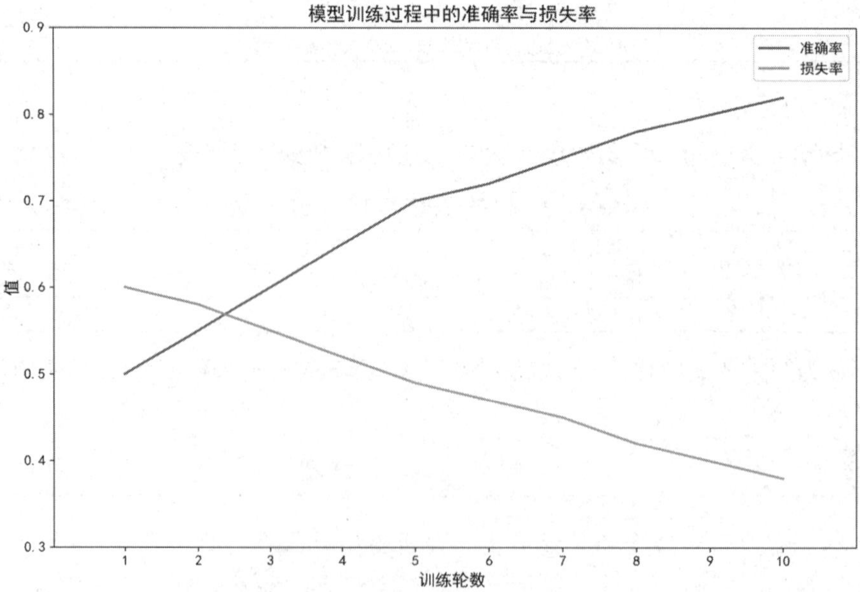

图 11-1　模型准确率与损失率折线图

在上述代码中，并不对用于具体绘制折线图的 plot()函数进行设置，该函数将在 11.2 节进行具体介绍。

前面呈现的是一个简单的不包含子图的标准绘图流程的实例。绘制子图本质上是多个基本绘图流程的叠加，也就是分别在同一个画布的不同子图上绘图。

实例 11-2　基于子图的模型准确率与损失率折线图

随着深度学习技术的快速发展，模型训练过程中的性能监控成为优化算法和提升模型效果的关键环节。本实例将通过绘制基于子图的模型准确率与损失率折线图，直观地展示模型在迭代过程中性能的演变。本实例旨在使用 Matplotlib 实现数据可视化，支持多个子图布局，并添加坐标轴标签、图例等信息，以便分析模型训练过程中的收敛性和稳定性，为算法调优和模型评估提供数据支持。

```
import matplotlib.pyplot as plt

# 模拟数据（训练轮数、模型准确率、模型损失率）
epochs = range(1, 11)
accuracies = [0.5, 0.55, 0.6, 0.65, 0.7, 0.72, 0.75, 0.78, 0.8, 0.82]
losses = [0.6, 0.58, 0.55, 0.52, 0.49, 0.47, 0.45, 0.42, 0.4, 0.38]

# 创建画布与子图
fig = plt.figure(figsize=(8, 6), dpi=80)                    # 确定画布大小

# 在第 1 个子图中添加内容
# 选择第 1 个子图进行操作
ax1 = fig.add_subplot(2, 1, 1)      # 开始绘制第 1 个子图
ax1.set_title('模型训练过程中的准确率')                # 为第 1 个子图添加中文标题
ax1.set_xlabel('训练轮数')          # 为第 1 个子图的 x 轴添加中文标签
ax1.set_ylabel('准确率')            # 为第 1 个子图的 y 轴添加中文标签
ax1.set_xlim(0, 11)                 # 设置第 1 个子图的 x 轴显示范围
ax1.set_ylim(0.4, 0.9)              # 设置第 1 个子图的 y 轴显示范围
ax1.set_xticks(range(1, 11))        # 设置第 1 个子图的 x 轴刻度
ax1.set_yticks([0.4, 0.5, 0.6, 0.7, 0.8, 0.9])    # 设置第 1 个子图的 y 轴刻度
ax1.plot(epochs, accuracies)        # 绘制折线图
ax1.legend(['准确率'])              # 添加中文图例

# 在第 2 个子图中添加内容
# 选择第 2 个子图进行操作
ax2 = fig.add_subplot(2, 1, 2)      # 开始绘制第 2 个子图
ax2.set_title('模型训练过程中的损失率')                # 为第 2 个子图添加中文标题
ax2.set_xlabel('训练轮数')          # 为第 2 个子图的 x 轴添加中文标签
ax2.set_ylabel('损失率')            # 为第 2 个子图的 y 轴添加中文标签
ax2.set_xlim(0, 11)                 # 设置第 2 个子图的 x 轴显示范围
ax2.set_ylim(0.3, 0.6)              # 设置第 2 个子图的 y 轴显示范围
ax2.set_xticks(range(1, 11))        # 设置第 2 个子图的 x 轴刻度
ax2.set_yticks([0.3, 0.35, 0.4, 0.45, 0.5, 0.55, 0.6])    # 设置第 2 个子图的 y 轴刻度
ax2.plot(epochs, losses)            # 绘制折线图
ax2.legend(['损失率'])              # 添加中文图例
```

```
# 保存与显示图形
plt.tight_layout()                                  # 调整子图间距
plt.savefig('model_accuracy_loss_chinese.png')      # 保存图形
plt.show()                                          # 显示图形
```

程序运行结果如图 11-2 所示。

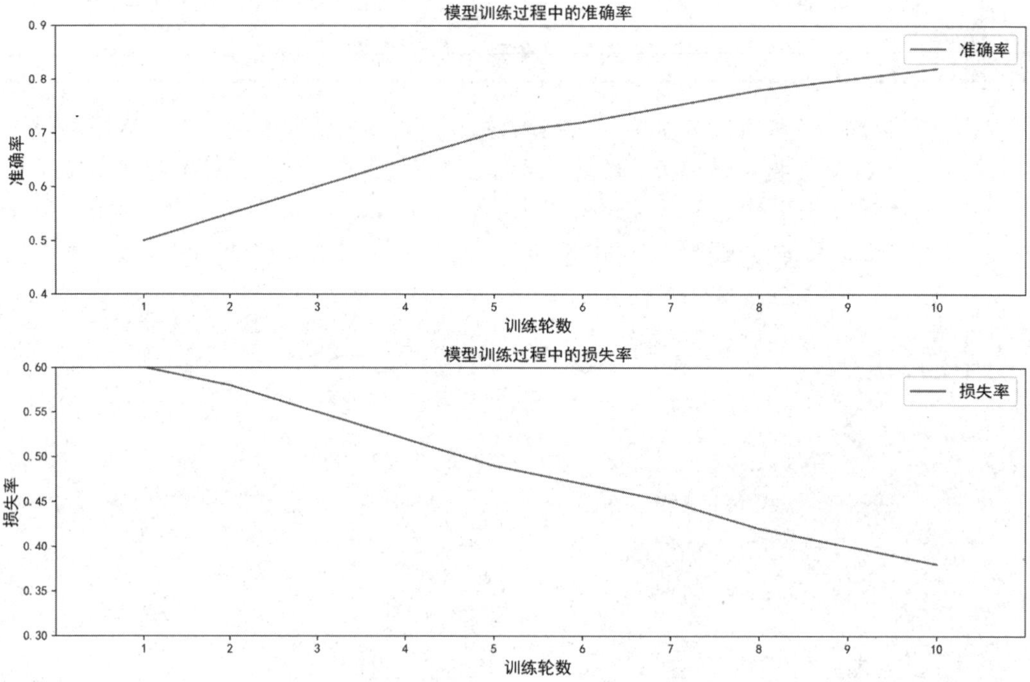

图 11-2　基于子图的模型准确率与损失率折线图

11.1.3　图形属性与样式设置

微课视频

在进行数据可视化时需对图形属性与样式进行精细的调整。Matplotlib 提供了丰富的样式控制功能，涵盖线条、标记、颜色、文本等属性，通过实例代码可快速实现图形的美化。

1. 线条属性设置

线条属性主要包括线条颜色、线型、线宽等。在 Matplotlib 的 pyplot 模块中使用 plot() 函数绘图时，可以通过相应参数对线条属性进行设置。常用的线条属性设置参数如表 11-4 所示。

表 11-4　常用的线条属性设置参数

参　数	说　明	实 例 值
color	设置线条颜色	'b'（蓝色）、'r'（红色）、'g'（绿色）、'k'（黑色）等
linestyle	设置线型	'-'（实线）、'--'（虚线）、'-.'（点划线）、':'（点线）等
linewidth	设置线宽	1、2、3 等（单位为磅，数字越大，线条越粗）

实例代码如下。

```
# 绘制 sin(x)曲线，设置线条颜色为红色、线型为虚线、线宽为 2
plt.plot(x, y1, color='r', linestyle='--', linewidth=2)
# 绘制 cos(x)曲线，设置线条颜色为蓝色、线型为实线、线宽为 1.5
```

```
plt.plot(x, y2, color='b', linestyle='-', linewidth=1.5)
```

2. 标记属性设置

为了更清晰地区分数据点，可以给图形添加标记。标记属性包括标记形状、大小、颜色等。在使用 plot()函数绘图时，可以通过相应参数对标记属性进行设置。常用的标记属性设置参数如表 11-5 所示。

表 11-5　常用的标记属性设置参数

参　数	说　明	实 例 值
marker	设置标记形状	'o'（圆）、's'（正方形）、'^'（三角形）、'*'（星形）、'+'（加号）等
markersize	设置标记大小	5、10、15 等（数字越大，标记越大）
markerfacecolor	设置标记面的颜色	'b'（蓝色）、'r'（红色）、'g'（绿色）等
markeredgecolor	设置标记边缘的颜色	'k'（黑色）、'w'（白色）等

实例代码如下。

```
# 绘制数据点，设置标记形状为圆、标记大小为 10、标记面的颜色为绿色、标记边缘的颜色为黑色
plt.plot(x, y, marker='o', markersize=10, markerfacecolor='g', markeredgecolor='k')
```

3. 颜色属性设置

在 Matplotlib 中，线条颜色通过 color 参数进行设置。Matplotlib 支持多种线条颜色设置方式，既可以使用预定义的颜色名（'red'表示红色，'blue'表示蓝色等）设置线条颜色，又可以使用十六进制颜色码（格式为'#RRGGBB'，'#FF5733'表示橙色等）设置线条颜色，还可以通过 RGB 值或 RGBA 值设置线条颜色。RGBA 格式的第 4 个参数表示透明度（Alpha 通道），采用 0～1 范围内的值，其中 0 表示完全透明，1 表示完全不透明。

实例代码如下。

```
plt.plot(x, y, color='#FF00FF')      # 使用十六进制颜色码设置线条颜色
plt.plot(x, -y, color=(0, 1, 0, 0.5)) # 使用 RGB 值设置线条颜色，透明度为 0.5
```

4. 文本属性设置

文本属性主要涉及坐标轴标签、刻度标签等文本的大小、粗细、颜色等。在 Matplotlib 中，可以通过 rcParams 字典来设置全局文本属性，也可以在单个函数中通过参数来设置局部文本属性。常用的文本设置参数如表 11-6 所示。

表 11-6　常用的文本属性设置参数

参　数	说　明	实 例 值
font.family	设置字体家族	'serif'（衬线字体）、'sans-serif'（无衬线字体）、'monospace'（等宽字体）等
font.size	设置文本大小	10、12、14 等
font.weight	设置文本粗细	'normal'（正常）、'bold'（加粗）、'light'（细体）等
text.color	设置文本颜色	'r'（红色）、'k'（黑色）等

默认 pyplot 模块不支持以中文字体显示，需要通过设置 font.sans-serif 参数来更改绘图时的字体，使中文正常显示。同时，更改字体后，会使坐标轴的部分内容无法显示，这时需要更改 axes.unicode_minus 参数。实例代码如下。

```
plt.rcParams['font.sans-serif']='SimHei'        # 设置中文字体
plt.rcParams['font.family'] ='sans-serif'
plt.rcParams['axes.unicode_minus']='False'      # 设置正常显示字符
plt.rcParams['font.size'] = 12                  # 设置文本大小为 12
plt.rcParams['text.color'] = 'r'                # 设置文本颜色为红色
```

11.2 线 性 图

11.2.1 绘制折线图

微课视频

折线图是一种用于展示数据随特定维度变化的有效可视化工具，属于线性图。在 Matplotlib 中，通过 plot()函数可以实现折线图的快速绘制。绘制折线图的语法如下。

```
matplotlib.pyplot.plot(*args, **kwargs)
```

（1）*args：接收可变位置参数，通常为(x, y)坐标数据。

（2）**kwargs：接收关键字参数，用于设置图形属性。

plot()函数常用的参数如表 11-7 所示。

表 11-7 plot()函数常用的参数

参 数	说 明
x,y	'serif'（衬线字体）、'sans-serif'（无衬线字体）、'monospace'（等宽字体）等
color	接收特定字符串，指定线条颜色，默认值为 None
linestyle	接收特定字符串，指定线型，默认值为“-”
marker	接收特定字符串，表示点的类型，默认值为 None
alpha	接收 0～1 范围内的小数，表示点的透明度，默认值为 None

实例 11-3 不同地区人工智能语音助手一周使用次数对比折线图

针对智能设备用户行为分析场景，通过折线图来实现区域化产品使用趋势的可视化对比。本实例将基于模拟的人工智能语音助手一周使用次数数据，构建不同地区人工智能语音助手一周使用次数对比折线图，为区域市场运营策略的制定提供量化依据。本实例将使用 Matplotlib 完成双折线图的绘制，集成中文字体适配、坐标轴标注、图例说明等核心功能，有效呈现不同地区用户使用次数的波动特征与差异规律，以适用于产品运营分析、资源调度优化等数据驱动型决策场景。

```
import matplotlib.pyplot as plt
days = ['周一', '周二', '周三', '周四', '周五', '周六', '周日']
plt.rcParams['font.sans-serif']='SimHei'                # 设置中文字体
plt.rcParams['axes.unicode_minus']='False'              # 设置正常显示字符
area_a_usage = [80, 90, 95, 110, 120, 140, 130]         # 模拟地区 A 人工智能语音助手一周使用次数
area_b_usage = [60, 70, 80, 85, 95, 110, 100]           # 模拟地区 B 人工智能语音助手一周使用次数
plt.plot(days, area_a_usage, label='地区 A')
plt.plot(days, area_b_usage, label='地区 B')
plt.title('不同地区人工智能语音助手一周使用次数对比折线图')
plt.xlabel('日期')
plt.ylabel('使用次数')
plt.legend()
plt.show()
```

程序运行结果如图 11-3 所示。

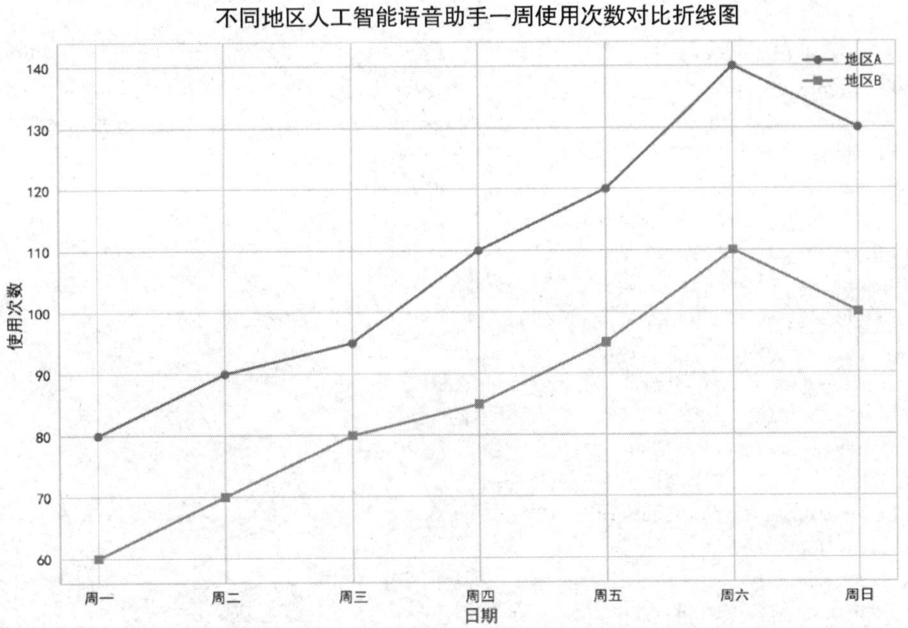

图 11-3　不同地区人工智能语音助手一周使用次数对比折线图

11.2.2　标注与美化

在数据可视化中，为了使图形更清晰、直观地呈现数据，可以运用以下标注与美化手段。

（1）通过图形标题与坐标轴标题，迅速明确数据可视化的核心信息，助力读者快速把握图形主旨。

（2）利用颜色、线型（实线、虚线等），以及线条粗细变化，有效区分不同曲线的变化趋势，以便对比分析。

（3）采用数据点标记（圆形、方形等符号），突出显示图形中的关键数据点，强调其重要性。

（4）当图形中出现异常值时，通过添加注释进行详细解读，有助于读者理解数据背后的特殊情况。

（5）使用图例的映射功能，清晰地展示图形中多条曲线之间的关系，以便读者识别各数据系列。

实例 11-4　**人工智能人才需求变化折线图**

人工智能人才需求变化趋势是企业和教育机构制定战略规划的重要参考依据。本实例将通过绘制人工智能人才需求变化折线图，对比 2015—2023 年算法工程师与数据分析师的需求变化情况，直观地展示行业发展趋势。本实例旨在使用 Matplotlib 实现数据可视化，支持以中文字体显示，并添加坐标轴标签、图例及关键数据点，以便分析人才需求的动态变化情况，为人才培养和资源配置提供数据支持。本实例将实现合并字体配置、合并数据定义、绘图、标注和图像保存等功能。本实例整体构图清晰，逻辑严谨，专业化程度高。

```
import matplotlib.pyplot as plt
import numpy as np
plt.rcParams.update({'font.sans-serif':'SimHei', 'axes.unicode_minus':False})  # 合并字体配置
years = np.arange(2015, 2024)
demands = {'算法工程师': [3,5,7,10,13,16,20,25,30],   # 合并数据定义
           '数据分析师': [2,4,6,8,11,14,17,21,24]}
plt.figure(figsize=(10, 6))
for label, data in demands.items():
    style = {'color':'r', 'linestyle':'-', 'marker':'o'} if label == '算法工程师' else \
            {'color':'b', 'linestyle':'--', 'marker':'s'}
    plt.plot(years, data, label=label, linewidth=2, **style)
plt.title('人工智能人才需求变化折线图', fontsize=16)
plt.xlabel('年份', fontsize=14)
plt.ylabel('人才需求量（万人）', fontsize=14)
plt.tick_params(axis='both', labelsize=12)
plt.legend(fontsize=12)
for (label, data), dy in zip(demands.items(), (1, -1)):
    demand_2023 = data[-1]
    plt.annotate(f'{demand_2023}万', xy=(2023, demand_2023),
                 xytext=(2023.2, demand_2023 + dy),
                 arrowprops=dict(arrowstyle='->', connectionstyle='arc3'))
plt.grid(ls='--', alpha=0.7)
plt.savefig('ai_talent_demand.png', dpi=300)
plt.show()
```

程序运行结果如图 11-4 所示。

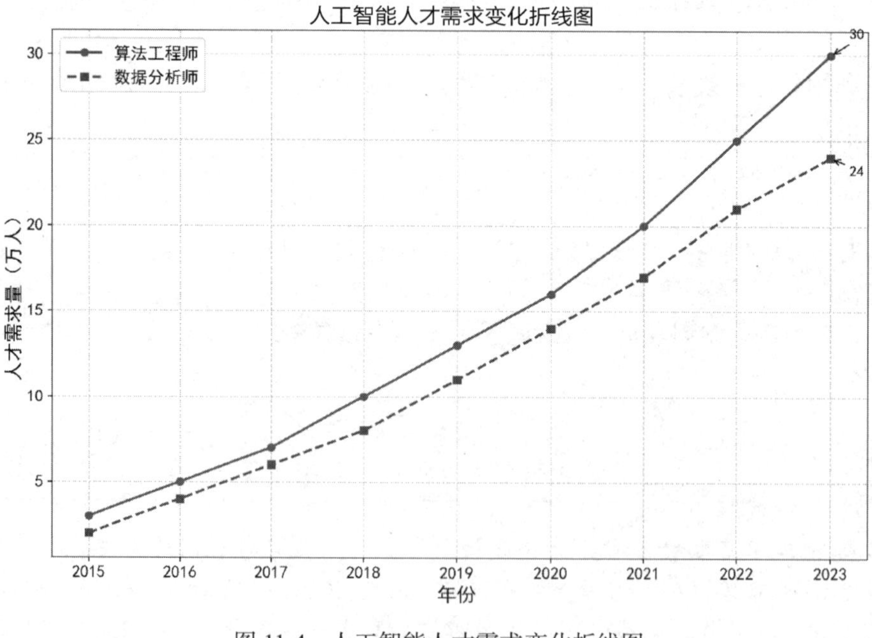

图 11-4　人工智能人才需求变化折线图

11.3　非线性图

11.3.1　饼图

微课视频

饼图用于展示数据占比情况。它通过扇形的大小直观地呈现各部分数据的占比。在 Matplotlib 中使用 pie()函数绘制饼图。其格式如下。

matplotlib.pyplot.pie(x, explode=None, labels=None, colors=None, autopct=None, shadow=False, startangle=0)。

pie()函数常用的参数如表 11-8 所示。

表 11-8　pie()函数常用的参数

参　数	说　明
x	设置各部分占比的数据序列
explode	指定某扇形是否被分离出来，默认值为 None
labels	为各扇形添加标签
colors	设置各扇形的颜色
autopct	设置百分比显示格式
shadow	设置是否添加阴影，默认值为 False
startangle	设置饼图的起始角度，默认从 x 轴正方向开始

实例 11-5　**热门程序设计语言市场占有率饼图**

分析热门程序设计语言在人工智能领域的市场占有率成为技术选型与行业研究的重要依据。本实例将使用 Matplotlib 绘制饼图，展示 Python、Java、C++、JavaScript 等语言的市场占有率，直观地呈现技术生态分布情况。本实例将实现的功能涵盖数据定义、字体配置、饼图绘制、标签添加及可视化输出。本实例的代码结构清晰，参数设置完整，这为技术趋势分析与决策提供了数据支持。

```
import matplotlib.pyplot as plt
plt.rcParams['font.sans-serif']='SimHei'              # 设置中文字体
plt.rcParams['axes.unicode_minus']='False'            # 设置正常显示字符
# 模拟市场占有率
sizes = [45, 25, 20, 10]
labels = ['Python', 'Java', 'C++', 'JavaScript']      # 添加程序设计语言标签
colors = ['gold', 'lightcoral', 'lightskyblue', 'green']  # 设置颜色
explode = (0.1, 0, 0, 0)
plt.pie(sizes, explode=explode, labels=labels, colors=colors,
        autopct='%1.1f%%', shadow=True, startangle=90)
plt.axis('equal')                                     # 使饼图为正圆
plt.title('热门程序设计语言市场占有率饼图')
plt.show()
```

程序运行结果如图 11-5 所示

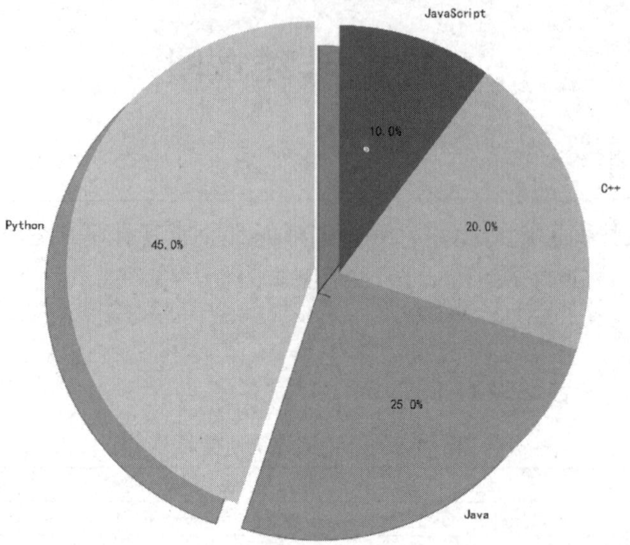

图 11-5 热门程序设计语言市场占有率饼图

11.3.2 柱形图

微课视频

柱形图以柱子的高度为变量。通过柱子的高度直观地展示不同类型数据的大小或数量的差异，以便进行数据的比较。在 Matplotlib 中使用 bar() 函数绘制柱形图。其语法如下。

```
matplotlib.pyplot.bar(x, height, width=0.8, bottom=None, *, align='center', data=None, **kwargs)
```

bar()函数常用的参数如表 11-9 所示。

表 11-9 bar()函数常用的参数

参　　数	说　　明
x	设置柱形图中柱子对应的 x 轴坐标
height	设置柱子的高度
width	设置柱子的宽度，默认值为 0.8
bottom	设置柱子底部的位置，用于堆叠柱形图
align	设置柱子与 x 轴坐标的对齐方式，值为 'center' 表示居中对齐，值为 'edge' 表示边缘对齐
color	设置柱子的颜色

实例 11-6　人工智能领域专利数量对比柱形图

分析不同人工智能领域专利数量对比情况是技术研发与知识产权布局的重要依据。本实例将通过绘制人工智能领域专利数量对比柱形图，对比机器学习、自然语言处理和计算机视觉 3 个人工智能领域的专利数量，直观地展示技术研发热点。本实例旨在使用 Matplotlib 实现数据可视化，支持以中文字体显示，并添加图形标题、坐标轴标题及标签，以便分析技术发展趋势，为研发方向规划与资源投入提供数据支持。

```
import matplotlib.pyplot as plt
plt.rcParams['font.sans-serif']='SimHei'            # 设置中文字体
plt.rcParams['axes.unicode_minus']='False'        # 设置正常显示字符
```

```
tech_fields = ['机器学习', '自然语言处理', '计算机视觉']
patent_numbers = [200, 180, 150]
plt.bar(tech_fields, patent_numbers, color='skyblue')
plt.title('人工智能领域专利数量对比柱形图')
plt.xlabel('人工智能领域')
plt.ylabel('专利数量')
plt.show()
```

程序运行结果如图 11-6 所示。

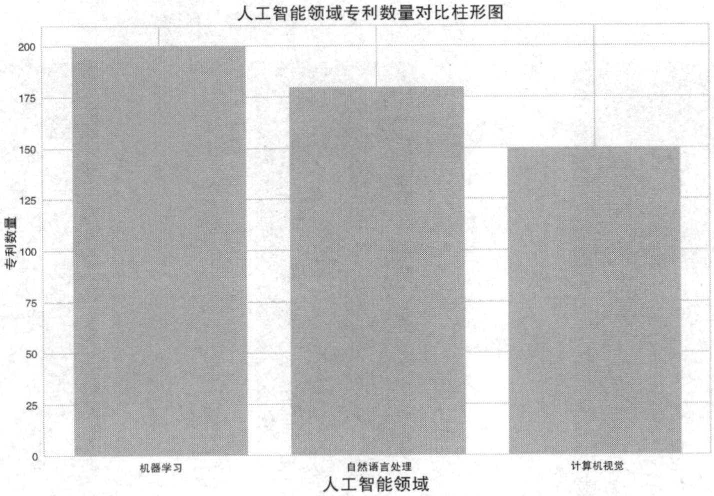

图 11-6 人工智能领域专利数量对比柱形图

实例 11-7 热门人工智能框架使用比例堆叠柱形图

分析不同公司在热门人工智能框架上的使用比例是技术选型与行业研究的重要依据。本实例将通过绘制热门人工智能框架使用比例堆叠柱形图，对比公司 A、公司 B 和公司 C 在 TensorFlow、PyTorch、MXNet 共 3 个框架上的使用比例，直观地展示技术应用分布情况。本实例旨在使用 Matplotlib 实现数据可视化，支持以中文字体显示，并添加图形标题、坐标轴标题及图例，以便分析技术框架的普及情况，为技术决策与资源投入提供数据支持。

```
import matplotlib.pyplot as plt
import numpy as np
plt.rcParams['font.sans-serif']='SimHei'          # 设置中文字体
plt.rcParams['axes.unicode_minus']='False'        # 设置正常显示字符
companies = ['公司 A', '公司 B', '公司 C']          # 公司名称
# 模拟使用比例
tf_ratio = [0.4, 0.3, 0.5]                        # TensorFlow 使用比例
pt_ratio = [0.3, 0.4, 0.3]                        # PyTorch 使用比例
mx_ratio = [0.3, 0.3, 0.2]                        # MXNet 使用比例
x = np.arange(len(companies))
width = 0.5
plt.bar(x, tf_ratio, width, label='TensorFlow', color='r')
plt.bar(x, pt_ratio, width, bottom=tf_ratio, label='PyTorch', color='g')
```

```
plt.bar(x, mx_ratio, width, bottom=np.array(tf_ratio)+np.array(pt_ratio), label='MXNet', color='b')
plt.xticks(x, companies)
plt.title('热门人工智能框架使用比例堆叠柱形图')
plt.xlabel('公司')
plt.ylabel('使用比例')
plt.legend()
plt.show()
```

程序运行结果如图 11-7 所示。

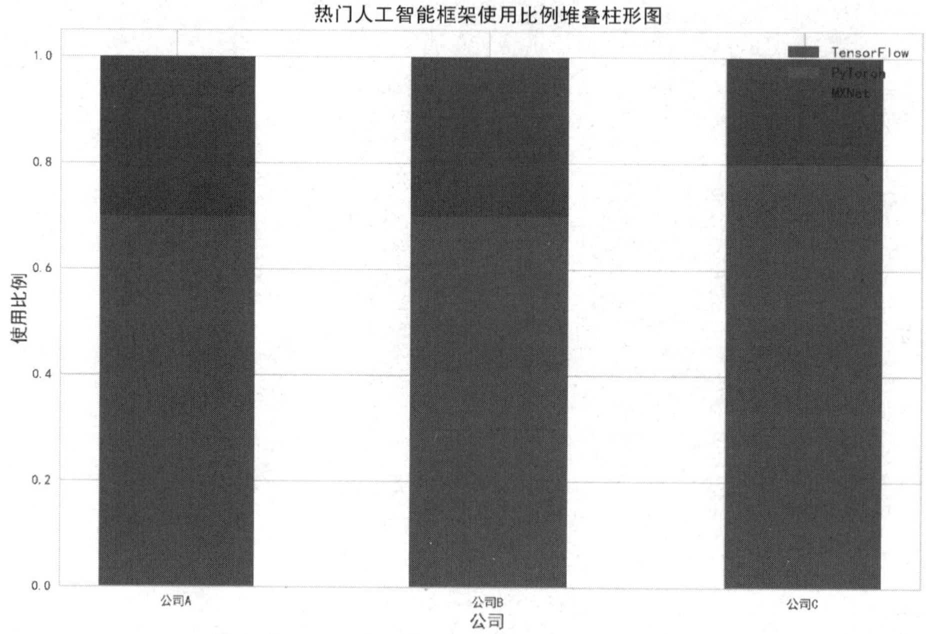

图 11-7 热门人工智能框架使用比例堆叠柱形图

11.3.3 直方图

微课视频

直方图用于展示数据分布情况。它将数据分组，并通过柱子的高度来表示各组数据的频数或频率。在 Matplotlib 中使用 hist()函数绘制直方图。其语法如下。

```
matplotlib.pyplot.hist(x, bins=None, range=None, density=False, weights=None, cumulative=False, bottom=None, histtype='bar', align='mid', orientation='vertical', rwidth=None, log=False, color=None, label=None, stacked=False, *, data=None, **kwargs)
```

hist()函数常用的参数如表 11-10 所示。

表 11-10 hist()函数常用的参数

参 数	说 明
x	设置需要绘制直方图的数据序列
bins	指定直方图的组数，若不指定，则根据数据自动计算合适的组数
range	指定数据的统计范围，若不指定，则根据数据的最小值和最大值确定统计范围
density	若值为 True，则表示绘制频率密度直方图，而非频数直方图
color	设置直方图的颜色
label	为直方图添加标签，用于显示图例

实例 11-8　人工智能产品用户满意度评分直方图

用户使用产品的满意度评估成为产品优化和用户体验提升的关键环节。本实例将通过绘制人工智能产品用户满意度评分直方图，直观地展示人工智能产品用户满意度评分的分布情况，为分析用户反馈和制定改进策略提供数据支持。本实例旨在使用 Matplotlib 实现数据可视化，支持以中文字体显示，并添加坐标轴标题、图例等信息，以便分析用户评分的集中趋势和离散程度。

```
import matplotlib.pyplot as plt
import numpy as np
plt.rcParams['font.sans-serif']='SimHei'          # 设置中文字体
plt.rcParams['axes.unicode_minus']='False'        # 设置正常显示字符
scores = np.random.randint(1, 6, 100)             # 模拟人工智能产品用户满意度评分数据
plt.hist(scores, bins=5, range=(1, 6), density=False, color='skyblue', label='用户评分分布')
plt.title('人工智能产品用户满意度评分直方图')
plt.xlabel('满意度评分')
plt.ylabel('用户数量')
plt.legend()
plt.show()
```

程序运行结果如图 11-8 所示。

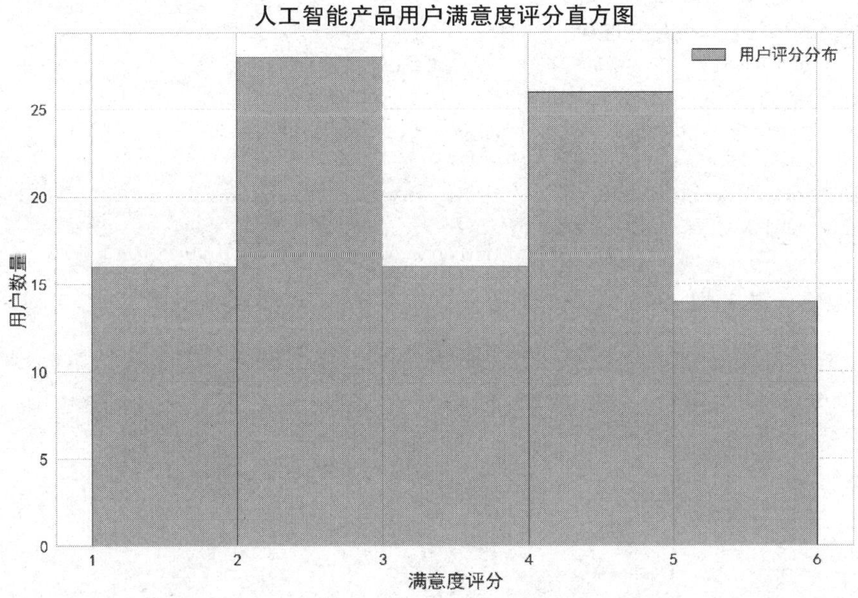

图 11-8　人工智能产品用户满意度评分直方图

11.3.4　散点图

微课视频

散点图用于展示两个变量之间的关系。它通过将数据点绘制在二维平面上，观察散点的分布情况，判断不同变量之间是否存在某种关联。在 Matplotlib 中使用 scatter()函数绘制散点图。其语法如下。

```
matplotlib.pyplot.scatter(x, y, s=None, c=None, marker=None, cmap=None, norm=None, vmin=None,
```

```
vmax=None, alpha=None, linewidths=None, edgecolors=None, *, plotnonfinite=False, data=None, **kwargs)
```

scatter()函数常用的参数如表 11-11 所示。

表 11-11 scatter()函数常用的参数

参数	说明
x	设置散点在 x 轴的数据序列
y	设置散点在 y 轴的数据序列
s	设置散点的大小
c	设置散点的颜色
marker	设置散点的形状
alpha	设置散点的透明度，取值范围为 0～1

实例 11-9 人工智能项目成功率与研发投入散点图

研发投入是影响人工智能项目成功率的重要因素之一。本实例将通过绘制人工智能项目成功率与研发投入散点图，直观地展示人工智能项目成功率与研发投入的关系，为分析研发投入对人工智能项目成功的影响提供数据支持。本实例旨在使用 Matplotlib 实现数据可视化，支持以中文字体显示，并添加坐标轴标题、图形标题等信息，以便分析人工智能项目成功率与研发投入的相关性。

```
import matplotlib.pyplot as plt
plt.rcParams['font.sans-serif']='SimHei'                    # 设置中文字体
plt.rcParams['axes.unicode_minus']='False'                   # 设置正常显示字符
research_investment = [50, 80, 120, 150, 200, 250, 300]  # 模拟研发投入
success_rate = [30, 40, 50, 60, 70, 80, 90]                # 模拟人工智能项目成功率
plt.scatter(research_investment, success_rate, s=100, c='blue', marker='o', alpha=0.8)
plt.title('人工智能项目成功率与研发投入散点图')
plt.xlabel('研发投入（万元）')
plt.ylabel('项目成功率（%）')
plt.show()
```

程序运行结果如图 11-9 所示。

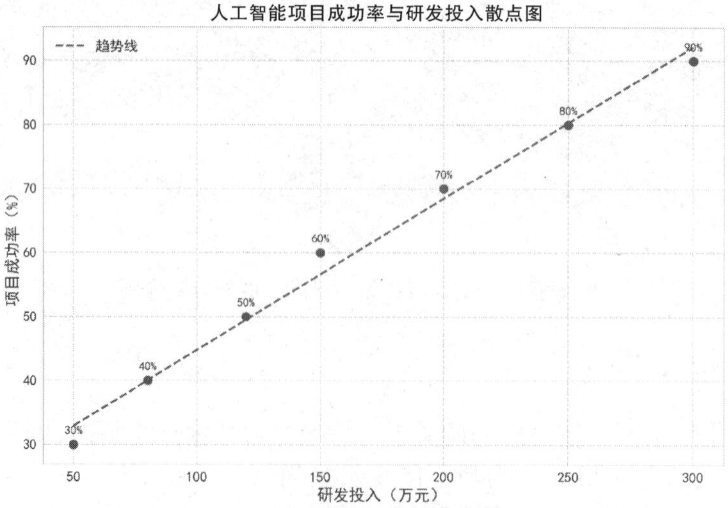

图 11-9 人工智能项目成功率与研发投入散点图

11.3.5　雷达图

微课视频

雷达图（radar chart）又称戴布拉图、蜘蛛网图（spider chart）。它将多个维度的数据以圆的形式展示，每个维度的数据都有一个从圆心出发的坐标轴，通过连接各数据点形成一个多边形，用于分析数据在多个维度的综合表现和差异情况。在 Python 中，通常借助 NumPy 和 Matplotlib 绘制雷达图。Matplotlib 本身没有直接绘制雷达图的函数，需要进行一些额外的设置来实现。雷达图函数常用的参数如表 11-12 所示。

表 11-12　雷达图函数常用的参数

参　数	说　明
labels	设置各维度的名称
data	设置各维度对应的数据值
angles	设置各维度坐标轴与水平轴的夹角，一般通过计算均分圆周得到
colors	设置散点的颜色
marker	设置多边形线条的颜色

实例 11-10　　个人能力雷达图

个人能力评估是职业发展和技术提升的重要环节。本实例将通过绘制个人能力雷达图，直观地展示个人在编程能力、算法能力、数学能力、创新能力和团队协作能力等多个维度的评分情况，为能力评估和职业规划提供数据支持。本实例旨在使用 Matplotlib 实现数据可视化，支持以中文字体显示，并添加坐标轴标题、图形标题等信息，以便分析个人能力的优势和劣势，清晰地展示个人能力在不同维度的表现，为制订学习计划和提升目标提供依据。

```
import numpy as np
import matplotlib.pyplot as plt
plt.rcParams['font.sans-serif']='SimHei'          # 设置中文字体
plt.rcParams['axes.unicode_minus']='False'        # 设置正常显示字符
abilities = ['编程能力', '算法能力', '数学能力', '创新能力', '团队协作能力']        # 模拟各维度的能力
scores = [8, 7, 6, 9, 7]  # 模拟对应的能力评分
n = len(abilities)
angles = np.linspace(0, 2 * np.pi, n, endpoint=False).tolist()                    # 计算角度
scores = np.concatenate((scores,[scores[0]]))  # 闭合雷达图
angles = np.concatenate((angles,[angles[0]]))
fig = plt.figure()
ax = fig.add_subplot(111, polar=True)
ax.plot(angles, scores, 'o-', linewidth=2, color='r')
ax.fill(angles, scores, alpha=0.25, color='r')
ax.set_thetagrids(np.degrees(angles[:-1]), abilities)
plt.title('个人能力雷达图')
plt.show()
```

程序运行结果如图 11-10 所示。

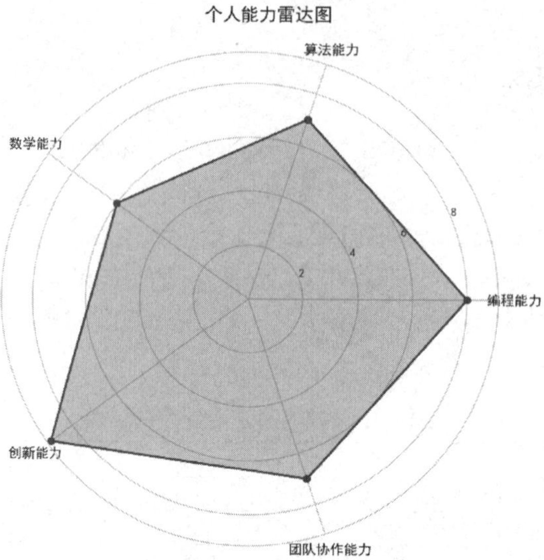

图 11-10　个人能力雷达图

11.3.6　箱线图

微课视频

箱线图（Box Plot）也叫盒须图、盒式图、箱形图等，用于展示数据分布情况，显示一组数据的最大值、最小值、中位数、上四分位数及下四分位数。在 Matplotlib 中使用 boxplot()函数绘制箱线图。

其语法如下。

```
matplotlib.pyplot.boxplot(x, notch=None, sym=None, vert=None, whis=None, positions=None, widths=None, patch_artist=None, bootstrap=None, usermedians=None, conf_intervals=None, meanline=None, showmeans=None, showcaps=None, showbox=None, showfliers=None, boxprops=None, labels=None, flierprops=None, medianprops=None, meanprops=None, capprops=None, whiskerprops=None, *, data=None)
```

boxplot()函数常用的参数如表 11-13 所示。

表 11-13　boxplot()函数常用的参数

参　数	说　明
x	设置需要绘制箱线图的数据，可以是一维数组或数组列表
vert	设置箱线图是垂直显示的还是水平显示的，默认值为 True
whis	设置须的长度，值为[0, 100]范围内的数字
labels	为各箱线图添加标签
patch_artist	若值为 True，则填充箱体颜色
boxprops	设置箱体属性，如颜色、线宽等

实例 11-11　人工智能领域薪酬水平分布箱线图

分析不同年限经验从业者的薪酬水平对行业研究和人才管理具有重要意义。本实例将通过绘制人工智能领域薪酬水平分布箱线图，直观地展示在人工智能领域 1～5 年经验从业者的薪酬分布情况，为薪酬的制定和人力资源的规划提供数据支持。本实例旨在使用 Matplotlib 实现数据可视化，支持以中文字体显示，并添加图形标题、坐标轴标题等信息，以便分析不同年限经验从业者的薪酬差异。本实例将实现的功能涵盖数据模拟、图形绘制和标注，这为行业研究提供了清晰的数据可视化依据。人工智能领域薪酬水平分布箱线图将通过展示薪酬的中位数、四分位数和异常值，帮助用户快速理解薪酬分布情况，以为相关决策提供依据。

```
import matplotlib.pyplot as plt
import numpy as np
plt.rcParams['font.sans-serif']='SimHei'          # 设置中文字体
plt.rcParams['axes.unicode_minus']='False'     # 设置正常显示字符
# 模拟在人工智能领域不同年限（1～5 年）经验从业者的薪酬水平
salary_1_year = np.random.randint(15, 30, 50)
salary_2_year = np.random.randint(20, 40, 50)
salary_3_year = np.random.randint(25, 50, 50)
salary_4_year = np.random.randint(30, 60, 50)
salary_5_year = np.random.randint(35, 70, 50)
data = [salary_1_year, salary_2_year, salary_3_year, salary_4_year, salary_5_year]
labels = ['1 年经验', '2 年经验', '3 年经验', '4 年经验', '5 年经验']
plt.boxplot(data, vert=True, whis=1.5, labels=labels, patch_artist=True,
             boxprops=dict(facecolor='skyblue', color='black'))
plt.title('人工智能领域薪酬水平分布箱线图')
plt.xlabel('年限经验')
plt.ylabel('薪酬（万元）')
plt.show()
```

程序运行结果如图 11-11 所示。

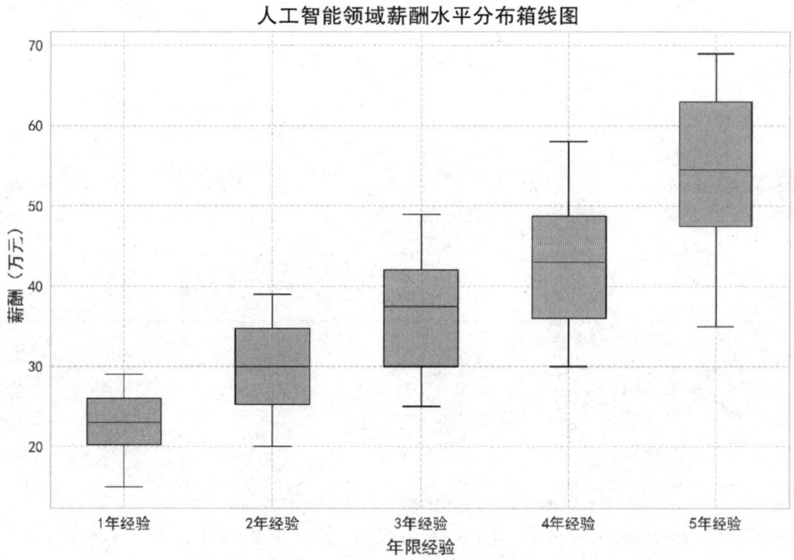

图 11-11　人工智能领域薪酬水平分布箱线图

11.4　中英文词云图

词云图是一种将文本中出现频率较高的关键字以可视化的方式呈现的图形，通过不同的文本大小、颜色和布局展示关键字的重要性或出现频率，让人能够快速抓住文本的核心内容。在 Python 中，通常使用 WordCloud 来生成词云图。

11.4.1 WordCloud 的简介与安装

WordCloud 是 Python 中专门用于生成词云图的库。使用 WordCloud 可以将文本转换为直观的词云可视化图形。该库提供了丰富的配置选项，如词云形状、字体、颜色等，以便用户根据需求定制词云图。

安装 WordCloud 通常有以下两种方式。

1. 使用 pip 安装

在命令行中输入以下命令。

```
pip install wordcloud
```

执行上述命令后，pip 会自动通过 PyPI 下载并安装 WordCloud 及其依赖项。

2. 使用 conda 安装

如果使用的是 Anaconda 或 Miniconda 环境，那么可以使用 conda 安装。在 Anaconda Prompt（Windows）或终端（macOS/Linux）中输入以下命令。

```
conda install -c conda-forge wordcloud
```

执行上述命令后，conda 会自动处理 WordCloud 的依赖关系并完成安装。WordCloud() 函数常用的参数如表 11-14 所示。

表 11-14 WordCloud()函数常用的参数

参　数	说　明
fit_words(frequencies)	根据词频生成词云图，参数为包含词汇与词频的字典，为 generate_from_frequencies 的别名
generate_from_frequencies(frequencies)	根据词频生成词云图，参数为词频字典
generate_from_text(text)	根据文本生成词云图，如果参数为已排序的列表，那么需设置 'collocations=False'，否则会导致每个词汇均出现两次
process_text(text)	对长文本进行分词并去除停用词，返回值为词频字典
recolor(self[,random_state,color_func,...])	重新着色
to_array(self)	转换为 NumPy 数组
to_file(self,filename)	导出为图片文件
to_svg(self[,embed_font,...])	导出为 SVG 文件

11.4.2 英文词云图

微课视频

生成英文词云图的核心原理是，对文本中的单词词频进行统计并布局。首先，对输入的英文文本进行分词，将连续的文本拆分为单个单词。其次，统计各单词出现的频率，即词频。再次，依据词频设定各单词在词云图中的大小，词频越高，单词越大。最后，使用布局算法将单词合理分布到指定区域内，同时结合颜色、字体等视觉元素，形成最终的词云图。

实例 11-12　英文词云图

1. 准备文本

从文本文件、数据库或网络资源中获取原始英文文本。

```
from wordcloud import WordCloud, STOPWORDS
```

```
import matplotlib.pyplot as plt
import re
raw_text = """
World Library, Inc. 1000. World Library, Inc. 1000. Python™ Python™ Python easy awesome 1000.
The newcastle's kitchen catonelli www.katune.com/Google play.my"
Mython Library, the window™ 1000 The Library, World Library, PUBLISHED"""
```

2. 清洗与预处理

清洗与预处理的主要任务如下。

（1）处理分词：将文本按空格切分为单词列表（用 WordCloud 自动完成）。

（2）去除停用词：通过 stopwords 参数过滤虚词，如 the、and 等。

（3）统一大小写：将文本转换为全小写字母，避免重复统计。

```
# 去除标点符号、数字、特殊字符
cleaned_text = re.sub(r"[®,™©@&'\":;!?\\/\.\d+]", " ", raw_text) # 使用正则表达式过滤标点符号、数字
cleaned_text = re.sub(r"http\S+|www\.\S+", "", cleaned_text)  # 清除网址
# 统一大小写
cleaned_text = cleaned_text.lower()                    # 将文本转换为全小写字母，避免重复统计
# 自定义停用词
custom_stopwords = STOPWORDS.update([
    "inc", "published", "library", "1000",             # 过滤高频无效词
    "the", "my", "play"                                # 扩展通用停用词
])
```

3. 生成英文词云图并可视化

使用 WordCloud 类配置参数并生成词频矩阵。

（1）generate(text)：自动计算词频并布局。

（2）关键参数：width、height、background_color、max_words（用于调整词云样式）。

下面通过 Matplotlib 进行渲染。

```
wordcloud = WordCloud(
    width=800,
    height=400,
    background_color="white",
    stopwords=custom_stopwords,                        # 应用自定义停用词
    collocations=False,                                # 禁用词组合并
).generate(cleaned_text)                               # 直接传入预处理的文本
# 可视化
plt.figure(figsize=(10, 5))                            # 设置画布大小
plt.imshow(wordcloud, interpolation='bilinear')        # 渲染词云
plt.axis("off")                                        # 隐藏坐标轴
plt.title("English Word Cloud Example")                # 添加标题（可选）
plt.show()
```

程序运行结果如图 11-12 所示。

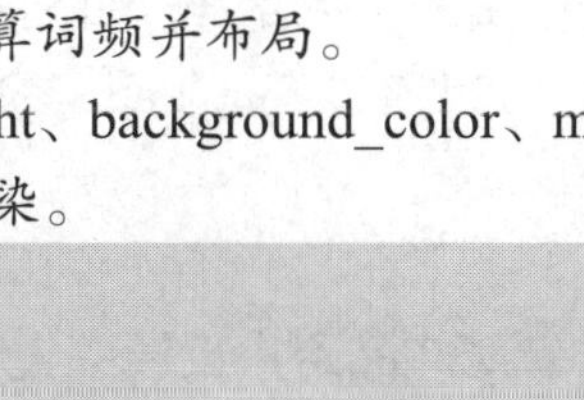

图 11-12　英文词云图

11.4.3 中文词云图

微课视频

在 Python 中，中文词云图的生成步骤与英文词云图的生成步骤存在一些差异，具体如下。

1. 分词处理

英文词汇天然以空格分隔，可直接通过空格切分词汇。在 WordCloud 中，使用 wordcloud.generate(text)即可直接处理。

而中文词汇需要依赖分词工具，如 jieba、pkuseg 等进行分词。因为中文词汇是连续的汉字，若不进行分词，则词云会以单字形式呈现。

```
import jieba
text = " ".join(jieba.cut(中文文本))  # 先分词再拼接成以空格分隔的字符串
```

2. 停用词复杂度

在生成英文词云图时，WordCloud 内置了名为 STOPWORDS 的集合，用于过滤常见的虚词，如 the、and 等，以免其在词云中占据过多空间，从而突出更有意义的词汇。

中文停用词较为复杂，需要自定义停用词表。自定义的停用词表应涵盖中文的虚词，如“的”“是”等，以及无意义的高频词，如“因此”“然而”等。

3. 字体支持

英文词汇采用默认字体即可直接显示词云。

而中文词汇则需要指定支持中文的字体路径，如 SimHei.ttf 等，否则显示词云时会出现方框。在 WordCloud()函数中，可以通过 font_path 参数指定字体路径。

```
WordCloud(font_path="SimHei.ttf", ...)  # 关键参数
```

实例 11-13 人工智能产品用户反馈关键词云图

本实例将为人工智能产品用户反馈分析提供文本可视化解决方案，使用 jieba 分词与使用 WordCloud 实现中文评论的高效处理。通过自动化分词清洗、高频词汇提取及词云图生成技术，将非结构化文本转换为直观的密度图谱，以解决人工分析效率瓶颈。本实例旨在整合自然语言处理与数据可视化技术，通过 Python 程序生成人工智能产品用户反馈关键词云图，以为产品迭代提供数据支撑，体现工程开发价值。

```
from wordcloud import WordCloud
import matplotlib.pyplot as plt
import jieba
plt.rcParams['font.sans-serif'] = 'SimHei'                # 设置中文字体
plt.rcParams['axes.unicode_minus'] = 'False'              # 设置正常显示字符
def text_analysis(lst):
    return [item for item in lst if len(str(item)) > 1]
def generate_wordcloud(file_path):
    with open(file_path, 'r', encoding='utf-8') as file:  # 读取文件的内容
        feedback_text = file.read()
    word_cut = jieba.lcut(feedback_text)                  # 使用 jieba 进行中文分词
    words=text_analysis(word_cut)
```

```
        text = " ".join(words)                              # 将分词结果以空格连接成字符串
        myfont_path = 'C:\Windows\Fonts\simhei.ttf'         # 指定中文字体路径
        wordcloud = WordCloud(width=800, height=400, background_color='white', font_path=myfont_path).generate(text) # 生成词云图
        plt.imshow(wordcloud, interpolation='bilinear')     # 显示词云图
        plt.axis('off')
        plt.title('人工智能产品用户反馈关键词云图')
        plt.show()
    if __name__ == '__main__':
        file_path = './文心一言大模型产品用户反馈.txt'
        generate_wordcloud(file_path)
```

程序运行结果如图 11-13 所示。

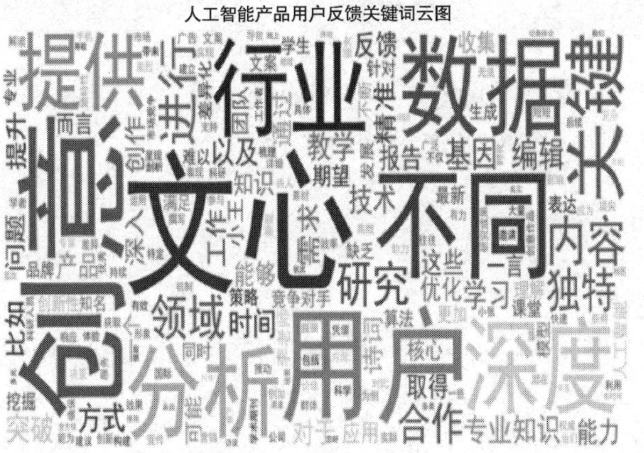

图 11-13　人工智能产品用户反馈关键词云图

11.5　项目实训：科技行业发展数据可视化分析——创新驱动，洞察未来

11.5.1　项目背景

在数字经济与智能技术深度融合的产业转型背景下，科技领域亟待通过数据驱动决策实现精准洞察。本项目实训基于 Python 的生态系统构建多个维度的分析体系，聚焦智能安防和智慧医疗领域，整合产业链上下游的专利数据、市场规模时序数据及企业动态信息。

11.5.2　项目任务

本项目实训旨在揭示技术创新与市场演变的关联规律。通过构建交互式可视化模型，量化评估区域产业竞争力与可持续发展潜力，为政策制定者提供产业布局依据，辅助企业识别技术转化路径与市场增长点，同时培养复合型人才的数据建模能力，扩宽产业分析视野，推动“产学研”协同创新生态系统的构建。

11.5.3 项目分析

本项目实训基于 Python 对智能安防和智慧医疗领域进行数据可视化分析。

在数据方面，重点收集智能安防和智慧医疗领域的市场规模数据，以年份为维度记录。同时，考虑补充技术创新、企业竞争等方面的数据。在处理数据时，清洗数据，去除异常值与重复值，进行标准化预处理，提取市场规模增长率等关键特征。

在需求方面，对比两个领域市场规模随时间的变化情况，挖掘增长差异与趋势规律。同时，关联技术研发投入等方面的数据，探究技术创新与市场规模增长的关系。

在技术方面，运用 Python 绘图库，使用折线图展示市场规模变化趋势，使用饼图展示市场份额对比情况。另外，后续可能增加柱形图展示增长幅度对比情况，增加散点图展示相关性分析情况。

最后基于分析结果为政策制定者和企业提供决策参考，推动行业发展，在实施中注重数据安全与隐私保护。

11.5.4 项目实现

1. 导入必要的库

Matplotlib 用于图形绘制（具体使用 pyplot 模块），NumPy 用于数字计算（numerical computing）。

```
import matplotlib.pyplot as plt
import numpy as np
```

2. 准备分析数据

收集智能安防和智慧医疗领域的市场规模数据，以年份为维度记录。

```
years = np.arange(2018, 2024)
security_market = [200, 300, 450, 600, 800, 1100]
medical_ai_market = [100, 150, 250, 400, 600, 900]
```

3. 绘制智能安防和智慧医疗领域的市场规模变化折线图

画布和子图用于展示两个领域的市场规模变化折线图。先使用 subplots()函数创建包含两个子图的画布，并设置画布大小，然后绘制智能安防和智慧医疗领域的市场规模变化折线图。

下面绘制智能安防和智慧医疗领域的市场规模变化折线图，并添加相关元素。

```
fig, axs = plt.subplots(2, 1, figsize=(10, 8))
axs[0].plot(years, security_market, label='智能安防', color='r', marker='o')
axs[0].set_title('智能安防领域的市场规模变化折线图')
axs[0].set_xlabel('年份')
axs[0].set_ylabel('市场规模（亿元）')
axs[0].legend()
axs[1].plot(years, medical_ai_market, label='智慧医疗', color='g', marker='s')
axs[1].set_title('智慧医疗领域的市场规模变化折线图')
axs[1].set_xlabel('年份')
axs[1].set_ylabel('市场规模（亿元）')
axs[1].legend()
```

程序运行结果如图 11-14 所示。

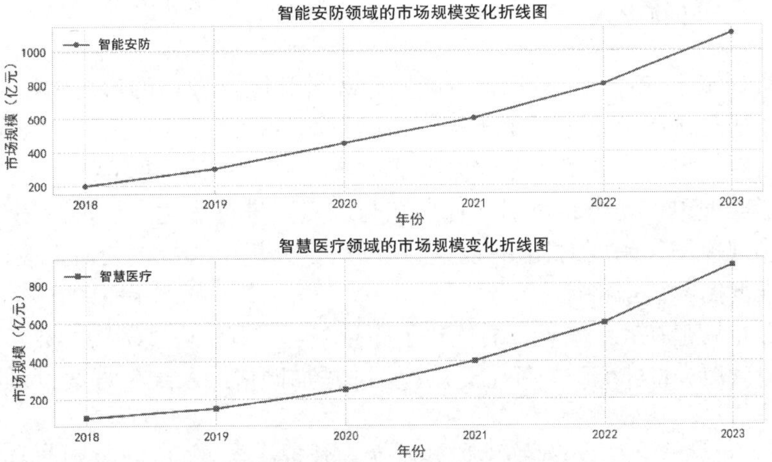

图 11-14　智能安防和智慧医疗领域的市场规模变化折线图

4. 绘制智能安防和智慧医疗领域的市场份额对比饼图

先计算总市场规模，然后分别计算智能安防和智慧医疗领域的市场份额，最后绘制智能安防和智慧医疗领域的市场份额对比饼图。

```
plt.tight_layout() # 优化子图布局，调整子图间距
total_market = np.array(security_market) + np.array(medical_ai_market)
security_share = np.sum(security_market) / np.sum(total_market)
medical_ai_share = np.sum(medical_ai_market) / np.sum(total_market)
# 准备饼图所需的数据
labels = ['智能安防', '智慧医疗']
sizes = [security_share, medical_ai_share]
colors = ['lightcoral', 'lightskyblue']
# 绘制智能安防和智慧医疗领域的市场份额对比饼图
plt.figure(figsize=(6, 6))
plt.pie(sizes, labels=labels, colors=colors, autopct='%1.1f%%', startangle=90)
plt.title('智能安防和智慧医疗领域的市场份额对比饼图')
plt.axis('equal')
plt.show()
```

程序运行结果如图 11-15 所示。

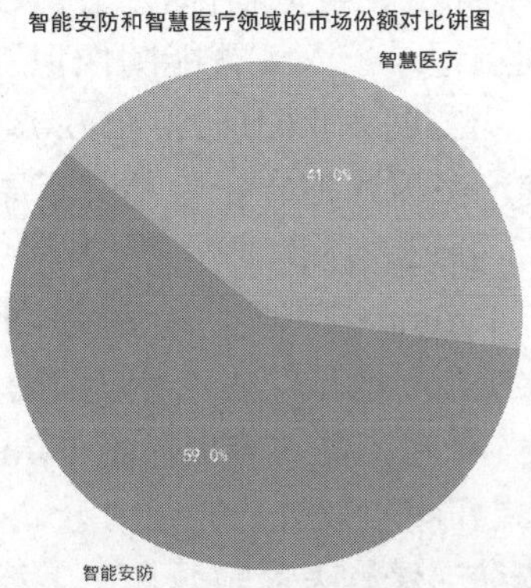

图 11-15　智能安防和智慧医疗领域的市场份额对比饼图

11.5.5 项目优化

本项目实训基于 Python 实现了智能安防和智慧医疗领域的市场规模数据可视化分析，通过折线图与饼图分别展示了不同年份的市场规模变化趋势和两个领域的市场份额对比情况。然而，当前实现仍存在数据维度单一、交互性不足等问题。

针对图形类型单一问题，可引入柱形图与散点图进行优化。柱形图用于直观地展示不同年份市场规模增长幅度对比情况，散点图用于分析市场规模与研发投入的关联性，从而从多个维度揭示数据特征。

现有图形布局存在冗余空间，需优化子图排列与样式。通过调整行数、列数，可以压缩画布的空白区域；通过统一坐标轴刻度范围、添加网格线及配色方案，可以提升图形整体的美观度与信息传达效率。

为了提高交互性，建议集成动态控件以实现数据筛选。例如，通过 widgets 模块添加年份滑动条与领域选择下拉菜单，支持用户自定义分析时段与行业方向，动态更新对应图形内容，提升数据分析的灵活性。

11.5.6 总结和启示

在人工智能数字化转型背景下，本项目实训用 Python 整合关键领域数据，可视化地呈现行业态势。通过多种图形展示关键信息，揭示创新规律，证明进行数据可视化有利于洞察趋势、辅助决策。本项目实训带来的启示是，科技行业创新不止有技术，更要合理用数、长远规划，在合规的基础上挖掘价值。若基于实际大数据，则项目成果可以作为政策制定的参考。

11.6 巩固练习

（1）假设在人工智能模型训练过程中记录了 10 次迭代的准确率和损失率数据。准确率数据为 0.5,0.55,0.6,0.65,0.7,0.72,0.75,0.78,0.8,0.82，损失率数据为 0.6,0.58,0.55,0.52,0.49,0.47,0.45,0.42,0.4,0.38。请使用 Matplotlib 绘制折线图，展示准确率和损失率随迭代次数的变化趋势。要求添加图形标题、坐标轴标签，并设置图例。

（2）假设在 10 个不同时间点记录了人工智能图像识别系统的识别准确率，时间点数据为 1,2,3,4,5,6,7,8,9,10，准确率数据为 0.6,0.62,0.65,0.63,0.68,0.7,0.72,0.71,0.75,0.76。请使用 NumPy 的 polyfit()函数进行多项式拟合，绘制基于原始数据和拟合曲线的图形。要求添加图形标题、坐标轴标签，并设置图例。

（3）假设在人工智能领域，Python 的市场占有率为 45%，Java 的市场占有率为 25%，C++的市场占有率为 20%，JavaScript 的市场占有率为 10%。请使用 Matplotlib 绘制饼图，展示这些程序设计语言的市场占有率。要求突出显示 Python 部分，添加图形标题、坐标轴标签，并设置百分比显示格式和阴影效果。

（4）假设自动驾驶、智能安防、智慧医疗领域在人工智能应用方面的市场份额分别为 30%、40%、30%。请使用 Matplotlib 绘制环形图，展示这些领域的市场份额。要求添加图形标题、坐标轴标签，并设置百分比显示格式。

（5）已知一些领域的专利数量（单位：个），即机器学习领域专利数量为 200，计算机视觉领域的专利数量为 150，自然语言处理领域的专利数量为 180。请使用 Matplotlib 绘制柱形图，展示这些领域专利数量的对比情况。要求添加图形标题、坐标轴标签，并设置柱子的颜色。

（6）假设收集了 100 个人工智能产品用户满意度评分数据（评分范围为 1～5 分），使用 NumPy 生成模拟数据 scores = np.random.randint(1,6,100)。请使用 Matplotlib 绘制直方图，展示评分分布情况。要求添加图形标题、坐标轴标签，并设置直方图的颜色。

（7）已知一组人工智能项目的研发投入数据（单位：万元）为 50,80,120,150,200,250,300，对应的项目成功率数据（以百分比表示）为 30,40,50,60,70,80,90。请使用 Matplotlib 绘制散点图，展示二者之间的关系。要求设置散点的大小、颜色、形状和透明度，添加图形标题、坐标轴标签。

（8）已知 2015—2024 年人工智能算法工程师和数据分析师需求数据（单位：万人），其中算法工程师需求数据为 3,5,7,10,13,16,20,25,30，数据分析师需求数据为 2,4,6,8,11,14,17,21,24。请使用 Matplotlib 绘制折线图，展示人才需求变化趋势，并进行标注与美化，包括添加标题、坐标轴标签，设置线条样式，添加数据标记，设置图例，为关键数据点添加注释和网格线。

第 12 章　Python 生态应用

12.1　GUI

GUI（Graphical User Interface，图形用户界面）是计算机图形学技术的应用，由窗口、下拉菜单、对话框等图形化控件组成。它通过窗口、下拉菜单、对话框等实现人机交互，简化操作过程。GUI 广泛应用于软件产品、计算机操作系统，以及车载系统、智能家居、电子数码等产品中，如汽车中控台的显示屏、行车记录仪界面等。GUI 的设计不仅涉及技术层面的知识，还融合美学、行为学、心理学等多个层面的知识，旨在打造人性化产品，提升用户体验。

Python 提供了多种 GUI 开发工具，如 Tkinter、Kivy 等，它们各具特色，用户可以根据项目需求自行选择。

12.1.1　Tkinter 的基本知识

微课视频

Tkinter 简称 Tk，是 Python 官方推荐的 GUI 工具，作为标准库模块随 Python 一起安装，无须额外安装。Tkinter 具有良好的跨平台性，支持 Windows、Linux、macOS，代码简洁易读。相比其他程序设计语言的 GUI 工具，Tkinter 的编码效率高，适合快速开发和初学者学习。然而，基于 Python 作为解释型语言和脚本语言的特性，Tkinter 在性能和功能的丰富程度上不及 C++开发的 Qt，Tkinter 更适合开发简单的程序，如简易聊天窗口。

Tkinter 提供了窗口、窗口布局管理器、事件处理机制等必备功能。控件（按钮、标签等）是添加到窗口中的元素，可以被视为“积木”。在编写 Python 程序时需要了解各“积木”的形状（控件的作用）及搭建方法（控件的布局）。

在布局管理方面，Tkinter 提供了 3 种主要的布局管理器。pack 布局管理器适用于简单的垂直布局或水平布局，grid 布局管理器适用于复杂的表格布局，而 place 布局管理器则允许开发者精确控制控件的位置和大小。每种布局管理器都有其特定使用场景和优点。

1. 窗口

窗口是 GUI 程序的基本框架，创建根窗口可以启动整个 GUI 程序。根窗口是一个顶级窗口，其他所有窗口和控件都将在这个基础上构建。

```
import tkinter as tk                 # 导入模块
root = tk.Tk()                       # 创建根窗口
root.title("Tkinter 窗口实例")       # 设置窗口标题
root.geometry("300x200")             # 设置窗口大小
root.mainloop()                      # 运行 Tkinter 主循环，启动 GUI 程序
```

2. 标签

标签（label）用于显示文本或图像。通过设置文本、字体、颜色等属性可以定制标签的外观。

```
label = tk.Label(root, text="这是一个标签", font=("Arial", 12), fg="blue")
label.pack()                       # 将标签添加到窗口中
```

3. 文本框

文本框（entry）用于输入单行文本，可以设置宽度、初值等属性。

```
entry = tk.Entry(root, width=30)
entry.pack()                       # 将文本框添加到窗口中
```

4. 文本域

文本域（text）用于输入多行文本，提供换行、滚动等编辑功能。

```
text = tk.Text(root, height=10, width=40)
text.pack()                        # 将文本域添加到窗口中
```

5. 复选框和单选按钮

复选框（checkbutton）和单选按钮（radiobutton）均用于选择选项。复选框允许多选，而单选按钮只能单选。

```
var1 = tk.IntVar()                 # 该变量用于跟踪复选框的选择状态
checkbutton = tk.Checkbutton(root, text="复选框", variable=var1)
checkbutton.pack()                 # 将复选框添加到窗口中
var2 = tk.StringVar()              # 该变量用于跟踪单选按钮的选择状态
var2.set("是")                     # 设置默认选项
radiobutton1 = tk.Radiobutton(root, text="是", variable=var2, value="是")
radiobutton2 = tk.Radiobutton(root, text="否", variable=var2, value="否")
radiobutton1.pack()                # 将单选按钮添加到窗口中
radiobutton2.pack()                # 将单选按钮添加到窗口中
```

6. 按钮

按钮（button）用于触发事件或执行命令。

```
def on_button_click():             # 定义按钮单击事件的回调函数
    print("按钮被单击了！")
button = tk.Button(root, text="单击我", command=on_button_click)
button.pack()                      # 将按钮添加到窗口中
```

注意，在 Jupyter Notebook 或某些在线 Python 环境中可能无法打开窗口，这是因为在这些环境中可能不支持多窗口 GUI 操作，建议在本地 Python 环境中运行代码。

12.1.2　事件处理与回调函数

微课视频

在 GUI 程序中，事件是指用户在界面中进行的操作，如单击按钮、输入文本、移动鼠标指针、关闭窗口等。通过事件处理，GUI 程序能够即时响应用户操作，提供良好的用户体验。

回调函数是一个在特定事件发生时被调用的函数，如 on_button_click()函数。该函数会在按钮被单击时执行。绑定事件通常通过 bind()方法来实现。bind()方法将事件与回调函数关联起来，支持键盘按键事件、鼠标移动事件等。

实例 12-1 限制在文本框中只能输入数字

限制用户在文本框中的输入，要求只能输入数字。

```
import tkinter as tk
def on_key_press(event):                              # 定义函数
    if not event.char.isdigit(): return "break"       # 如果不是数字，那么忽略输入
root = tk.Tk()                                        # 创建主窗口
number_entry = tk.Entry(root, width=30)               # 创建文本框
number_entry.pack(pady=20)                            # 将文本框添加到窗口中，并设置一些垂直外边距
number_entry.bind("<Key>", on_key_press)              # 绑定键盘按键事件
root.mainloop()                                       # 运行主循环
```

实例 12-2 实时显示鼠标指针坐标

当鼠标指针移动时，在一个标签中实时显示鼠标指针坐标。

```
import tkinter as tk
def update_coords(event):                                          # 定义函数
    label.config(text=f"鼠标指针坐标: ({event.x}, {event.y})")      # 更新标签
root = tk.Tk()                                                     # 创建主窗口
label = tk.Label(root, text="鼠标指针坐标: (0, 0)")                  # 创建标签
label.pack(pady=20)                                  # 将标签添加到窗口中，并设置一些垂直外边距
root.bind("<Motion>", update_coords)                 # 绑定鼠标移动事件
root.mainloop()                                      # 运行主循环
```

程序运行结果如图 12-1 所示。

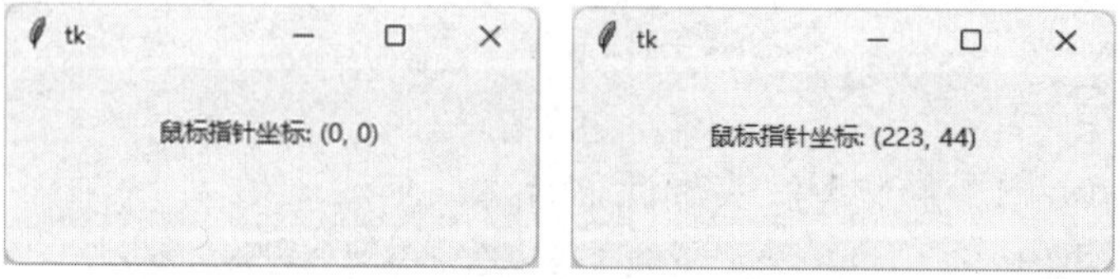

图 12-1 实时显示鼠标指针坐标

实例 12-3 登录验证

在登录窗口中输入用户名和密码，验证正确后跳转到另一个窗口。

```
import tkinter as tk
from tkinter import messagebox
def login_check():                                   # 定义函数，检查登录信息
    username = username_entry.get()
    password = password_entry.get()
    if username == "admin" and password == "123123":     # 简单验证
        print("Opening new window...")               # 显示登录成功的提示
        open_new_window()                            # 打开新窗口
        root.destroy()                               # 关闭登录窗口
    else:
        messagebox.showerror("错误", "用户名或密码错误")
```

```
def open_new_window():                          # 定义函数，打开新窗口
    new_window = tk.Toplevel(root)
    new_window.title("主窗口")
    tk.Label(new_window, text="登录成功！ ").pack(pady=20)
root = tk.Tk()                                  # 创建主窗口（登录窗口）
root.title("用户登录")
username_entry = tk.Entry(root)                 # 创建用户名文本框
password_entry = tk.Entry(root, show='*')       # 创建密码文本框
login_button = tk.Button(root, text="登录", command=login_check)
# 布局
username_label = tk.Label(root, text="用户名:")
password_label = tk.Label(root, text="密码:")
username_label.grid(row=0, column=0)
username_entry.grid(row=0, column=1)
password_label.grid(row=1, column=0)
password_entry.grid(row=1, column=1)
login_button.grid(row=2, column=1, pady=10)
root.mainloop()                                 # 运行主循环
```

程序运行结果如图 12-2 所示。

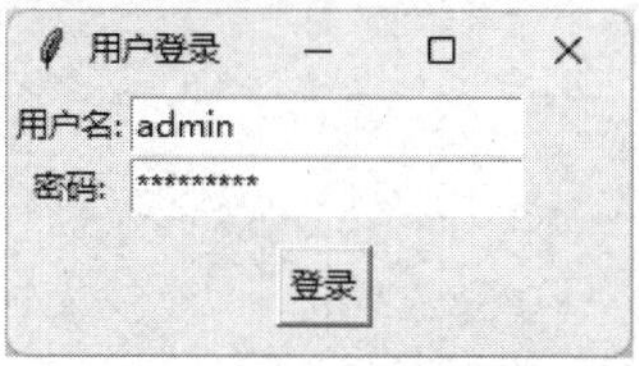

图 12-2　登录验证

12.2　网络请求及解析

12.2.1　网络请求及解析的简介

微课视频

网络请求是程序通过互联网与远程服务器进行通信的过程。在 Python 中，网络请求通常使用 HTTP，通过发送请求并接收响应来实现数据的交换。网络请求及解析在 Web 开发、数据爬取、API 调用等场景中被广泛应用。网络请求及解析的基本流程如下。

（1）构造请求：指定请求的目标 URL、请求方法、请求头（User-Agent、Authorization 等）和请求体（对于 POST 请求）。

（2）发送请求：通过 HTTP 库（Requests 等）将构造好的请求发送给远程服务器。

（3）接收响应：服务器处理请求后，其中返回响应，其中包括状态码、响应头和响应体。

（4）解析响应：程序解析响应体中的数据（HTML 数据、JSON 数据等），提取所需信息。

12.2.2　Requests

Requests 是一个基于 Python 的 HTTP 库，使用 urllib3 实现，遵循 Apache2 开源协

议。它能模拟浏览器发起 HTTP 或 HTTPS 请求。使用 Requests 发送 GET 请求的实例代码如下。

```
import requests                                        # 第 1 步，引入库
response = requests.get('https://example.com')         # 第 2 步，发送请求
html_content = response.text                           # 第 3 步，接收响应
```

Requests 不仅支持多种请求方法，还支持自定义请求头、处理 cookies、设置超时等高级功能，并提供丰富的参数和选项以满足不同的需求。

实例 12-4　爬取百度热搜榜接口数据

使用 Requests 向百度热搜榜接口发送请求，获取服务器返回的数据，解析 JSON 数据，提取热搜数据，遍历输出热搜标题。

```
import requests
from lxml import etree
url = 'https://【百度热搜榜接口地址】'                # 这里可以是获取 JSON 数据的网址
headers = {
    'User-Agent': 'Mozilla/5.0 (Windows NT 10.0; Win64; x64) AppleWebKit/537.36 (KHTML, like
Gecko) Chrome/99.0.4844.51 Safari/537.36',
    'Host': 'top.baidu.com',
    'Accept': 'application/json, text/plain, */*',
    'Accept-Language': 'zh-CN,zh;q=0.9,en-US;q=0.8,en;q=0.7',
    'Accept-Encoding': 'gzip, deflate, br',
    'Referer': 'https://top.baidu.com/board?tab=novel',
}   # 构造请求头
response = requests.get(url, headers=headers)          # 发送请求，获取返回的数据
json_data = response.json()  # 解析 JSON 数据
content_list = json_data['data']['cards'][0]['content']    # 提取热搜数据
for item in content_list:
    print("热搜标题:", item['word'])                   # 遍历输出热搜标题
```

12.2.3　请求和使用大模型能力

微课视频

随着人工智能的发展，越来越多的 API 提供了大模型能力，如自然语言处理、图像识别、语音识别等。这些 API 通常通过 HTTP 请求提供服务，允许开发者通过发送请求来调用大模型的功能，从而实现各种人工智能应用，如文本翻译、图像分类、语音识别等。

请求和使用大模型能力的基本流程如下。

（1）获取 API 访问凭证：通常需要注册并获取 API 密钥。

（2）构造请求：根据 API 文档，指定请求的目标 URL、请求方法、请求头和请求体（包含输入数据和模型参数）。

（3）发送请求：使用 HTTP 库（Requests 等）将构造好的请求发送给 API 服务器。

（4）接收响应：服务器处理请求后，返回响应，其中包含大模型的输出结果。

（5）解析响应：程序解析响应体中的数据，提取所需信息。

实例 12-5　**调用机器翻译 API 进行文本翻译**

使用 Requests 调用百度翻译 API 进行文本翻译。用户输入源语言、目标语言和要翻译的内容，程序通过向百度翻译 API 发送 POST 请求，获取翻译结果并将其输出。注意，只有注册为百度开发者，才能获取 API 密钥（API_KEY 和 SECRET_KEY）。

```
import requests
import json
API_KEY = "0yP*********LZF"                          # 官方提供给开发者的 API 密钥
SECRET_KEY = "yJ**************UYGp2"                 # 官方提供给开发者的 API 密钥
def main(prama_from,prama_to,prama_q):               # 文本翻译
    url = "https://aip.baidubce.com/rpc/2.0/mt/texttrans/v1?access_token=" + get_access_token()
    payload = json.dumps({
        "from": prama_from,
        "to": prama_to,
        "q": prama_q
    })
    headers = {
        'Content-Type': 'application/json',
        'Accept': 'application/json'
    }
    response = requests.request("POST", url, headers=headers, data=payload)
    result_list=response.json()["result"]["trans_result"] # 解析 JSON 数据
    result_text=""
    for item in result_list:
        result_text += item["dst"] + "\n"
    return result_text
def get_access_token():
    url = "https://aip.baidubce.com/oauth/2.0/token"
    params = {"grant_type": "client_credentials", "client_id": API_KEY, "client_secret": SECRET_KEY}
    return str(requests.post(url, params=params).json().get("access_token"))
if __name__ == '__main__':
    prama_from=input("请输入源语言（中文是 zh,英文是 en）：")
    prama_to=input("请输入目标语言（中文是 zh,英文是 en）：")
    prama_q=input("请输入要翻译的内容：")
    result_text=main(prama_from,prama_to,prama_q)
    print(result_text)  # 输出翻译结果
```

12.2.4　etree

etree 是 lxml 库中的一个模块，专门用于处理 XML 和 HTML 解析的内容。它提供了高效且灵活的接口，用于生成、缩减、修改和查询树形结构。通过 etree，可以很方便地遍历和操作 HTML 文档。使用 etree 解析 HTML 的实例代码如下。

微课视频

```
from lxml import etree                          # 第 1 步，引入库
html_tree = etree.HTML(html_content)            # 第 2 步，解析 HTML，树形结构
titles = html_tree.xpath('//h1/text()')         # 第 3 步，定位并提取数据
```

其中，html_content 是通过 Requests 获取的网页内容。'//h1/text()'是 XPath 表达式，描述了从一个节点到另一个节点的路径。最后一行代码提取了网页中的所有标题，即<h1>标签的内容。

实例 12-6　　爬取百度官网热搜数据

使用 Requests 向百度官网发送 HTTP 请求，获取服务器返回的数据。使用 etree 解析 HTML 数据，并输出热搜标题和单击数。

```
import requests
from lxml import etree
header = {'User-Agent': 'Mozilla/5.0 (Windows NT 10.0; Win64; x64) AppleWebKit/537.36 (KHTML,
like Gecko) Chrome/81.0.4044.138 Safari/537.36',
        'Referer': 'https://www.baidu.com/'}                    # 构造请求头
html = requests.get('https://www.baidu.com/', headers=header)   # 发送请求
html_utf_8 = html.content.decode('utf-8')
doc = etree.HTML(html_utf_8)                                    # 解析 HTML 数据，树形结构
# 此时 hot_search 是一个列表，其中只有一个值为字典的字符串元素
hot_search = doc.xpath('//textarea [@id="hotsearch_data"]/text()')
hot_search_items = eval(hot_search[0])['hotsearch']   # 获取键为'hotsearch'的字典元素的值，列表类型
# 遍历 hot_search_items 列表元素，输出键为'card_title'的字典元素的值
for i, dic in enumerate(hot_search_items, start=1):             # 遍历
    news_title = dic['card_title']
    news_url = dic['linkurl']
    news_num = dic['heat_score']
    print(f'{i}.{news_title}     {news_num}   ')                 # 输出热搜标题和单击数
```

注意，在开发爬虫程序时，应严格遵守目标网站的 Robots 协议，尊重目标网站的隐私政策和版权规定，确保爬虫行为合法合规。

12.3　机器学习

12.3.1　机器学习的简介

机器学习作为一门跨领域的交叉学科，核心目标在于通过设计计算机程序和算法，使计算机能够从数据中自动学习和优化，而无须依赖明确的编程指令。其核心优势在于，计算机能够自主地从海量数据中挖掘出潜在的模式和规律，进而实现预测或决策功能。机器学习的应用广泛，包括但不限于图像识别（物体、人脸、场景识别）、自然语言处理（语言理解、机器翻译、情感分析）、推荐系统（基于用户行为推荐相关产品、内容、服务），以及金融风控（欺诈行为识别、市场趋势预测）等。

Python 在机器学习领域具有显著优势，其中 scikit-learn 是常用的机器学习库之一。作为一个开源项目，scikit-learn 提供了高效且易用的数据挖掘和分析工具，实现了多种常见的机器学习算法，并为 Python 用户提供了简洁、明了的接口，极大地促进了机器学习实验和开发的便捷性。

机器学习主要分为两大类：监督学习和无监督学习。监督学习利用带有标签的数据进行训练，而无监督学习则探索没有标签的数据，以揭示数据中的潜在结构和模式。

12.3.2 监督学习

监督学习是机器学习任务中的一种重要范式，要求模型通过学习已标注标签的训练数据来掌握预测能力。在监督学习的框架下，每个训练样本均包含一个输入特征向量和一个与之对应的输出标签。监督学习主要学习输入/输出的映射关系，从而对新的、未知的输入样本进行准确预测。典型的监督学习算法包括线性回归（适用于连续值的预测，如房价或股票价格的预测）和逻辑回归（主要用于分类任务，如垃圾邮件检测或疾病诊断）等。

实例 12-7　使用 scikit-learn 实现线性回归（房价预测）

微课视频

假设有一组房屋面积和售价数据。要求通过使用 scikit-learn 的 LinearRegression 类，创建线性回归模型以预测房价。其主要流程包括数据准备、模型训练、预测、评估及结果可视化。

```
import numpy as np
import matplotlib.pyplot as plt
from sklearn.linear_model import LinearRegression
from sklearn.model_selection import train_test_split
from sklearn.metrics import mean_squared_error
np.random.seed(0)
area = np.random.rand(100) * 1000        # 房屋面积（单位：平方米），范围为 0～1000
price = 50000 + 200 * area + np.random.randn(100) * 5000  # 售价，受面积影响并有一定波动
X_train, X_test, y_train, y_test = train_test_split(area.reshape(-1, 1), price, test_size=0.2, random_state=42)  # 将数据集拆分为训练集（20%）和测试集
model = LinearRegression()                # 创建线性回归模型
model.fit(X_train, y_train)               # 使用训练集训练模型
y_pred = model.predict(X_test)            # 预测
mse = mean_squared_error(y_test, y_pred)  # 评估
rmse = np.sqrt(mse)                       # 均方根误差，直观地表示预测误差
print(f"Root Mean Squared Error: {rmse:.2f}")
# 可视化预测结果，绘制实际售价、预测售价的散点图和折线图
plt.scatter(X_test, y_test, color='blue', label='Actual Prices')
plt.plot(X_test, y_pred, color='red', linewidth=2, label='Predicted Prices')
plt.xlabel('Area (m²)')
plt.ylabel('Price ($)')
plt.legend()
plt.show()
```

上述代码中生成了虚构数据以简化问题，在实际应用中应使用真实数据。训练完成后，模型对测试集进行预测，并通过均方根误差评估其性能。均方根误差越小，表示预测结果越准确。

12.3.3 无监督学习

无监督学习是机器学习任务中的一种范式，要求模型能够在没有标签的数据上进行训练，从而挖掘出数据的潜在结构和模式。无监督学习广泛应用于数据聚类、降维，以及异常检测等中。其中，数据聚类用于将相似点归类，揭示数据结构；降维用于减少数据维度，保留重要信息，简化处理；异常检测则用于识别异常点，助力数据清洗和处理。

在无监督学习中，一个典型的简单算法是 *K*-means 聚类。该算法旨在将数据点分为 *K* 个簇，以确保同一个簇内的数据点具有较高的相似度，而不同簇之间的数据点具有较低的相似度。

实例 12-8　使用 scikit-learn 实现 *K*-means 聚类（客户分群）

微课视频

假设一家零售商店收集了客户的购买数据，涵盖产品类型和数量。要求运用 *K*-means 聚类将客户分为 3 个群体，以深入理解购买行为并制定针对性营销策略。通过训练模型，确定客户的群体归属及群体中心（均值），并可视化各群体在二维空间中的分布及位置。

```
import numpy as np
import matplotlib.pyplot as plt
from sklearn.cluster import KMeans
np.random.seed(0)
customers = np.array([[5, 3],[2, 8],[7, 1],[4, 6],[9, 2],[1, 5],[6, 4],[3, 7],[8, 0],[0, 9]]) # 数据集。每个元
# 素均表示一个客户购买产品 A 和产品 B 的数量，如[5, 3]表示购买 5 个产品 A 和 3 个产品 B
kmeans = KMeans(n_clusters=3, random_state=42)      # 创建 K-means 聚类模型
kmeans.fit(customers)                               # 训练模型
labels = kmeans.labels_                             # 获取聚类结果
centroids = kmeans.cluster_centers_                 # 获取聚类结果
print("客户分群结果：")
for i, label in enumerate(labels):
    print(f"客户{i+1}属于群体{label}")
print("\n 群体中心（均值）：")
for i, centroid in enumerate(centroids):
    print(f"群体{i}中心：{centroid}")
# 可视化聚类结果
plt.scatter(customers[:, 0], customers[:, 1], c=labels, s=50, cmap='viridis')
plt.scatter(centroids[:, 0], centroids[:, 1], c='red', s=200, alpha=0.75, marker='X')
plt.xlabel('产品 A 的购买数量')
plt.ylabel('产品 B 的购买数量')
plt.title('客户分群结果')
plt.show()
```

12.3.4 模型评估和优化

在机器学习任务中，模型评估是量化并评判模型在未见数据上表现的关键环节。其主要有以下 3 种方法。

（1）划分训练集与测试集：将数据集分为独立的训练集和测试集，用训练集训练模型，用测试集评估性能。注意，需确保二者数据分布一致。

（2）交叉验证：为了获得更稳定的评估结果，采用交叉验证方法。数据集分为多个子集，进行多轮训练和测试，每轮均选择一个子集作为测试集，其余子集作为训练集，以全面评估模型性能。

（3）使用混淆矩阵：对于分类任务，混淆矩阵是可视化工具，用于展示模型预测结果的分布情况，包括真正类、假正类、真负类和假负类数量，以深入分析模型性能。

评估指标是衡量模型性能的具体标准，用于了解模型在特定任务上的表现。分类任务常采用准确率、召回率等评估指标；回归任务则常采用均方根误差、平均绝对误差等评估指标。选择哪种评估指标需依据具体任务需求和业务目标而定。

模型优化是提升预测准确性的关键。根据评估结果和业务需求，可采取以下策略优化模型。

（1）调整模型参数：通过调整参数改善模型性能，如调整决策树模型的树深度、分裂标准等。

（2）选择合适的算法：不同算法适用于不同任务和数据集，根据任务需求和数据特点选择合适的算法可以显著提升模型性能。

（3）增加数据量：更多的数据通常意味着更好的性能，通过收集更多的数据或使用数据增强技术可以丰富训练集，提高模型泛化能力。

在模型优化过程中，需注意避免过拟合和欠拟合。过拟合是指模型在训练集上表现良好但在测试集上表现较差；欠拟合是指模型无法充分捕获数据，在训练集和测试集上表现均不佳。通过合理选择模型、调整模型参数等，可以有效避免这些问题。

12.4　项目实训：古典诗词答疑助手构建——科技助力文化传承

12.4.1　项目背景

古典诗词作为中华文化的瑰宝，承载着丰富的历史文化和人文精神。然而，对许多现代人而言，理解和欣赏古典诗词却面临着一定的挑战。为了帮助更多人轻松接触、学习和理解古典诗词，可以使用 Python 构建古典诗词答疑助手，帮助用户答疑，促进诗词传播与普及，让文化传统焕发新活力。

12.4.2　项目任务

古典诗词答疑助手主要面向对古典诗词感兴趣或有学习意向的用户。使用 Python 构建古典诗词答疑助手的主要任务如下。

（1）数据收集与整理：收集与整理古典诗词数据，包括诗词文本、作者、朝代等信息。

（2）功能模块实现：提供诗词浏览、诗词检索、诗词解析、智能问答等功能模块。

（3）GUI 设计：GUI 简洁、直观，允许人机友好交互。

12.4.3 项目分析

在数据收集与整理阶段，系统将构建一个结构化的古典诗词数据库。每条数据均包括诗词的标题、作者、朝代、正文、注释、译文、赏析等信息。

系统主要功能模块划分和描述如下。

（1）诗词浏览：按不同的分类方式浏览古典诗词。通过随机浏览功能发现新诗词，以提高学习的趣味性和增加新鲜感。

（2）诗词检索：通过关键字、作者、朝代等条件快速定位到感兴趣的诗词处。

（3）诗词解析：提供注释、译文、赏析等内容，以帮助用户更深入地理解诗词。

（4）智能问答：通过自然语言提问，系统自动解析问题并提供相应的答案。

GUI 设计以简洁、直观为原则。主窗口分为以下区域。

（1）顶部导航栏：提供诗词浏览、诗词检索、智能问答等功能的快速入口。

（2）诗词展示区：包括卡片展示区、列表展示区，以卡片、列表形式展示诗词，单击后可查看详情，包括正文、注释、译文、赏析等。

（3）搜索框：支持关键字、作者、朝代等条件的模糊与精确搜索，并提供搜索建议。

（4）问答交互区：通过搜索框提问，系统以对话形式展示答案，支持多轮对话。

12.4.4 项目实现

1. 数据收集与整理

```
poetry_data = [
    {
        "标题": "静夜思",
        "作者": "李白",
        "朝代": "唐代",
        "正文": "床前明月光，疑是地上霜。举头望明月，低头思故乡。",
        "注释": "床：井栏；疑：好像。",
        "译文": "明亮的月光洒在井栏前，好像地上泛起了一层白霜。我抬头望着天上的明月，不由得低头思念故乡。",
        "赏析": "这首诗通过简洁的语言，表达了诗人对故乡的深切思念..."
    },
    {
        "标题": "春晓",
        "作者": "孟浩然",
        "朝代": "唐代",
        "正文": "春眠不觉晓，处处闻啼鸟。夜来风雨声，花落知多少。",
        "注释": "晓：天亮；闻：听到。",
        "译文": "春天的清晨睡得很沉，不知不觉天已亮，到处传来鸟儿的啼叫声。昨夜的风雨声中，不知有多少花儿凋落...",
        "赏析": "这首诗描绘了春天清晨的景象，语言清新自然..."
    }
]
```

2. 功能模块实现

```
class PoetryAssistant:   # 定义基础功能类
```

```
    def __init__(self, data):
        self.data = data                                    # 诗词数据
    def browse_by_dynasty(self, dynasty):                   # 按朝代浏览诗词
        return [poem for poem in self.data if poem["朝代"] == dynasty]
    def search_poetry(self, keyword):                       # 按关键字模糊搜索
        results = []
        for poem in self.data:
            if (keyword in poem["标题"] or
                keyword in poem["作者"] or
                keyword in poem["正文"]):
                results.append(poem)
        return results
    def show_details(self, title):                          # 显示诗词详情（诗词解析）
        for poem in self.data:
            if poem["标题"] == title:
                return poem
        return None
    def answer_question(self, question, current_poem):  # 智能问答（规则匹配）
        if "作者" in question:
            return f"这首诗的作者是：{current_poem['作者']}"
        elif "朝代" in question:
            return f"这首诗创作于：{current_poem['朝代']}"
        else:
            return "暂时无法回答这个问题，建议查询具体诗词详情。"
```

3. GUI（基于 Tkinter 的简单 GUI）设计

```
import tkinter as tk
from tkinter import ttk, messagebox
import random
class PoetryApp:
    def __init__(self, root):
        self.root = root
        self.root.title("古典诗词答疑助手")
        self.assistant = PoetryAssistant(poetry_data)    # 初始化，传入诗词数据
        self.create_widgets()                            # 创建界面布局
    def create_widgets(self):
        nav_frame = tk.Frame(self.root)                  # 顶部导航栏
        nav_frame.pack(pady=10)
        tk.Button(nav_frame, text="随机浏览", command=self.random_browse).pack(side=tk.LEFT,
padx=5)                                                  # 随机浏览按钮
        tk.Button(nav_frame, text=" 唐 代 诗 词 ", command=lambda: self.browse_dynasty(" 唐 代
")).pack(side=tk.LEFT, padx=5)    # 唐代诗词按钮，单击时调用 browse_dynasty()方法，传入朝代参数
        search_frame = tk.Frame(self.root)               # 搜索框
        search_frame.pack(pady=10)
        self.search_entry = tk.Entry(search_frame, width=30)
        self.search_entry.pack(side=tk.LEFT)
            tk.Button(search_frame, text="搜索", command=self.search).pack(side=tk.LEFT, padx=5)
        self.listbox = tk.Listbox(self.root, width=50, height=10)     # 列表展示区
        self.listbox.pack(pady=10)
        # 选择事件，单击时调用 show_details()方法
        self.listbox.bind("<<ListboxSelect>>", self.show_details)   # 绑定列表
```

```
        qa_frame = tk.Frame(self.root)                  # 问答交互区
        qa_frame.pack(pady=10)
        self.question_entry = tk.Entry(qa_frame, width=30)
        self.question_entry.pack(side=tk.LEFT)
        # 提问按钮
        tk.Button(qa_frame, text="提问", command=self.ask_question).pack(side=tk.LEFT, padx=5)
    def random_browse(self):                            # 定义随机浏览功能
        poem = random.choice(poetry_data)               # 从诗词数据中随机选择一首
        self._display_poem(poem)                        # 调用_display_poem()方法显示诗词详情
    def browse_dynasty(self, dynasty):                  # 定义按朝代浏览功能
        poems = self.assistant.browse_by_dynasty(dynasty) # 获取指定朝代诗词
        self._update_listbox(poems)                     # 更新列表展示区
    def search(self):                                   # 定义搜索功能
        keyword = self.search_entry.get()               # 获取搜索框中的关键字
        results = self.assistant.search_poetry(keyword) # 获取搜索结果
        self._update_listbox(results)                   # 更新列表展示区
    def _update_listbox(self, poems):
        self.listbox.delete(0, tk.END)                  # 清空当前列表
        for poem in poems:                              # 将诗词标题和作者添加到列表中
            self.listbox.insert(tk.END, f"{poem['标题']} - {poem['作者']}")
     def _display_poem(self, poem):                     # 显示诗词详情
        details = "\n".join([f"{k}: {v}" for k, v in poem.items()])
        messagebox.showinfo("诗词详情", details)
    def ask_question(self):                             # 定义提问功能
        question = self.question_entry.get()            # 获取问题
        current_selection = self.listbox.get(tk.ACTIVE)       # 获取当前选中的诗词
        if current_selection:
            title = current_selection.split(" - ")[0]          # 提取标题
            current_poem = self.assistant.show_details(title)  # 获取详细信息
            answer = self.assistant.answer_question(question, current_poem)
            messagebox.showinfo("回答", answer)                # 显示答案
        else:                         # 如果没有选择诗词，那么提示用户先选择一首
            messagebox.showwarning("提示", "请先选择一首诗词！")
if __name__ == "__main__":
    root = tk.Tk()                    # 创建主窗口
    app = PoetryApp(root)             # 初始化应用
    root.mainloop()GUI）              # 运行主循环
```

12.4.5 项目优化

为了将古典诗词答疑助手打造成一个全面、有趣的学习工具，帮助用户更好地学习和欣赏唐诗宋词，下面列出了一些优化建议。

（1）诗词朗诵：使用 Python 的文本转语音（Text to Speech，TTS）库，如 pyttsx3 或 gTTS 等，将诗词转换为语音，让用户感受诗词的音韵美。

（2）诗词创作：使用规则模板或调用大模型生成诗词。支持生成藏头诗、对联等，以激发用户的创作兴趣。

（3）诗词游戏：通过趣味游戏（填词、诗词接龙等）帮助用户巩固诗词知识，提高学习的趣味性。

（4）个性化学习推荐：根据用户的学习历史（浏览、收藏、搜索行为等）和偏好，推荐合适的诗词作品和学习内容。

（5）多语言支持：使用翻译 API 将诗词翻译成多种语言，帮助非中文用户学习和理解中国古典诗词。

（6）虚拟诗人问答互动：通过调用大模型（DeepSeek 等），虚拟诗人以第一人称回答用户的提问，如关于诗词创作背景、诗人故事等问题。

```
import requests
import json
# DeepSeek API 的配置
DEEPSEEK_API_URL = "【大模型的 API 网址】"  # 这里提供大模型的 API 网址
DEEPSEEK_API_KEY = "your_deepseek_api_key"
# 调用 DeepSeek，虚拟诗人以第一人称回答用户问题
def ask_virtual_poet(question):
    payload = {
        "model": "deepseek-poet",      # 假设的模型名称
        "messages": [
            {"role": "system", "content": "您是唐代诗人李白，请以第一人称回答用户的问题。"},
            {"role": "user", "content": question}
        ],
        "max_tokens": 150,             # 限制回答长度
        "temperature": 0.7             # 控制回答的创造性
    }
    # 构造请求数据
    headers = {"Authorization": f"Bearer {DEEPSEEK_API_KEY}", "Content-Type": "application/
json"    }      # 设置请求头
    # 发送 POST 请求
    response = requests.post(DEEPSEEK_API_URL, headers=headers, data=json.dumps(payload))
    if response.status_code == 200:                                  # 解析响应
        result = response.json()
        return result['choices'][0]['message']['content']
    else:
        return "抱歉，暂时无法回答您的问题。请稍后再试。"
# 实例调用
if __name__ == "__main__":
    question = "请问您创作《静夜思》时的心情是怎样的？"       # 用户提问
    answer = ask_virtual_poet(question)                       # 获取虚拟诗人的回答
    print("虚拟诗人李白的回答：", answer)
```

12.4.6　总结和启示

本项目实训通过 Python 构建了一个古典诗词答疑助手，结合诗词浏览、诗词检索、诗词解析和智能问答等功能模块，以科技手段助力传统文化的传播与普及。本项目实训不仅解决了古典诗词学习中“晦涩难懂”的痛点，还通过虚拟诗人问答、诗词朗诵等创新功能模块，提高了学习诗词的趣味性和互动性。未来可进一步引入新技术，打造沉浸式学习体验，推动传统文化在数字化时代的传承与创新。

本项目实训的核心启示在于，技术工具与人文内容的深度融合能够为文化传承注入新活力。通过用户需求驱动的设计思维和跨学科协作，开发者可以创造出既实用又有“温

度”的应用，让更多人轻松地接触和理解古典诗词，助力中华文化焕发新光彩。

12.5 巩固练习

（1）设计一个简单的选择题测试 GUI 程序，要求如下。

① 从文件（questions.txt 文件等）中读取选择题信息，包括题目、选项和答案。

② 逐个显示选择题，一次显示一题，包括题目和选项。

③ 提供单选按钮供用户选择答案，单击“提交”按钮即可查看所选答案是否正确。

④ 添加“上一题”按钮和“下一题”按钮，以便用户切换题目。

⑤ 提交答案后，程序给出“正确”或“错误”的反馈。

（2）使用 Requests 和 BeautifulSoup 爬取某电商平台热门产品数据，并提取各产品的名称和链接。要求程序能处理错误请求，并将提取的数据保存到本地 CSV 文件中。

（3）调用某在线翻译服务 API，实现一个简单的语音翻译程序。要求用户输入源语言、目标语言和要翻译的文本，程序能返回并播放翻译后的文本。

（4）使用 scikit-learn 实现一个简单的线性回归模型，用于预测股票价格。给定一组股票的历史价格和对应的时间点数据，要求训练模型并评估其性能，使用模型预测未来某个时间点的股票价格。

（5）利用 *K*-means 聚类对一组电影评论数据进行分群，分析不同评论群体的情感倾向。给定一组电影评论数据，包括评论内容和评分，要求实现 *K*-means 聚类，可视化聚类结果，分析不同群体的情感倾向。

第 13 章　Python 综合应用项目——智慧校园中的用户画像系统构建

微课视频

13.1　项目背景

随着教育信息化 2.0 时代的深入发展，某高校积累了海量学生数据（日均产生数万条行为记录），但这些数据普遍存在“数据沉睡”问题。传统管理模式难以实现精准服务，如学生异常行为发现滞后、教学资源分配缺乏数据支撑、个性化培养方案制定困难等。

通过构建包括多个维度的标签体系用户画像系统，可以将离散数据转换为可操作的认知图谱。基于教育部印发的《教育信息化十年发展规划（2011—2020 年）》中的要求，本章将通过 Python 构建轻量级的智慧校园中的用户画像系统，科学地分析和挖掘高校数据的价值，为学生管理、教学改进、资源配置等提供有力的支持。

13.2　项目任务

本章的核心任务是构建一个轻量级的智慧校园中的用户画像系统，重点培养用户的以下能力。

（1）数据处理能力：通过 Python 完成学生数据的整理（成绩单、考勤记录等），使用 Pandas 进行数据清洗，将零散数据转换为结构化数据存储到数据库中。

（2）标签建模能力：基于规则建立基础标签，如“挂科次数”；运用统计方法创建衍生标签，如“学习稳定性指数”；初步接触机器学习，构建预测标签，如“学业风险等级”。

（3）工程实践能力：搭建一个“数据输入→处理→输出”完整流程的系统原型，使用 Matplotlib 生成可视化报告，实现简单预警规则的判断。

13.3　项目分析

13.3.1　需求分析

智慧校园中的用户画像系统需面向三类核心用户提供差异化服务。对于学生，系统应向其直观地展示个人学业发展现状，通过可视化控件（学分进度条、成绩分布雷达图等）呈现学习轨迹，并提供与同专业平均水平的对比功能，帮助学生进行自我定位；对于教师，系统应支持教学成效多个维度的分析，建立学业预警快速筛选机制，辅助教师精准识别需要帮扶的对象；对于管理人员，系统应构建院系级学业健康度指标体系（包含挂科率、平均分趋势等关键指标），实现异常情况自动监测（课程不及格率突破阈值时触发预警推送等），为管理与决策提供实时数据支持。

13.3.2 技术可行性分析

本章使用 Python 实现低门槛构建。通过 Pandas 处理结构化数据（支持 Excel/CSV 等教务系统常见格式），使用其高效的数据清洗和统计功能构建分析基础；通过 Matplotlib 生成基础可视化图形，降低图形化展示的学习成本；选用 SQLite 作为轻量级数据库，无须复杂环境配置即可实现数据持久化存储；结合 scikit-learn 内置算法，实现即使机器学习零基础的学生也能快速搭建预测模块。

13.4 项目设计

本章采用模块化设计思想，将系统分为以下核心模块。

1. 用户权限管理模块

用户权限管理模块负责用户管理和权限控制。系统用户分为学生、教师和管理员 3 类，每类用户都具有不同的数据访问权限。学生可查看个人数据，教师可查看所授课程的相关数据，管理员具有全部数据的访问权限。用户信息（用户名、密码、角色等）将被存储在 SQLite 中，并支持进行用户登录验证。

2. 数据管理模块

数据管理模块负责学生基本信息和成绩信息的存储与管理，提供数据的录入、修改、删除、查询等操作，并支持从 Excel/CSV 文件中导入数据。使用 SQLite 替代文件存储。SQLite 中主要包含以下数据表。

（1）学生信息表：存储学号、姓名、专业、年级、班级、总修学分等。

（2）成绩信息表：存储学号、课程名称、课程学分、课程成绩等。

（3）用户信息表：存储用户名、密码、角色等。

3. 个体画像模块

个体画像模块通过对学生个人信息进行分析，生成个体画像，具体功能如下。

（1）统计某学生所有课程的平均分，并按五级制（优、良、中、合格、不合格）打标签。

（2）统计某学生的挂科数和未挂科数。

（3）统计某学生的已修学分和未修学分。

（4）计算个人成绩与专业平均分的对比。

（5）使用 Matplotlib 生成可视化图形，包括学分进度条（展示已修学分与总学分的比例）、成绩分布雷达图（展示各科成绩分布情况）、个人成绩与专业平均分对比柱形图等。

4. 群体画像模块

群体画像模块通过对学生群体信息进行分析，生成群体画像，具体功能如下。

（1）按课程统计最高分、最低分、平均分、不及格比例和及格比例。

（2）按专业统计挂科学生数和比例。

（3）按专业统计各等级（优、良、中、合格、不合格）的学生数和比例。

（4）统计各专业挂科率的年度趋势。

（5）使用 Matplotlib 生成可视化图形，包括各专业挂科分布柱形图、挂科率年度趋势折线图、专业之间对比柱形图等。

5. 学业动态预警服务模块

学生动态预警服务模块根据预设的预警规则，筛选符合预警规则的学生，并显示相关信息，具体功能如下。

（1）配置预警规则，如某学生挂科数大于一定数量、某课程不及格比例超过一定阈值、某专业不合格学生数超过一定比例。

（2）使用机器学习算法预测学生下学期的学业风险等级。

（3）实现简单的预警推送功能，如控制台提示。

（4）提供预警规则的增删改查接口，支持灵活配置。

6. 可视化报告模块

可视化报告模块负责将分析结果以可视化形式呈现，具体功能如下。

（1）生成学生个人学业发展报告。

（2）生成教师教学成效分析报告。

（3）生成院系级学业健康度报告。

（4）支持将报告导出为 PDF 或图片格式。

13.5　项目实现

下面是用户画像系统简化版的 Python 实现代码实例，保留了核心功能并采用了初学者友好的实现方式，主要展示项目核心逻辑，暂不实现用户权限管理模块。完整实现包含用户权限管理、数据导入/导出、预警规则配置、机器学习预测等高级功能，请参考配套教学资源中的完整代码。建议读者在理解此简化版的基础上，逐步扩展实现更多功能。

```
import sqlite3
import pandas as pd
import matplotlib.pyplot as plt
from sklearn.linear_model import LogisticRegression
# ========== 数据管理模块 ==========
def init_database():
    """实现数据管理模块的存储初始化功能：创建 students（学生表）和 scores（成绩表）"""
    conn = sqlite3.connect('campus.db')
    c = conn.cursor()
    # 创建学生信息表
    c.execute('''CREATE TABLE IF NOT EXISTS students
                 (id TEXT PRIMARY KEY, name TEXT, major TEXT, grade INT)''')
```

```
    # 创建成绩信息表
    c.execute('''CREATE TABLE IF NOT EXISTS scores
                 (stu_id TEXT, course TEXT, credit REAL, score REAL,
                  FOREIGN KEY(stu_id) REFERENCES students(id))''')
    conn.commit()
    conn.close()
def add_student(stu_id, name, major, grade):
    """实现数据管理模块的学生信息添加功能"""
    conn = sqlite3.connect('campus.db')
    c = conn.cursor()
    c.execute("INSERT INTO students VALUES (?,?,?,?)",
              (stu_id, name, major, grade))
    conn.commit()
    conn.close()
# ========== 个体画像模块 ==========
def get_student_report(stu_id):
    """生成学生画像报告"""
    conn = sqlite3.connect('campus.db')
    # 获取学生成绩
    df_scores = pd.read_sql(
        f"SELECT course, credit, score FROM scores WHERE stu_id='{stu_id}'",
        conn)
    # 基础统计
    avg_score = df_scores['score'].mean()
    failed = df_scores[df_scores['score'] < 60]
    print(f"\n【个体画像】学号：{stu_id}")
    print(f"- 平均分：{avg_score:.1f}")
    print(f"- 挂科数：{len(failed)}")
    # 简单可视化
    df_scores['score'].plot(kind='bar', title='各科成绩')
    plt.xticks(ticks=range(len(df_scores)), labels=df_scores['course'])
    plt.show()
# ========== 群体画像模块 ==========
def get_course_report():
    """课程群体分析"""
    conn = sqlite3.connect('campus.db')
    df = pd.read_sql("SELECT course, score FROM scores", conn)
    # 按课程统计（添加中文列名）
    report = df.groupby('course').agg(
        平均分=('score', 'mean'),
        挂科率=('score', lambda x: sum(x<60)/len(x))
    ).rename_axis('课程').round(2)                    # 统一保留 2 位小数
    print("\n【课程分析报告】")
    print(report)
# ========== 学生动态预警服务模块 ==========
def check_warnings():
    """学业预警检查"""
    conn = sqlite3.connect('campus.db')
    # 配置预警规则
    df = pd.read_sql('''SELECT stu_id, COUNT(*) as fails
                        FROM scores WHERE score < 60
```

```
                               GROUP BY stu_id''', conn)    # 筛选预警名单
    warning_list = df[df['fails'] > 2]                      # 设置基础预警规则
    print("\n【学业预警】挂科超过 2 门的学生：")
    print(warning_list)
# ========== 主程序 ==========
if __name__ == "__main__":
    init_database()
    add_student('1001', '张三', '计算机', 2023)      # 添加实例数据
    # 添加实例成绩（这里简化了数据库操作）
    conn = sqlite3.connect('campus.db')
    pd.DataFrame({
        'stu_id': ['1001','1001','1001','1001'],
        'course': ['数学','英语','编程','物理'],
        'score': [85, 58, 92, 47]
    }).to_sql('scores', conn, if_exists='append', index=False)
    # 生成可视化报告
    get_student_report('1001')                      # 个体画像
    get_course_report()                             # 群体画像
    check_warnings()                                # 学业预警
```

程序运行结果如下。

```
【个体画像】学号：1001
- 平均分：70.5
- 挂科数：2
【课程分析报告】
课程  平均分  挂科率
数学  85.00  0.00
物理  47.00  1.00
英语  58.00  1.00
编程  92.00  0.00
【学业预警】挂科超过 2 门的学生：
   stu_id  fails
0  1001       2
```

13.6　项目优化

在实现智慧校园中的用户画像系统的基础功能后，可以对系统进行优化，以提升系统的智能性，优化用户体验和性能，扩展系统。智慧校园中的用户画像系统的优化建议如表 13-1 所示。

表 13-1　智慧校园中的用户画像系统的优化建议

方　向	优化建议	说　明
智能性提升	引入更多机器学习算法	除了可以进行基础的学业预警，还可以使用聚类算法对学生进行分群，识别不同学习模式的学生群体
	实现个性化推荐	基于推荐算法，为学生推荐合适的学习资源或选修课程
	构建预测模型	使用时间序列预测学生的学业发展趋势
用户体验优化	开发 Web 界面	使用 Flask、Django 等开发用户友好界面
	增加交互功能	支持用户自定义分析维度和预警规则
	实现移动端适配	开发响应式布局或配套小程序

续表

方向	优化建议	说明
性能优化	优化数据库	建立索引，优化查询语句
	实现缓存机制	对常用的查询结果进行缓存
	异步处理	对耗时操作（大规模数据分析等）采用异步任务队列
系统扩展	扩展数据源	整合图书馆借阅、食堂消费等多个维度的数据
	实现实时数据分析	使用流处理技术实现实时数据分析
	实现微服务架构	将系统拆分为多个独立的服务，提高可维护性

13.7 总结和启示

本章构建了一个轻量级的智慧校园中的用户画像系统，完整覆盖了数据采集、处理、分析到可视化展示的技术链条。通过实践，充分展现了 Python 在数据处理、分析和机器学习方面的技术优势，验证了用户画像系统在教学管理中的应用价值。系统开发过程凸显了数据质量对分析结果的关键影响，同时体现了模块化设计在提升系统可维护性方面的重要作用。

本章不仅是一次技术实践，更是对数据驱动决策模式的有效验证。随着教育信息化 2.0 时代的深入发展，基于数据的精准化管理将成为教育领域的重要趋势。这要求技术从业者不仅要掌握数据分析技能，更要培养用数据思维解决实际问题的能力。本章的实践经验为探索人工智能在教育领域的深度应用奠定了基础。

第 14 章　Python 综合应用项目——基于知识图谱的学习资源推荐系统构建

微课视频

14.1　项目背景

在当今数字化时代，互联网中的学习资源呈爆炸式增长。用户面临着如何从海量学习资源中筛选出适合自己的学习资料的难题。传统的推荐方法往往基于简单的内容匹配或用户行为数据统计，难以全面、精准地把握用户的学习需求和资源的复杂联系。知识图谱作为一种语义网络技术，能够有效整合和表示各类知识，清晰地展现不同实体之间的关系。构建基于知识图谱的学习资源推荐系统，可以充分挖掘用户、资源、标签、难度等级等不同实体之间的潜在联系，为用户提供更加个性化、精准的学习资源推荐服务。

14.2　项目任务

本章旨在使用 Python 构建一个基于知识图谱的学习资源推荐系统，具体任务包括构建知识图谱，涵盖用户、资源、标签、难度等级等不同实体及其之间的联系；实现知识图谱的可视化展示，以便直观观察不同实体及其之间的联系；设计并实现基于知识图谱的推荐算法，根据用户的学习历史和偏好，为其推荐个性化的资源；对项目进行总结，分析项目的优势、不足及对未来资源推荐领域的启示。

14.3　项目分析

要实现一个基于知识图谱的学习资源推荐系统，需要重点解决以下几个关键问题。首先，知识图谱的构建，这涉及如何有效地表示用户、资源、标签、难度等级等不同实体及其之间的联系，并将相关数据组织成结构化的知识网络；其次，知识图谱的可视化，需要选择合适的工具和算法，以清晰、直观的方式展示知识图谱；再次，推荐算法的设计，需要综合考虑用户的学习历史和偏好，通过计算用户相似度，为目标用户推荐未学习过的优质资源。此外，还有系统架构的设计，需要充分考虑扩展性和可维护性，以便后续能够灵活地添加更多实体及不同实体之间的联系。构建基于知识图谱的学习资源推荐系统的具体过程如下。

1. 数据采集与预处理

首先，需要收集用户学习数据和资源，包括用户的学习历史、行为习惯及资源等核心数据。其次，需要对采集的数据进行清洗和标准化处理，包括去重、补全、格式转换等操作，确保数据质量，为后续的操作提供可靠的数据基础。

2. 知识图谱构建

系统需要从资源中提取关键知识，并明确定义知识节点及其联系。通过构建知识图谱，将知识节点及其联系进行可视化呈现，形成结构化的知识网络。这一过程需要选择合适的知识表示方法和存储方案，确保知识图谱的可扩展性和查询效率。

3. 推荐算法设计

基于构建的知识图谱，设计个性化的推荐算法。推荐算法的设计需要综合考虑用户的学习偏好、知识掌握程度，以及资源的难度等级等，对资源进行智能打分和排序，最终生成个性化的推荐列表。通过这种方式，系统能够为用户提供精准的学习资源推荐服务。

4. 系统测试与优化

在系统开发完成后，需要通过用户反馈和数据分析等多种方式，对系统性能进行全面测试。基于测试结果，持续优化系统性能，包括调整权重参数、改进相似度计算方法等，从而不断提升推荐精准度和优化用户体验。

通过以上步骤，系统能够为用户提供智能化的学习资源推荐服务，同时保持系统的可扩展性和持续优化能力。

14.4 项目设计

14.4.1 知识图谱构建模块

知识图谱构建模块负责构建知识图谱，定义不同实体之间的联系。使用 NetworkX 构建知识图谱的结构，其中节点表示实体（用户、资源、标签、难度等级等），边表示不同实体之间的关系。通过 KnowledgeGraph 类来管理知识图谱，提供添加节点和边的方法，以便将数据整合到知识图谱中。

14.4.2 可视化模块

使用 Matplotlib 和 NetworkX 实现知识图谱的可视化。通过 fruchterman_reingold_layout 算法来确定节点的位置，根据节点类型设置不同的颜色，为节点和边添加标签，调整节点大小、边的样式，以及标签的位置，使可视化效果更加清晰、美观，以便理解知识图谱的结构。

14.4.3 推荐算法模块

推荐算法模块基于知识图谱实现个性化推荐。通过分析用户的学习历史，提取用户偏好的标签和难度等级。计算用户之间的相似度，综合考虑标签和难度等级的相似度。根据相似度，从其他用户学习过但目标用户未学习过的资源中筛选出候选资源，并结合资源本身的标签和难度等级与目标用户偏好的匹配程度，对候选资源进行打分与排序，最终为目标用户推荐得分较高的前 n 个资源。

14.5 项目实现

14.5.1 知识图谱构建模块的实现

```
import networkx as nx
from collections import defaultdict

class KnowledgeGraph:
    def __init__(self):
        # 使用 MultiDiGraph 创建一个有向多重图，用于存储知识图谱
        self.graph = nx.MultiDiGraph()
        # 使用 defaultdict 创建一个嵌套字典，用于按节点类型索引节点数据
        self.node_index = defaultdict(dict)

    def add_node(self, node_id, node_type, **attrs):
        # 如果属性中存在类型，那么删除它，避免重复定义
        if '类型' in attrs:
            del attrs['类型']
        # 添加节点到知识图谱中，同时记录节点类型和其他属性
        self.graph.add_node(node_id, 类型=node_type, **attrs)
        # 将节点数据按类型和 ID 存储到 node_index 中
        self.node_index[node_type][node_id] = attrs

    def add_edge(self, source, target, relation_type):
        # 在知识图谱中添加一条边，连接源节点和目标节点，并指定类型
        self.graph.add_edge(source, target, 关系=relation_type)

    def get_related_nodes(self, node_id, relation_type, direction='out'):
        # 根据方向获取节点的邻居节点
        if direction == 'out':
            neighbors = self.graph.successors(node_id)
        else:
            neighbors = self.graph.predecessors(node_id)
        # 筛选出具有指定类型的邻居节点并返回
        return [n for n in neighbors if self.graph.get_edge_data(node_id, n)[0]['关系'] == relation_type]
```

14.5.2 可视化模块的实现

```
import matplotlib.pyplot as plt

def visualize_knowledge_graph(kg):
    G = kg.graph
    # 使用 fruchterman_reingold_layout 算法，调整 k 值和迭代次数使连线更短
    pos = nx.fruchterman_reingold_layout(G, k=0.15, iterations=800)
```

```
    plt.figure(figsize=(22, 18))
    node_colors = []
    node_labels = {}
    unique_labels = set()
    for node in G.nodes():
        node_type = G.nodes[node].get('类型', '未知')
        # 根据节点类型设置不同的颜色
        if node_type == '用户':
            node_colors.append('blue')
        elif node_type == '资源':
            node_colors.append('green')
        elif node_type == '标签':
            node_colors.append('yellow')
        else:
            node_colors.append('red')
        label = node
        # 确保标签唯一，避免重复绘制
        if label not in unique_labels:
            node_labels[node] = label
            unique_labels.add(label)
    # 调整节点大小
    node_size = 1500
    # 添加边
    node_edgecolor = 'black'
    node_linewidths = 1.5
    # 绘制节点
    nx.draw_networkx_nodes(G, pos, node_color=node_colors, node_size=node_size,
                           edgecolors=node_edgecolor, linewidths=node_linewidths)
    edge_labels = {}
    for u, v, data in G.edges(data=True):
        relation = data['关系']
        edge_labels[(u, v)] = relation
    # 调整边的样式
    edge_color = 'gray'
    edge_alpha = 0.7
    edge_width = 1.2
    # 绘制边，设置颜色、透明度和宽度
    nx.draw_networkx_edges(G, pos, edge_color=edge_color, alpha=edge_alpha, width=edge_width)
    # 绘制边的标签
    nx.draw_networkx_edge_labels(G, pos, edge_labels=edge_labels, font_size=10)
    # 精细调整标签的位置
    label_pos_adjusted = {}
    for node, (x, y) in pos.items():
        if node in node_labels:
            if G.nodes[node].get('类型', '未知') == '标签':
                label_pos_adjusted[node] = (x, y - 0.2)
            elif G.nodes[node].get('类型', '未知') == '资源':
                label_pos_adjusted[node] = (x, y + 0.12)
            elif G.nodes[node].get('类型', '未知') == '用户':
                label_pos_adjusted[node] = (x, y + 0.08)
            else:
```

```
            label_pos_adjusted[node] = (x, y)
    # 绘制节点标签
    nx.draw_networkx_labels(G, label_pos_adjusted, labels=node_labels, font_size=12)
    plt.title("知识图谱")
    plt.axis('off')
    plt.show()
```

14.5.3　推荐算法模块的实现

```
class Recommender:
    def __init__(self, kg):
        # 初始化推荐器，传入知识图谱对象
        self.kg = kg

    def recommend_resources(self, target_user_id, top_n=5):
        user_preferences = {}
        all_users = self.kg.node_index['用户'].keys()
        for user_id in all_users:
            learned_resources = self.kg.get_related_nodes(user_id, '学习过')
            tags = set()
            difficulties = defaultdict(int)
            for resource in learned_resources:
                # 获取资源的标签并将其添加到 tags 集合中
                for tag in self.kg.get_related_nodes(resource, '带有标签'):
                    tags.add(tag)
                # 统计资源的难度等级出现的次数
                for diff in self.kg.get_related_nodes(resource, '具有难度等级'):
                    difficulties[diff] += 1
            user_preferences[user_id] = (tags, difficulties)
        target_tags, target_difficulties = user_preferences[target_user_id]
        user_similarities = {}
        for user_id, (tags, difficulties) in user_preferences.items():
            if user_id == target_user_id:
                continue
            # 计算标签的相似度
            tag_similarity = len(target_tags & tags) / len(target_tags | tags)
            # 计算难度等级的相似度
            diff_similarity = sum(min(target_difficulties[diff], difficulties[diff]) for diff in set(target_
difficulties) | set(difficulties))
            # 综合标签和难度等级的相似度
            similarity = tag_similarity * 0.7 + diff_similarity * 0.3
            user_similarities[user_id] = similarity
        similar_user_resources = defaultdict(float)
        for user_id, similarity in user_similarities.items():
            learned_resources = self.kg.get_related_nodes(user_id, '学习过')
            target_learned_resources = self.kg.get_related_nodes(target_user_id, '学习过')
            for resource in learned_resources:
                # 筛选出目标用户未学习过的资源
                if resource not in target_learned_resources:
                    similar_user_resources[resource] += similarity
```

```
        target_learned_resources = self.kg.get_related_nodes(target_user_id, '学习过')
        candidates = []
        for resource in self.kg.node_index['资源']:
            if resource in target_learned_resources:
                continue
            resource_tags = set(self.kg.get_related_nodes(resource, '带有标签'))
            # 计算资源标签与目标用户偏好标签的匹配得分
            tag_score = len(resource_tags & target_tags)
            resource_diff = self.kg.get_related_nodes(resource, '具有难度等级')
            # 计算资源的难度等级与目标用户偏好的难度等级的匹配得分
            diff_score = target_difficulties.get(resource_diff[0], 0) if resource_diff else 0
            # 综合标签和难度等级的得分，以及相似读者学习过的资源得分
            total_score = tag_score * 0.7 + diff_score * 0.3 + similar_user_resources[resource]
            candidates.append((resource, total_score))
        # 按得分对候选资源进行排序
        candidates.sort(key=lambda x: x[1], reverse=True)
        return [res for res, _ in candidates[:top_n]]
```

14.5.4 主程序的实现

在实现知识图谱构建模块、可视化模块和推荐算法模块后，需要编写一个主程序将各模块整合起来，使其协同工作，为用户提供完整的服务。主程序的主要功能包括初始化知识图谱、添加各类实体和不同实体之间的联系数据、调用可视化函数展示知识图谱、为目标用户推荐资源，以及输出推荐结果。

```
if __name__ == "__main__":
    # 初始化知识图谱
    kg = KnowledgeGraph()
    # 添加更多用户
    users = [
        ("用户 1", "张伟"),
        ("用户 2", "王芳"),
        ("用户 3", "李强"),
        ("用户 4", "刘静"),
        ("用户 5", "陈宇")
    ]
    for user_id, name in users:
        # 调用 KnowledgeGraph 类的 add_node()方法添加节点，同时记录用户姓名
        kg.add_node(user_id, "用户", 姓名=name)
    # 添加更多资源
    resources = [
        ("资源 1", "Python 基础教程", "图书", ["编程", "Python"], "初级"),
        ("资源 2", "机器学习实战教程", "视频", ["人工智能", "机器学习"], "高级"),
        ("资源 3", "Web 开发指南", "文章", ["编程", "Web 开发"], "中级"),
        ("资源 4", "数据结构与算法详解", "图书", ["编程", "算法"], "中级"),
        ("资源 5", "深度学习入门指南", "视频", ["人工智能", "深度学习"], "高级"),
        ("资源 6", "JavaScript 高级编程秘籍", "图书", ["编程", "JavaScript"], "中级"),
        ("资源 7", "图像处理基础教程", "文章", ["计算机视觉", "图像处理"], "初级"),
        ("资源 8", "自然语言处理实战案例", "视频", ["人工智能", "自然语言处理"], "高级"),
        ("资源 9", "数据库原理与应用", "图书", ["编程", "数据库"], "中级"),
```

```
    ("资源 10", "网络安全基础入门", "文章", ["网络安全"], "初级")
]
for rid, title, rtype, tags, diff in resources:
    # 添加资源节点，记录资源标题和类型
    kg.add_node(rid, "资源", 标题=title, 类型=rtype)
    # 添加资源与难度等级的边
    kg.add_edge(rid, diff, "具有难度等级")
    for tag in tags:
        # 添加标签节点
        kg.add_node(tag, "标签")
        # 添加资源与标签的边
        kg.add_edge(rid, tag, "带有标签")
# 添加更多记录
learning_records = [
    ("用户 1", "资源 1"),
    ("用户 1", "资源 3"),
    ("用户 2", "资源 2"),
    ("用户 2", "资源 5"),
    ("用户 3", "资源 4"),
    ("用户 3", "资源 6"),
    ("用户 4", "资源 7"),
    ("用户 4", "资源 10"),
    ("用户 5", "资源 8"),
    ("用户 5", "资源 9")
]
for user_id, resource_id in learning_records:
    # 添加用户与资源的边，表示用户学习过该资源
    kg.add_edge(user_id, resource_id, "学习过")
# 可视化知识图谱
visualize_knowledge_graph(kg)
target_user_id = "用户 1"
# 初始化推荐器
recommender = Recommender(kg)
# 调用推荐器的 recommend_resources()方法为目标用户推荐资源
recommendations = recommender.recommend_resources(target_user_id)
print(f"为用户 {kg.node_index['用户'][target_user_id]['姓名']} 推荐的资源：")
for res in recommendations:
    # 输出推荐资源的标题
    print(f"- {kg.node_index['资源'][res]['标题']}")
```

程序运行结果包含可视化输出结果和文本推荐结果两部分。

1. 可视化输出结果

执行 'visualize_knowledge_graph(kg)' 后生成的图谱如图 14-1 所示。其中包含用户节点、资源节点、标签节点及其关联关系。

2. 文本推荐结果

```
为用户 张伟 推荐的资源：
- 数据结构与算法详解
- JavaScript 高级编程秘籍
- 数据库原理与应用
```

```
- 图像处理基础教程
- 网络安全基础入门
```

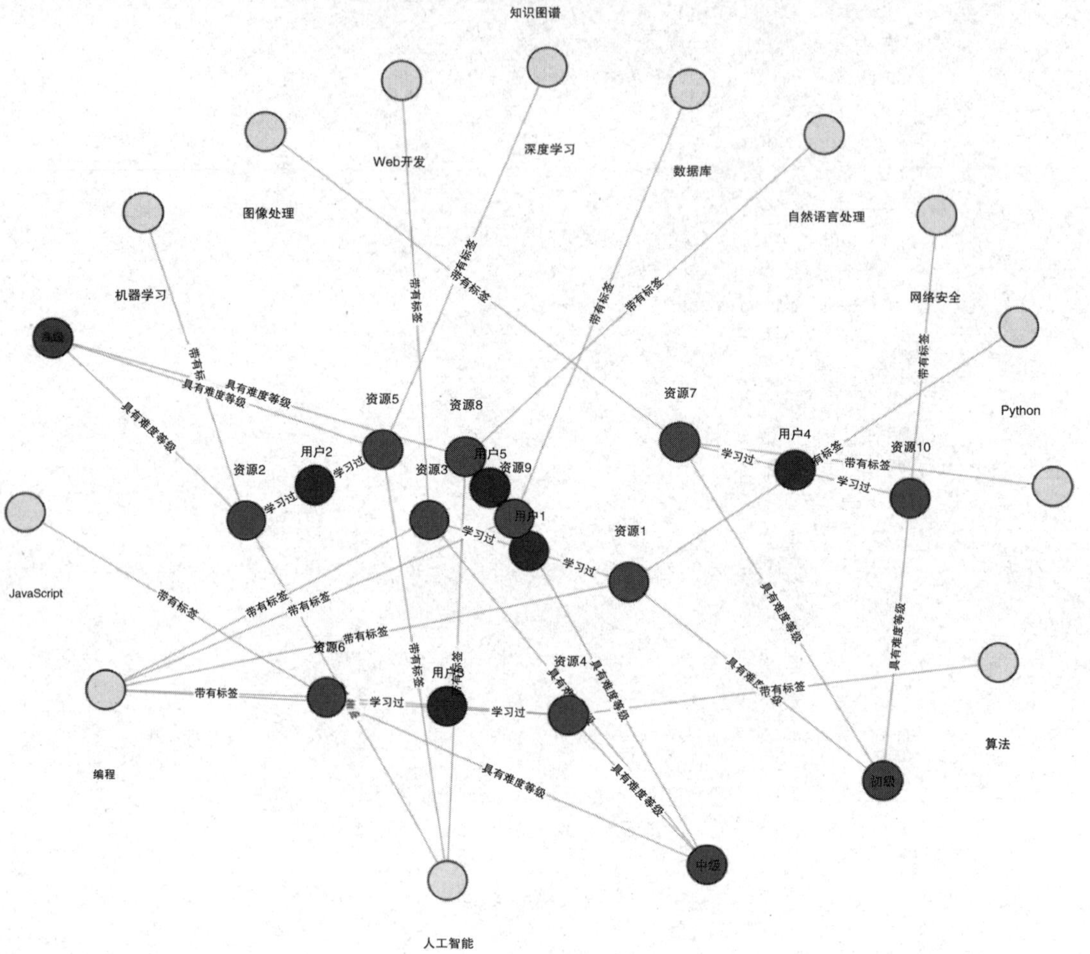

图 14-1　可视化输出结果

14.6　项目优化

在实现基于知识图谱的学习资源推荐系统的基础功能后，可以对系统进行优化，以进一步提升系统性能和优化用户体验。这不仅能提高系统的实用性，还能更好地应对实际应用中的复杂场景。

14.6.1　推荐算法优化

当前，推荐算法仅考虑了标签和难度等级两个因素，导致推荐精准度受限。对于更复杂的机器学习，可引入协同过滤算法，它能基于用户行为数据，通过计算不同用户或物体之间的相似度进行推荐。例如，使用基于物体的协同过滤算法，计算不同资源之间的相似度，当用户学习了某个资源后，推荐与之相似的其他资源，这能更全面地考虑用户偏好。同时，结合深度学习算法，如神经网络，构建用户兴趣模型。将用户的学习历史、学习时间、学习进度等多个维度的数据作为输入数据，通过神经网络的训练，挖掘出用户潜在的学习需求，从而提高推荐的精准度。

14.6.2 知识图谱存储与处理优化

随着数据的增加，现有知识图谱构建方式可能面临着性能问题。对于图数据库相关知识，可引入 Neo4j 这样的图数据库。它专门针对图结构的数据进行优化，具备高效的存储和查询性能。通过将知识图谱数据存储到 Neo4j 中，利用其索引机制和图遍历算法，能够快速查询实体及不同实体之间的联系，以加快系统响应速度。在处理大规模数据时，可采用分布式计算框架，如 Apache Spark。它能将数据分布式存储到多个节点上，并行处理计算任务。在知识图谱构建和推荐算法计算过程中，使用 Apache Spark 的分布式计算能力，可以显著提高处理效率，减少计算时间。

14.6.3 用户交互优化

为了优化用户体验，可以在系统中增加用户反馈机制。当用户查看推荐资源时，提供评价和反馈入口，让用户对推荐结果的准确性、实用性进行评分和留言。根据用户反馈，系统可以实时调整推荐算法的参数，优化推荐结果。例如，如果大量用户反馈某些推荐资源与需求不匹配，那么系统可以降低这些资源在推荐列表中的权重。使用自然语言处理技术，可以实现用户与系统的自然语言交互。用户通过输入自然语言问题，如“推荐一些适合新手学习数据分析的资源”，系统能够理解用户意图，并基于知识图谱进行智能推荐，提供更加便捷、友好的交互方式。

14.7 总结和启示

本章成功实现了一个基于知识图谱的学习资源推荐系统，通过知识图谱构建模块整合了用户、资源、标签和难度等级等信息，建立了不同实体之间的联系。通过可视化模块清晰地展示了知识图谱的结构。通过推荐算法模块，根据用户学习历史和偏好提供了个性化推荐，有效地解决了用户在海量资源中筛选的难题。然而，推荐算法仅考虑了标签和难度等级两个因素，未考虑学习进度、时间等因素，精准度有待提升；知识图谱构建在数据量增加时可能面临性能问题，未来可通过引入图数据库和分布式计算技术优化存储与处理。

本章为学习资源推荐领域提供了有益的启示，基于知识图谱的推荐方法潜力巨大，可深入挖掘数据语义关系，提供更智能、精准的学习资源推荐服务。未来可结合更多用户特征和资源属性，完善推荐算法，提升系统性能和优化用户体验，推动基于知识图谱的学习资源推荐系统的发展。

反侵权盗版声明

举报电话：（010）88254396；（010）88258888

传　　真：（010）88254397

E-mail：dbqq@phei.com.cn

通信地址：北京市万寿路 173 信箱

电子工业出版社总编办公室

邮　　编：100036